지명 유래 충청북도편

지명이 품은
한국사

다섯 번째 이야기

지명 유래 충청북도편

지명이 품은
한국사

다섯 번째 이야기

초판 1쇄 인쇄	2012년 05월 30일
초판 1쇄 발행	2012년 06월 7일

지은이	이은식
펴낸이	최수자
주 간	김수진

디자인	인챈트리 _ 02)599-1105
인 쇄	국제피알

펴낸곳	도서출판 타오름
주 소	서울시 은평구 녹번동 38-12 2층 (122-827)
전 화	02)383-4929
팩 스	02)3157-4929
이메일	taoreum@naver.com

ISBN 978-89-94125-17-6-04900
      978-89-94125-07-7 (세트)

값 19,800원

이 도서의 국립중앙도서관 출판시도서목록(CIP)은 e-CIP홈페이지(http://www.nl.go.kr/ecip)와
국가자료공동목록시스템(http://www.nl.go.kr/kolisnet)에서 이용하실 수 있습니다.(CIP제어번호: CIP2012002365)

국립중앙도서관 출판시도서목록(CIP)

지명이 품은 한국사. 5, 충청북도편 / 이은식 지음.
 - 서울 : 타오름, 2012
   p. ;   cm
   ISBN 978-89-94125-17-6 04900 : ₩19800
   ISBN 978-89-94125-07-7(세트) 04900

지명 유래[地名由來]
충청 북도[忠淸北道]

981.171-KDC5
915.19-DDC21   CIP2012002365

지명 유래 충청북도편

지명이 품은
한국사

다섯 번째 이야기

이은식 지음

타오름

향토사의 가치라는 것은 새삼강조하지 않아도 그 중요성을 잊고 살아가는 사람들은 없을 것이라 여겨진다. 인간들의 역사에는 향토사에 속한 지명 변천을 그 뿌리로 삼는 것이기 때문이다. 그래서 인간의 역사는 땅의 역사라 해도 지나친 표현은 아닌듯하다.

작금 최첨단의 시대를 살고 있는 우리들은 현재라는 시간과 변화과정에 쫓기면서도 과거와 미래를 연결 지우며 폭넓은 자신의 삶을 영위해 가고있다.

그렇다면 한나라의 국민으로 살아가기 위해서는 그 나라 역사를 외면 할 수 없듯, 그 지방의 향토인으로 살아가기 위해서는 그 고장의 향토사를 모르고 살아간다면 삶의 의미가 퇴색된 조각난 삶이 된다고 여겨진다.

그러한면에서 되짚어 본다면 우리나라의 역사교육은 외면을 중요시하면서도 내면을 버리다시피 해오지 않았던가, 하지만 이제부터는 세계화와 지방화에 눈을 돌려 볼 때가 왔다고 보여진다.

〈향토사〉란 바로 국사의 한부분이며, 각 고을의 조각난 땅의 이름과 희미한 옛 사연들은 바로 국사, 그리고 세계사와 밀접한 연관성을 가지기 때문이다. 그래서 필자는 우리들의 삶의 터전인 나의 주변을 먼저 살피고 이해하는 것이 역사의 출발이라 말하고 싶다. 그러나 그 과정은 결코 쉽고 홀홀한 일은 아닌 듯하다.

현장을 밟아가면서 숨겨진 지명 그리고 인물과 역사를 찾기 위해서는 수고와 인내가 필요하다. 그 내용은 책상머리에서 이루어지지 않기 때문이다.

우리고장에서는 어느 곳에서 어떤 인물이 태어나고 또한 어떤 사건이 있었는가 하는 외 길을 따라 가다보면 흥미는 말할 것 없고 참된 역사를 나의 것으로 만든다는 것이다.

따라서 비록 작고 볼품없는 한조각의 사연일망정 소홀히 여겨지지 않는다. 역사와 향토사란 인간 활동의 전부라 해도 지나친 표현은 아닌 듯하다. 인간들의 모든 문화영역은 역사적산물이기 때문이다.

우리나라 어느 지방을 찾아보아도 전통적으로 어머니의 품속처럼 아늑하고 포근함이 느껴지는 마치 시정詩情과 같은 공통된 문화를 느낄 수 있다. 교교한달밤 먼데서 들려오는 퉁소소리 같은 신비하고 오묘한 땅인지라 우리 모두는 그 근원을 알고 이해하여 나의 삶의 무게를 더하는 일에 눈과 마음을 한번 돌려보자. 필자는 묻혀진 땅이름과 사라져가는 향토사를 살리기 위해 519년의 조선조의 뿌리인 서울은 시작하여 국토의 보물인 남쪽 제주까지 그 지방의 특성과 교육의 가치를 답사·발췌하여 살아 숨쉬는 "지명이 품은 한국사"를 튼튼한 실 타래에 꿰어 독자님들의 곁에 내 놓았습니다. 이번에 출간한 제5권은 민족의 혈맥인 아름다운 금강을 휘감고 살아가는 내륙지방 충청북도 편으로 역사이래 혈투가 멈추지 않았던 곳. 특히 삼국의 치열했던 혈투현장을 삶의 터전으로 살아가면서 역사를 되살리고 밝은 미래를 꿈구며 끈질기게 살아가는 충청북도의 역사적 사연을 밟아 가면서 소중하게 얻은 열매를 한 접시 가득 담았습니다.

　덧붙혀 각각의 지역이 갖고 이는 연혁, 역사. 언어, 민속, 산업, 자연 등 종합적인 지명연구의 계기를 마련하고 지역개발의 참고자료로 전승되고 보전 되었으면 하는 목적도 있음을 밝힌다. 아무쪼록 이책이 내고장과 우리나라를 근원적으로 이해하고 내고장 사랑의 길잡이가 되었으면 하는 바람이다.

2012년 6월
인왕산 자락 녹번동에서

차례

제 4장 음성군 지역 지명들의 유래

제 5장 제천시 지역 지명들의 유래

제 6장 괴산군 지역 지명들의 유래

제 7장 증평군 지역 지명들의 유래

제 8장 진천군 지역 지명들의 유래

제 9장 보은군 지역 지명들의 유래

제 10장 충주시 지역 지명들의 유래

제 11장 영동군 지역 지명들의 유래

제 12장 옥천군 지역 지명들의 유래

별첨

제1장

청원군 지역
지명들의 유래

청원군 문의면
문사들을 많이 배출한 땅

　고려 초엽 어느 날 부처님의 도장을 세울 만한 복지를 찾아 헤매다가 서원西原 남쪽의 양성산養性山에 오른 일륜 대사는 산의 동쪽 아래에 자리한 마을을 굽어보았다. 속리산俗離山 천황봉天皇峰에서 뻗어 내린 산세가 그 마을에 이르러 동쪽으로는 소이산所伊山, 서쪽으로는 양성산, 남쪽으로는 옥쇄봉, 북쪽으로는 작두산鵲頭山을 만들면서 광활한 기운을 뻗치고 있었다. 그런 산세를 이어받은 산야는 모든 방면으로 생기 넘치는

속리산

정기와 온후한 덕성을 발산하고 있었다.

일륜 대사는 그 풍광에 내심 감탄하면서도 짐짓 염려된다는 듯 이렇게 예언했다.

"사방의 정기가 이토록 영명하니 장차 문文과 의義가 이곳에서 크게 일어나 숭상될 것이고 육로와 수로가 사방으로 통했으니 부락과 인물이 번성하리라. 그러나 안타깝게도 향후 천년 뒤에는 물 아래 잠길 것이니, 그때 이르러 새 터전을 마련케 되리라!"

그때부터 이 지역은 문의文義 혹은 문산文山으로 불렸다.

역사적으로 문의 마을은 학문과 도의를 지닌 출중한 인물들이 많을 배출했고, 동서남북을 잇는 교통요지로서도 큰 역할을 담당했다. 그러나 천년이 지난 오늘날 문의는 안타깝게도 물에 잠긴 마을이 되고 말았으니 일륜 대사의 예언이 결국 맞아떨어진 셈이었다.

연산이라는 문의의 옛 지명

문의가 예전에는 연산燕山으로 불린 연유를 알려면 통일신라시대까지 거슬러 올라가야 한다.

아찬 김계명金啓明과 신무왕神武王의 딸 광화光和 부인 사이에서 태어나 신라 제48대 왕위에 오른 경문왕景文王은 평소 병약하였다. 신라 제43대 왕 희강왕僖康王의 손자이기도 한 경문왕의 휘諱는 응렴膺廉이고, 비妃는 신라 제47대 왕 헌안왕憲安王의 딸 문의文懿 왕후이다. 경문왕이 재위하던 통일신라 말엽의 국내정세는 매우 혼란했기 때문에 왕이 국사를 돌보는 데 요구되는 긴장도 갈수록 심해졌다. 그래서인지 즉위한 지 1년도 채 지나지 않은 861년(경문 1) 경문왕의 병세는 더욱 악화되었다.

그러자 명승 혜철惠哲이 왕에게 진언했다.

"서원소경西原小京(지금의 청주) 남쪽에 양승산養僧山(양성산)이 있는데, 그곳에 서식하는 머리가 제비머리 모양으로 생긴 백사白蛇를 달여 드시면 병환이 나을 것입니다."

그 말을 들은 경문왕은 땅꾼들을 총동원하여 양성산으로 보냈다. 왕명을 받은 그곳 약제관원은 전력으로 땅꾼들을 지휘하고 감독하면서 백사를 잡기 위해 혼신의 노력을 기울였다. 그러나 겨울철에 백사를 잡기는 거의 불가능했다. 흔히 볼 수 있는 구렁이, 독사, 살모사, 율모기(유혈목이) 같이 겨울잠을 자는 뱀들은 쉽게 잡을 수 있었지만 제비머리를 단 백사는 발견할 수 없었다. 양성산을 모조리 파헤쳤어도 백사를 발견하지 못한 땅꾼들은 기진맥진해서 모두 그곳을 떠나버렸다. 경문왕의 병세는 더욱 악화되어 도저히 쾌유할 가망이 없는 지경에 이르렀다.

그즈음 계족산鷄足山(지금의 계명산鷄明山) 공국사의 원정 법사가 잠결에 괴이한 꿈을 꾸었다. 그것은 형각강刑角江(금강錦江 상류) 어귀에서 머리가 까치머리 모양으로 생긴 이무기 한 마리가 하늘로 오르다가 떨어져서 꿈틀대는 꿈이었다. 잠에서 깬 법사가 그 괴이한 꿈을 곰곰이 생각하는데 갑자기 밖에서 요란한 소리가 났다. 법사가 승방 문을 열고 내다보니 머리가 제비머리 모양으로 생긴 백사가 마루에게 떨어져있었다. 법사는 그 백사를 잡자마자 궁궐로 급히 발걸음을 재촉했지만 광원光院 지점에 도착했을 무렵 경문왕이 승하했다는 소식을 들었다. 법사는 하늘을 우러러 탄식하며 궁궐을 향해 조의를 표하고 산으로 들어가 그 백사를 풀어주었다. 법사가 그 백사를 풀어준 곳이 바로 지금의 양성산이다.

신라인들은 양성산 일대에 그런 특이한 모양의 머리를 가진 백사가 서식한다는 이유로 그 지역의 지명에 '제비 연燕'자를 붙여서 '연산군'으로 불렀다고 한다.

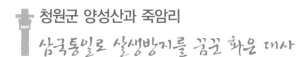

청원군 양성산과 죽암리
삼국통일로 살생방지를 꿈꾼 화은 대사

청주시에서 남쪽으로 약15킬로미터 떨어진 청원군 문의면 미천리에 있는 양성산은 문의면사무소를 감싸 안은 듯한 형세를 띤다. 백제가 점령하던 시기에는 일모산一率山, 신라가 점령하던 시기에는 연산燕山으로 불렸다. 또한 신라의 화은和隱 대사가 승병을 양성했던 곳이라 하여 양승산養僧山 또는 양성산壤城山으로도 불렸다.

화은 대사는 화랑花郞 출신으로 무술에도 뛰어났을 뿐 아니라 불법에도 조예가 깊은 비범한 승려였다.

삼국시대에 신라는 삼국통일을 야망하면서 그것을 달성하기 위한 주도면밀한 계획을 세웠다. 신라 제29대 왕인 무열왕武烈王(김춘추金春秋)과 중신들은 당나라의 군대와 제휴하여 연합군을 결성하기로 합의했다. 신라의 명장 김유신은 백제군을 상대로 하는 대회전을 예견하고 그것을 승리로 이끌기 위한 준비에 착수했다. 나당 연합군의 규모도 대단했지

▲ 양성산

▲ 김유신 초상

만, 신라측은 거기에 더해 백제군의 배후에서 은밀히 병력을 양성하여 전투가 시작되면 후방에서 급습하는 작전을 세웠다. 그러나 적잖은 병력을 백제군에게 발각되지 않고 배후로 이동시키기는 거의 불가능했다. 고민을 거듭한 신라측은 병사들을 승려로 위장하여 양병장소로 이동시킬 계책을 떠올렸고, 그 임무를 수행할 적임자로 화은 대사가 낙점되었다.

화은 대사가 신라 군사들의 안전한 양병장소를 찾으러 경주를 떠나기 전에 김유신은 그에게 이렇게 신신당부했다.

"이번 일을 수행할 대사의 책무가 특히 막중함을 잘 알 것입니다. 고구려 국경인근에 부처님의 도량을 세울 만한 적지適地를 꼭 찾아내야만 합니다. 대사께서 터를 정하시면 군사들을 승려 행색으로 위장하여 삼삼오오 출발시킬 것입니다."

살생행殺生行이나 살생욕殺生慾은 불가의 제일금기인데도 화은 대사는 승려로서 직접 살생준비를 위한 길을 떠나야할 상황인데다가 김유신의 이런 말까지 들으니 등골이 서늘해질 수밖에 없었다.

"장군! 소승은 하루 빨리 삼국이 통일되어 전쟁이 없어지는 것만이 더 큰 살생을 막을 수 있는 길이라고 믿기에 이 일을 맡았습니다. 신라에는 목숨마저 기꺼이 바쳐 평화와 자비가 넘치는 부처님 나라를 이룩하려는 승려들이 많습니다. 이왕이면 그들을 보내서 불법의 수행과 나라에 대한 충성을 동시에 이룰 수 있게 해주십시오."

화은 대사는 백제의 낭자곡娘子谷(지금의 청원군)에서 남쪽으로 40여 리 떨어진 형각강을 건너 산세를 두루 살폈다. 나루터부터는 고구려 땅이어서 오가는 사람들에 대한 검문이 심했지만 화은 대사는 아무 의심도 받지 않고 검문을 통과할 수 있었다.

결정적 전투가 시작되기 직전까지 신라승병들을 은밀히 양성하는 데

적합한 요지를 찾아 산길을 걷던 대사는 갑자기 발을 멈추었다. 서쪽으로 건너다보이는 산세가 매우 기묘하여 흡사 승려가 바리때를 들고 시주를 구하는 형세였다.

"아깝구나! 부처님의 도량을 세워도 6백 년은 족히 유지될 터인데…"

화은 대사는 부처님의 가르침과 자신이 택한 살생 사이에서 번민을 느꼈다. 그래도 대사가 선정한 곳의 산세는 은밀하고 골짜기는 깊어서 승병들을 안전하게 양성할 장소로서 흠잡을 데 없었다. 대사는 곧바로 양병지의 위치를 김유신에게 알렸고 승병들이 하나둘 모여들기 시작했다. 그렇게 모인 승병의 수는 도합 3백 명도 되지 않았지만 모두가 일당백의 장수에 버금갈 만큼 신라에서도 출중한 무예실력의 소유자들이었다.

화은 대사가 절터로도 손색없다며 감탄한 그 양병장소는 2백여 명에 달하는 사람들이 활동하고 소리를 질러도 외부에서는 전혀 그들의 존재를 알아차리지 못할 만큼 고요하고 깊은 산속이었다. 뒷산 바위들 사이에서 자라는 대나무들은 어찌나 강하고 단단한지 바위를 찌르면 쇳소리가 날 정도로 무예를 단련용으로도 적격이었다. 나라를 구하겠다는 일념으로 그곳에 모인 승병들은 모두가 화은 대사에게 무예를 배웠을 뿐 아니라 불경도 열심히 배웠다.

그런 지 얼마 지나지 않아 중대한 문제가 발생했다. 그것은 인간에게는 필수적인 식수문제였다. 그런데 승병들을 양성하는 장소에는 식수가 나지 않았다. 식수를 구하려면 까마득한 계곡 아래쪽까지 내려가야 했다. 더구나 그렇듯 식수조달에 많은 시간과 노력이 소요된다는 문제 말고도 계곡 아래는 마을과 가까워서 외부인들에게 발각될 우려도 있었다. 화은 대사는 승병들과 함께 산중턱의 여러 곳을 파보았지만 물은 한 방울도 나지 않았다. 대사는 고심 끝에 제를 올렸는데 이레째 되던 날 밤에 수성水星이 길게 꼬리를 끌며 땅으로 떨어졌다. 그러자 어디선가 속삭이는 듯한 목소리가 들려왔다.

"발鉢(바리때)에다 물을 담아야 하지 않겠는가?"

화은 대사는 양병장소로 선정한 산세가 '바리때를 든 승려가 시주를 구하는 형세'였다는 사실을 번뜩 떠올렸다. 대사는 제자들에게 바리때의 오목한 지점에 해당하는 터를 파보라고 말했다. 대사가 말한 지점을 승병들이 파내려가니 마치 하늘도 삼국통일을 바라기라도 했다는 듯이 엄청난 물줄기가 치솟았다.

물론 그 무렵에는 화은 대사뿐 아니라 신라의 다른 여러 비밀요원들도 적의 배후에서 병력을 양성하거나 국경의 요충지들에서 전쟁을 대비한 비밀작전들을 은밀하게 수행했다. 그렇게 전쟁을 대비하여 치밀한 계획과 만반의 준비를 갖춘 신라는 마침내 삼국통일을 달성할 수 있었다. 그것은 신라와 당나라의 연합뿐 아니라 화은 대사 같은 걸출한 인물들이 수행한 지대한 역할의 결실이기도 했다.

화은 대사가 승병을 양성했던 산 인근의 마을 사람들은 삼국통일 이후에 그 사실을 알고는 그 산을 양성산이라고 부르기 시작했다. 화은 대사가 하늘의 계시를 받아서 판 우물은 '대지大池'로 불렸는데, 가뭄이 들었을 때 대지에서 기우제를 지내면 반드시 효험을 보았다고 한다. 또한 바위들 사이에서 자라는 대나무를 베어 죽창을 만들던 곳은 '대바위'로 불렸는데, 그곳이 오늘날 죽암리竹岩里가 되었다.

청원군 초정 약수
만병에 효험이 있는 광천수

6백여 년 전에 발견된 천연탄산수(=광천수)인 초정椒井 약수는 미국의 샤스타Shasta 광천, 영국의 나폴리나스Napolinas 광천과 함께 세계 3대 광천에 포함되는 '동양의 신비한 물'로서 세계적으로 각광받는다. '초정'이라는 지명도 후추처럼 톡 쏘는 물이 솟는 우물을 뜻하는 '후추나무 초椒'자와 '우물 정井'자로 이루어진 것이다. 미국식품의약국FDA은 세계적으로 유명한 이 초정 약수가 고혈압, 당뇨병, 위장병, 피부병, 안질 등의 치료에 효험을 발휘한다고 인증했다. 초정약수와 일화생수 같은 식수회사들은 초정 약수를 국내에도 판매해왔을 뿐 아니라 해외로 수출하여 외화를 벌어들여왔다.

초정 약수는 충청북도 청주시에서 동쪽으로 16킬로미터 떨어진 청원군 북일면 초정리 구녀산九女山 기슭에서 솟아난다. 구녀산은 아주 먼 옛날에 아홉 선녀가 승천했다는 전설을 간직한 산이다. 초정이라는 이름만큼이나 알싸한 맛을 자랑하는 이 천연탄산수는 고려시대부터 특유의 효능이 알려졌다. 조선의 성군 세종世宗도 병자를 낫게 하는 신효神效하고 청정하기로 유명한 이 약수를 이용하여 안질을 고쳤다고 한다.

『동국여지승람東國輿地勝覽』에도 초정 약수에 관한 기록이 나온다.

"초수椒水는 고을 동쪽 39리 떨어진 곳에 있는데 맛은 후추 같으면서 차갑고, 그 물로

초정

목욕을 하면 병이 낫는다. 세종과 세조世祖가 일찍이 이곳에 행차한 일도 있다."

『충청도 읍지』에도 이 약수에 관한 기록이 있다.

"초수는 일명 초정이다."

이 기록을 감안하면 조선 초기에는 이 약수를 '초수'라고만 부르다가 조선 후기에야 비로소 '초정'이라고 부르게 된 것으로 보인다.

초정 약수는 1444년(세종 26) 1월 27일 『조선왕조실록朝鮮王朝實錄』에 처음 언급되지만 그 이전부터 이미 지역주민들이 자주 이용했던 것으로 추정된다. 조선 초기에 태종太宗, 세종, 세조 등의 왕들은 신경통, 안질, 피부병 같은 질병들을 고질적으로 앓았고, 그 질병들을 치료하기 위해 자주 온천으로 행차했다. 왕의 온천행차는 온천뿐 아니라 광천수 개발까지 촉진하는 계기로 작용했다. 그런 과정에서 초정 약수도 조정에 보고됨으로써 발전했을 것이다. 그런데 왕이 궁궐에서 온천까지 이동하는 거리도 멀고 도로 상태도 열악했다. 그리하여 1438년(세종 20) 4월에는 한양에서 가까운 지역에서 온천을 찾아 신고하는 사람에게는 각 신분에 맞는 관직을 하사하고 부역도 면제해준다는 정책이 공고되면서 온천과 초수의 개발도 더 활발해졌다.

조선 초기의 학자 삼탄 이승소 森灘 李承召가 저술한 문집 『삼탄집三灘集』에는 청주의 초수 약수를 노래한 시詩도 수록되어있다. 이승소는 조선 성종成宗 재위기간에 명신이자 문장가로 유명했다. 박식하고 뛰어난 기억력을 지녔던 그는 예악, 형법, 음양, 율력(역법), 의약, 지리에도 두루 정통했다. 그는 1422년(세종 4) 태어나 1447년(세종 29) 문과에 장원급제했고 초장, 중장, 종장의 삼장三場에 연달아 장원을 했다. 그는 1471년(성종 2)에는 순성좌리공신純誠佐理功臣 4등에 책록되었고 양성군陽城君에 피봉되었

▲ 강희맹신도비각(경기 시흥)

◀ 이수광 묘소 ▼ 신숙주 초상

으며 신숙주申叔舟, 강희맹姜希孟 등과 함께 『국조오례의國朝伍禮儀』를 편찬하여 1474년(성종 5)에 완성했다. 이후 예조판서를 지내고 1484년(성종 15) 하세한 이승소는 진중하고 분명한 성품으로 맡은 바 소임과 책무를 다했다. 자는 윤보胤保, 호는 삼탄, 시호는 문간文簡, 본관은 양성陽城인 그는 고려의 시중侍中 이춘부李春富의 현손이다.

지봉유설

초정 약수에 관한 기록은 지봉 이수광芝峰 李睟光이 쓴 『지봉유설芝峰類說』에도 나온다.

"우리나라에 초정이 많이 있지만 그 중에서도 광주廣州와 청안淸安(지금의 청주 일대)의 초수가 가장 유명하다. 매년 칠팔 월이 되면 물에 후추 성분이 강해져서 몹시 맵다. 병든 사람이 목욕을 하면 자못 신기한 효험이 있다고 한다.『본초本草』를 조사해보니 '온천 밑에 유황硫黃이 있기 때문에 물이 무겁다'했고, 『의감醫鑑』에는 '냉천冷泉 밑에 백반白礬이 있기 때문에 물맛이 시고 떫고 차갑고 맵다'했다. 이른바 냉천이라고 하는 것은 지금의 초수인 것이다."

『지봉유설』은 1614년(광해 6) 이수광이 고서古書와 고문古聞에서 뽑은 내용들을 엮어 풀이한 책으로 인조仁祖 때 간행되었다. 요즘의 백과사전 같은 이 책은 총 25개 분야 3435개 항목을 다뤄 우리나라 고실故實 연구하는 데 좋은 참고서 역할을 해왔다. 현재 남아있는 이 책의 판본은 조선고서간행회본과 조선연구회본이 있다. 이렇듯 『조선왕조실록』과 『지봉유설』의 내용을 종합해 보면 '초정'이라는 이름의 유래가 다시금 확인된다.

광천수 특유의 미네랄들을 다량 함유하는 초정 약수가 항암효과도 발휘한다는 실험결과가 최근에 나오기도 했다. 특히 소백산 일대 남한강 유역에 솟는 광천수들은 천연칼슘을 풍부하게 함유하므로 초정 약수뿐 아니라 단양과 영춘 잣나무골 약수도 우수하다고 알려졌다. 예로부터 궁중에서 임금이 마실 차를 끓이는 물로 남한강 유역 소백산 줄기의 종유석(돌고드름) 물을 사용했는데, 그 이유도 이곳 물이 자연적으로 이온화되어 몸에 흡수되기 쉬운 칼슘을 풍부하게 함유했기 때문인 듯하다.

또한 광천수에 속하는 온천수의 물 분자는 일반 물의 것보다 작기 때문에 인체의 생리기능을 활성화하고 신진대사를 촉진한다. 그런 온천수로 목욕을 하면 광천수를 마시는 것과 같은 효과를 거둘 수 있다. 온천수에는 각종 미네랄 성분들뿐 아니라 풍부한 산소와 기氣까지 녹아있어서 초정 약수와 함께 탁월한 질병치료효과를 발휘했을 것이다.

세종이 앓은 질병의 원인과 초정 약수의 효험

세종은 영명英明한 자질을 바탕으로 백성을 위해 국사를 한없이 부지런하게 돌보았지만 건강은 좋지 않았다. 비만체질에다가 독서에만 열중하던 세종(충녕대군忠寧大君)을 보다 못한 태종은 세종을 운동시키기 위해 사냥행차에 일부러 데리고 다니기도 했다. 세종은 특히 한글을 창제하면서 몸을 돌보지 않고 과로하여 여러 가지 병을 얻었다. 왕위에 오를 무렵인 20세 때 세종은 건장한 편이었지만 30세를 전후하여 당뇨병 증세에서 나타나는 소갈消渴과 신경통으로 추정되는 풍병 등으로 몸무게가 크게 줄었다. 이런 병들을 치료하기 위해 청주의 초수 약수터로 요양을 왔을 무렵 세종은 눈병뿐 아니라 임질과 피부병까지 앓았다.

그런데 세종이 그 당시에 받은 처방과 이후 40세까지 군사훈련을 직접 지도한 일에 관한 기록 등을 1900년대 초반에 조사한 외과전문의 이석제는 세종이 소갈증은 앓지 않았으리라고 밝힌 바 있다. 당뇨병과 같은 소갈증은 평소 갈증이 심해서 물을 많이 마시고 과식하며 자주 소변을 보고 쉽게 피로를 느끼는 병이다. 예컨대, 소갈증을 앓았던 수나라

제2대 황제인 양제煬帝는 궁녀들과 문란한 성생활을 일삼고 기름진 음식을 많이 먹으며 과음하는 등 무절제한 생활로 질병을 키웠다. 성생활에 지나친 욕심을 부린 양제는 정력을 강화할 요량으로 열성熱性 약제에 속하는 녹용과 인삼 등을 날마다 복용하여 체열이 과도하게 쌓이는 바람에 음액이 손상되고 허열과 소갈증이 생겼다. 그런 반면에 세종은 비록 육식을 좋아하여 비만했지만 성생활은 문란하게 하지 않았다. 더구나 이석제의 주장을 감안하면 세종은 소갈증을 앓지 않았다고 판단된다. 따라서 세종이 앓은 질병들의 원인에 관해서는 더 자세한 연구가 필요할 것이다.

세종은 35세 때인 1431년(세종 13)부터 눈병을 앓기 시작하여 이듬해 1432년부터는 소갈증에서 비롯된 망막질환을 앓았고, 1433년(세종 15) 봄부터는 소갈증이 초래한 풍증과 같은 합병증들이 발생하여 한 달간 온양 온천에서 요양했다. 1437년(세종 19)부터 세종의 눈병은 매우 심해져서 42세가 된 1438년(세종 20) 봄에는 왼쪽 눈에 막이 덮이고 오른쪽 눈도 어두워져 한 걸음 앞에 있는 사람조차 알아보지 못할 만큼 극심해졌다. 1441년(세종 23) 정월에는 왼쪽 눈이 실명하기 직전까지 눈병이 악화되어 어두운 곳에서는 지팡이를 짚고 다녀야할 정도로 상태가 심각해졌다. 그러자 3월에 세종은 왕비 소헌昭憲 왕후와 세자 문종文宗을 데리고 다시 온양에서 한 달간 요양한 결과 비로소 상당한 치료효과를 보았다. 그렇듯 오랫동안 차도를 보이지 못한 세종의 만성적인 눈병은 밤낮으로 쉬지 않고 글과 서적을 탐독하여 눈을 혹사시켰을 뿐 아니라, 왕비의 친정식구들이 도륙되는 사건을 무기력하게 지켜볼 수밖에 없었던 회한마저 가슴 깊이 쌓여 응어리져서 생간 오래된 마음의 병에서 비롯되었을 것이다.

세종이 46세가 되던 1442년(세종 24) 봄에는 경기도 이천의 온천에서 다시 한 달간 요양했지만 별다른 효험을 보지 못했다. 세종은 눈병이 날로 심해져 국사를 친히 다스릴 수 없으니 첨사원詹事院을 두어 세자로 하여금 섭정토록 하겠다는 뜻을 밝혔지만 대신들의 반대로 그 뜻을 이루지 못했다. 이듬해 봄에 세종은 또다시 온양 온천에서 한 달간 요양했지만 역시 효험을 보지 못했다. 그때까지 세종은 풍증이 동반하는 마비 증세와 눈병 등을 치료하기 위해 평산 온천, 온양 온천, 이천 온천 등에서 4차례나 요양했지만 큰 효험을 얻지 못하자 온천목욕으로는 병을 고칠 수 없음을 알고 온천치료를 중단했다.

그런 지 1년이 지난 1444년(세종 26)에 세종은 청주의 초수가 안질을 포함한 여러 병증에 특효가 있다는 소식을 들었다. 그리하여 차가운 광천수로 치료해보자고 마음먹은 세종은 먼저 초정 약수를 찾아갔고, 그곳에 초수 행궁을 짓고 두 차례 방문하여 머물며 치료를 받았지만 눈병은 완치되지 않았다. 그러다가 이런저런 나라 일 때문에 초정으로 다시 행차하기 여의치 않아진 세종은 한양에서 가까운 '전의' 초수를 특별히 왕궁으로 수송하여 치료를 지속했다. 세종이 한양에서 하루를 더 가야 하는 먼 초정 약수 대신에 전의 약수를 선택한 이유는 초수가 가을에는 효험이 다소 떨어질 뿐더러 수송도중에 김이 빠져 약효가 떨어질 것을 우려했기 때문일 것이다. 그렇듯 세종을 괴롭히던 만성적인 눈병은 세종이 승하하기 두 달 전인 1449년(세종 31) 12월에야 겨우 나았다고 한다.

세종이 장기간에 걸쳐 치료를 위해 찾은 온천과 광천수의 효과를 실제로 보았는지 여부는 지금까지 의문시되어왔다. 세종은 발병 초기에 온양 온천으로 요양을 갔지만 별다른 효과를 보지 모했다. 병이 재발하여 청주와 전의의 초수로 치료를 할 때도 약간의 차도만 있었을 뿐 완치되지는 못했다. 그런 치료는 근본적인 방법이 아니라 바쁜 국정업무를 잠시 미루고 휴식을 취함으로써 일시적으로 효험을 발휘했던 것으로 보인다.

그런데 1441년 3월 세종이 소헌 왕후와 함께 온양에 도착한 지 15일이 지난 4월 4일에는 『본초강목本草綱目』의 잔글씨를 알아볼 만큼 눈이 나았다고 한다. 그리고 4월 17일에 세종은 거의 완쾌되기라도 했다는 듯이 환궁하기 전에 당시로서는 매우 이례적으로 온수현을 온양군으로 승격시켰다. 그때 상당한 치료효과를 본 세종의 건강이 이후 다시 악화된 것을 보면 온천치료가 일시적인 효과를 발휘했을 뿐 근본적 치유법은 아니었음을 알 수 있다. 왜냐면 세종 재위기간에 초정은 청주목에 속했고 전의는 6품 현감이 다스리는 현에서 더 이상 승격도 강등도 되지 않았기 때문이다.

세조가 초정으로 행차한 이유

세조의 부왕父王 세종은 학문발전, 훈민정음창제, 과학발전 등에 몰두하다가 생긴 질병들을 치유하기 위해 초정으로 행차했다. 그런데 세조도 많은 인력과 국고를 소모하면서까지 한양과 초정을 왕래했는데, 표면적으로 물론 순수한 치료를 위해서 그리했지만 그 저변에는 치료보다 우선하는 다른 의도가 깔려있었다.

세조는 강건한 체질을 타고났지만 즉위한 지 10년이 되던 무렵부터는 악성 종기로 몹시 고생했다. 전해지는 속설로는 형수이자 단종端宗의 친모인 현덕顯德 왕후가 세조의 꿈에 나타나 뱉은 침 자국에 종기가 돋아 온몸에 퍼졌다고도 한다. 대군 시절부터 세조는 돌아가신 어머니 소헌 왕후를 위한 법회를 열고 불경을 언해했고, 즉위해서는 민심의 동요를

◀ 오대산
▼ 상원사(강원 원주 치악산)

수습하고 왕의 권위를 높이는 데 불교를 이용하기도 했다. 그 후 세조는 자신의 건강이 악화되자 부처를 절대자로 믿고 불교에 더욱 의지하여 불사佛事를 거행했으며 강원도 오대산伍臺山 상원사上院寺를 비롯한 여러 사찰에 직접 가서 예불하기도 했다.

　1457년(세조 3)에는 충청도와 강원도 일대를 돌며 사냥을 하는 순수巡狩를 빙자하여 온천에 행차하려는 세조에게 신하들이 기근을 이유로 행차를 삼가달라고 간언했다. 신하들은 세조를 호종하는 인원이 많아서 국고의 낭비가 심하고 왕이 행차할 지역이 입을 수 있는 피해를 염려했다. 그럼에도 세조는 명산대찰에 신심으로 치성을 드려서 난치숙환을 치료하고자 1464년(세조 10) 2월부터 약 한 달간 온양 온천과 청주 초수 및 보은의 속리사로 거동했다.

　세조는 단종을 축출하고 정권을 잡았지만 그 과정이 결과적으로 모반이나 다름없었기 때문에 왕위 계승의 정통성도 확보할 수 없었다. 세조가 온양으로 행차한 표면적 이유는 자신과 왕비의 질병을 치료하는 것이었지만, 본질적인 이유는 그때까지도 정권을 완전히 장악하지 못한 상황에서 지방을 순행하면서 대규모 군사훈련을 병행함으로써 왕권을 강화하려는 정치적 계산의 일환이었다. 그래서 세조는 공식의전절차들 중에서도 가장 규모가 큰 대가노부大駕鹵簿의 절차를 따랐던 것으로 보인다.

보은 속리사

이전에 세종이 청주의 초정으로 처음 행차할 당시(1444년 7월 14일) 말 670필이 동원되었지만 두 번째 행차에 동원된 말들은 300필 정도로 감소했다. 그런 한편 조선후기 정조가 화성으로 행차할 당시에 문무대신들과 군사들을 포함한 6000여 명, 왕의 직속 수행원 1779명, 말 779필이 동원되었다. 이런 사실들을 감안하면 세조의 행차 규모도 세종이나 정조의 경우와 비슷했을 것으로 짐작된다.

여기서 세조가 1464년 2월부터 3월까지 약 한 달간 온양 온천과 초정 약수를 거쳐 속리사로 행차한 과정을 연대순으로 정리해보기로 하자. 세조는 1464년 2월 18일에 왕비 정희貞熹 왕후 윤尹씨와 함께 처음으로 온천 요양 길에 나섰고, 그날 경기도 광주의 문현산에서 사냥한 짐승들을 종친들과 재상들에게 하사했다. 세조는 죽산을 거쳐 20일에는 진천의 광석廣石에 머무르며 종친 및 재상들과 가벼운 술자리를 가졌다. 그 자리에서 세조는 다음날 길상산吉祥山에서 사냥을 할 것이니 충청도 군사 4만여 명을 동원하여 사냥준비를 갖추라고 지시했다. 21일 길상산 사냥을 마치고 초정에 도착한 세조를 청주의 목사와 판관이 맞이하여 알현했다. 23일 세조는 청주에서 양로연을 열었고, 그 자리에 모인 노인들, 유생들, 창기들은 세조를 칭송하는 노래를 불렀다. 세조가 행차하는 길에서는 사장社長 40여 명이 향안香案을 벌여놓고 향을 피웠고, 승려들은 행차하는 왕 앞에서 목탁을 쳤다고 한다. 그렇듯 왕이 행차하는 길에서 향을 피우거나 승려들이 목탁을 치는 광경들은 조선시대에 들어서는 보기 드문 매우 이례적인 것들이었다. 세조는 양로연에서 노인들에게 술과 고기를 하사했고, 104세인데도 활력과 건강을 자랑하는 노인을 보고는 그에게 의복을 특별히 하사했다. 그렇게 청주에 머무는 동안세조는 청주 문묘文廟 제사를 직접 주관하기도 했다. 그동안 세조가 수행관료들과 군사들에게 함부로 민가에 투숙하지 말라는 명령과 그 명령을 어긴 자들을 엄벌하라는 명령까지 내렸다는 사실을 감안하면 수행관원들과 군사들이 지역민들에게 적잖은 민폐를 끼친 듯하다. 26일에 청주를 출발한 세조는 회인현에 도착했고, 이튿날에는 수한면 교암리敎

길상사

속리산 법주사 전경

巖里와 보은을 지나 (지금의 정2품송으로 추정되는) 병풍송屛風松에 머물렀다. 그
날 승려 신미信眉가 떡 150동이를 세조에게 바쳤다. 28일에 세조는 법주
사法住寺에 행차하여 쌀과 콩 30섬을 하사했고, 복천사福泉寺에 들러 사
흘간 머물면서 신미, 학조學祖 등의 승려들을 만나고 법회를 열었으며 쌀
300섬과 밭 200결, 노비 30명을 하사했다.

　이처럼 세조는 세종이 요양한 초정 약수가 아닌 온양 온천으로 요양
하러 가는 길에 청주를 들렀는데, 그곳에서 양로연을 개최하거나 법주
사에서 법회를 열고 시주를 하면서 10여 일을 머물렀던 것이다. 문무를
겸비한데다가 정변으로 왕위에 오른 세조는 특히 병권을 장악하는 데
많은 신경을 썼기 때문에 청주와 온양으로 행차하는 도중에도 기회가
닿는 대로 군사훈련을 겸한 사냥을 했던 것이다. 이 사실은 세종이 요양
지로 행차하면서도 되도록 비용을 줄이고 민폐를 끼치지 않으려 했던

사실과 비교된다.

세조는 자신을 알현하는 청주 목사에게 양로연을 열라고 직접 지시했을 것이다. 청주는 충청도 일대의 중심지이므로 청주에서 양로연을 열면 지역민심을 달래고 왕의 은덕을 과시할 수 있으리라는 것이 세조의 계산이었을 것이다. 그럼으로써 세조는 단종을 폐위시키고 사육신을 참살한 자신의 도덕성도 회복하고 자신의 무한한 권력이 백성들에게는 크나큰 은덕임을 과시하여 백성들의 환심을 살 수 있으리라고 계산했을 것이다.

그런데 하필 양로연이 진행되던 중에 명나라 황제가 죽었다는 소식을 전해들은 세조는 참석자들에게 술과 안주만 내리도록 했다. 그러나 다음날 언제 그랬느냐는 듯이 면령免嶺으로 사냥을 나간 세조는 술자리를 거나하게 벌여서 회포를 풀었다.

속리산 복천사의 승려 신미는 세조가 대군 시절부터 신뢰했는데, 두 사람의 그런 관계를 일컬어 '도道가 합하고 마음과 기맥이 화합했다'고 말하는 사람들도 있었다. 신미는 세조가 즉위한 뒤로는 간경도감에서 『대장경大藏經』의 인쇄하고 출판하며 불경을 번역하는 등의 사업들을 맡았다. 그렇듯 세조는 신미를 존경했고 자신의 악성 피부병도 부처의 힘을 빌려 고치려는 신앙심까지 품어서 사찰들에 밭, 쌀, 노비도 시주했는데, 그 결과 조선 초기 억불숭유정책의 굴레를 다소나마 벗어날 수 있는 계기도 불교계에 제공했을 것이다.

신미대사 초상

특히 청주가 세조의 최측근 공신이자 사돈이던 한명회韓明澮의 본향이라는 사실도 세조로

▲ 장순왕후　▲ 공릉　▲ 순릉

하여금 청주를 들르게 만들었을 것이다.

　상당上黨 부원군 한명회의 셋째딸은, 1460년(세조 6) 세조의 아들이자 조선 제8대 왕인 예종睿宗과 혼인하여 장순章順 왕후로 추존되었다. 그녀는 1445년(세종 27) 태어나 1461년(세조 7) 하세했고 공릉恭陵에 묻혔다. 그녀의 본관은 청주淸州이고 인성仁城 대군을 낳았다. 또한 1456년(세조 2) 태어난 한명회의 넷째딸은 1467년(세조 13) 세조의 손자 성종과 혼인했고 1469년 성종이 제9대 왕으로 즉위하면서 공혜恭惠 왕후가 되었다. 그녀는 소생 없이 1474년(성종 5) 하세했다. 1498년(연산 4)에 휘의신숙徽懿愼肅이라는 휘호가 그녀에게 추상되었다. 그녀는 순릉順陵에 묻혔다.

🪧 청원군 낭성면 둠뱅이 마을
효자촌 자식에게 머리 숙인 장군

둠뱅이 마을은 군사주둔지인 둔병촌屯兵村의 지방사투리이고, 효자촌孝子村으로 더 유명하다.

삼국이 치열한 전투를 벌이며 세력확장을 위해 각축할 당시 둠뱅이 마을은 군마軍馬 훈련장이었다. 전투에서 승리하려면 당연히 많은 병력들이 필요했으므로 각지에서 장정들이 징병되었다. 그때 둠뱅이 마을 인근에는 노부모를 모시고 사는 한 젊은이가 있었는데, 병상의 아버지가 술을 마시고 싶다 하므로 징병당할 위험을 무릅쓰고 주막으로 향했다. 그런데 하필 그 주막에는 술이 다 팔리고 없었다. 젊은이는 다른 주막이 있는 둔병촌으로 갈 수밖에 없었다. 오로지 아버지께 드릴 술을 구하겠다는 일념으로 걸음을 재촉하던 젊은이는 둔병촌에 거의 도착할 즈음 적대국의 병사들에게 붙잡히고 말았다. 그런데 젊은이의 효심을 가상히 여긴 적군의 장수는 술 한 말과 함께 그 젊은이를 노부의 품으로 돌려보냈다. 그 소문이 인근 마을에 퍼지면서 둠뱅이 마을이 효자촌으로 불리게 되었다.

🪧 청원군 문의면 두모산 큰말
성충成忠 같은 충신을 내친 결과

삼국통일을 이룩하기 위해 백제를 공략하던 신라군대의 선봉에는 명장 김유신金庾信이 있었다. 그 무렵 백제 무왕武王의 맏아들 의자왕義慈王

이 제31대 왕위에 올랐다. 의자왕은 642년(의자 2)에 친히 군대를 지휘하여 신라의 미후성彌候城을 포함한 40여 성을 빼앗았고 이어서 장군 윤충允忠을 보내 대야성大耶城(지금의 합천 지역)을 함락하여 신라에 큰 타격을 주었으며 643년에는 고구려와 화친을 도모하고 신라의 당황성唐項城을 수중에 넣었다. 645년(의자 5)에 당나라 태종太宗이 고구려를 침략하고자 신라에서 원군을 징발했는데, 의자왕은 그 기회를 틈타 649년 신라의 7개성을 기습했지만 김유신에게 역습을 당했다. 그러나 쉴 새 없이 전투를 치르느라 지쳐가던 김유신은 백제의 자멸을 유도하기 위한 계책의 일환으로 첩자 백소白素를 백제 궁궐에 잠입시켰다. 그런 동시에 신라는 660년 당나라와 밀약을 체결하고 나당羅唐연합군을 조직하여 백제를 협공할 준비에 돌입했다.

그 무렵 의자왕의 성격을 점점 포악해졌다. 의자왕은 태자 때부터 효성과 우애를 자랑하는 해동증자海東曾子로 칭송되었고 즉위 후에도 국위를 만회하려고 노력한 왕이었다. 하지만 시간이 지나면서 사치와 방종을 일삼는 의자왕에 대한 신하들의 견제와 직언도 심해졌다. 그렇게 자기 뜻대로 국사를 좌우하지 못하는 의자왕의 불만도 점점 과격해졌다. 급기야 의자왕은 자신에게 끈질기게 상소하는 충신들을 파직하여 토굴감옥에 가둬버리기도 했다. 그렇게 날마다 음주가무를 벌이며 파행을 일삼던 의자왕은 어느 날 신라의 첩자 백소를 알면서부터 백소의 감언이설을 전적으로 신임하기 시작했다. 백소는 먼저 백제를 보호하는 산세의 혈맥을 끊어버릴 의도로 의자왕에게 다음과 같이 말했다.

"신료들이 왕의 명을 듣지 아니하고 쓸데없는 간언을 일삼는다는 것은 그들의 권세가 강하기 때문입니다. 이대로 내버려두었다가는 왕을 살해하는 역신이 생겨날 수 있사오니 그것을 미리 예방하려면 신료들의 기세를 꺾어놓아야 합니다."

의자왕이 놀라 방책을 말하라고 종용하니 백소는 기막힌 비결이라
도 알려주는 듯이 굴면서 의자왕에게 말했다.

"역신의 기상은 북방의 서봉西峯입니다. 왕실을 튼튼히 하고 왕권을
확립하려면 역신의 기상인 이 봉의 기운을 반드시 꺾어야 합니다. 그러
자면 각 봉우리마다 쇠말뚝을 박아야 할 것입니다."

백소가 말하는 서봉은 문의면 두모리에 솟은 해발345미터의 진산鎭
山 두모산斗毛山이었다. 그즈음 의자왕에게 충언한 죄로 토굴에 갇혔던
좌평 성충(또는 정충淨忠)은 점술을 통해 정세를 짐작하고 국가와 왕을 위
해 마지막 상소를 올렸다.

"신이 비록 죽는다 할지언정 나라와 임금을 결코 저버릴 수 없나이다.
때를 생각하고 변고를 헤아려보니 반드시 머지않아 큰 재난이 생길 것
을 짐작하겠습니다. 대체로 군대를 쓰실 때는 지형을 잘 이용해서 상류
쪽에서 적을 방비하는 것이 상책이옵니다. 부디 산세와 지형을 파악하
시고 첩자를 멀리하시어 국토를 보전하옵소서."

성충의 상소에는 충정이 넘쳐흘렀지만, 의자왕은 한 손에는 술잔을
들고 성충의 충언을 외면하고 두 번 다시 상소문을 보지 않았다. 성충은
옥중에서 단식했고 656년(의자 16) 죽음을
맞이하자 의자왕에게 아래와 같은 글을 써
서 바쳤다.

"만약 적군이 침입하면 육군은 숯재(탄
현炭峴 또는 심현沈峴)를 지나지 못하게 하시고
수군은 백강白江(기장포伎伐浦)으로 들어오지
못하게 하시면서 그 험난한 지형에 의지하

계백 초상

여 막으면 될 것입니다."

의자왕은 그 글 역시 외면해버렸다. 그 반대로 의자왕은 오히려 북방의 서봉 두모산에 쇠말뚝을 박아 역신을 막는 데만 여념 없었다. 그것이 백제를 망치는 길이라는 것을 아는 사람은 첩자 백소와 김유신뿐이었다. 불에 벌겋게 달아오른 쇠말뚝을 두모산 상봉에 박으니 산이 사흘 동안 울었고 바위와 소나무에서는 피가 봇물처럼 흘러내렸다는 전설도 전해진다.

660년(의자 20) 마침내 신라가 동쪽에서 공격을 개시하고 서쪽에서는 소정방蘇定方의 당나라 군대가 백강白江을 건넜다. 의자왕은 신료들을 모아 대책을 강구했지만 소용없었다. 그나마 계백階伯마저 황산벌 전투에서 패퇴하자 사비성泗比城은 나당연합군에게 포위되고 말았다. 그때야 의자왕은 성충의 말을 듣지 않았음을 후회했지만 이미 때는 늦었다. 의자왕은 태자와 함께 웅진성熊津城으로 도망갔다가 항복했고, 둘째 아들 태泰는 사비성에 남아 최후의 항전을 벌였지만 패하고 말았다. 그 결과 의자왕과 태자를 위시한 백제인 12,000여 명이 소정방에게 끌려 당나라로 압송되었고, 결국 의자왕은 당나라에서 병사病死하고 말았다. 물론 그 후에도 3년여 동안 백제의 산발적 항전은 계속되었다. 그러나 진산 두모산의 혈이 끊겨버린 백제는 정기를 잃었고 건국된 지 678년 만에 멸망하고 말았다.

청원군 인차리
어진 임금 인조가 행차한 마을

충청북도 청원군 가덕면加德面과 보은군 회인면 피반령皮盤嶺 사이에 위치한 자연친화적인 마을 인차리仁次里는 조선 제16대 왕 인조가 머물렀던 곳이다. 1638년(인조 16)에 보은으로 행차하던 인조가 그 마을에 잠시 동안 머물 임시거처를 마련했다. 그곳에 머물던 인조가 어느 날 낮잠을 청했는데 꿈에서 신령이 나타나서 인조에게 말했다.

"장차 이곳이 도학 숭상의 본거지가 될 것이라!"

그러나 인조는 신령의 계시를 염두에 두지 않았다. 그런데 인조가 다녀간 후부터 마을에는 연이어 대풍년이 들었고, 백성들은 온갖 경사스러운 일들을 맞이했다. 그 사실을 알게 된 인조는 그 마을에서 꾼 꿈을 떠올리면서 그곳을 자신이 행차한 마을이라는 뜻을 담은 '인차리'라는 지명으로 고쳐 부르게 했고, 도학을 더욱 숭상하라고 명했다.

청원군 미원면
굶주린 노승을 살린 풍부한 쌀의 고장

고려 광종光宗 때 경상도 경주 분황사芬皇寺에 기거하던 한 노승이 금강산으로 길을 떠났다. 헤진 가사袈裟를 입고 수염을 기다랗게 기른 노승의 행색은 마치 걸인처럼 보였지만 그의 눈은 감히 범접하지 못할 광채를 발산했다. 하지만 여행길에 며칠이 되도록 끼니조차 때우지 못한데다가 몹시 지치기까지 한 노승은 마을을 찾아 걸음을 재촉했다. 그 무

쌀안(미원) 유래비

렵 전국에는 가뭄이 극심하여 논밭과 산천초목을 불문하고 메마르지 않은 곳이 없었으므로 시주를 받기는커녕 물 한 모금도 제대로 얻어 마실 수 없을 지경이었다. 아무리 뛰어난 자제력을 지닌 노승이라도 허기를 면할 방도가 없었던지라 힘겨운 여정을 감내하면서 간신히 미원米原 땅에 당도했다. 하지만 기력을 모두 소모해버린 노승은 '배씨' 성을 가진 사람의 집 앞에서 쓰러지고 말았다. 노승은 그를 발견한 배씨의 온 정성을 다한 간호를 받은 덕분에 기력을 회복할 수 있었다. 배씨가 매끼니 쌀로 죽을 쑤어 노승에게 대접하자 노승은 의아하다는 듯이 배씨에게 아래와 같이 물어보았다.

"금년 들어 쌀 구경을 제대로 한 적이 없는데, 이 마을은 어떤 곳이기에 이토록 극심한 가뭄에도 이토록 쌀이 흔한 것입니까?"

그러자 집주인 배씨는 이렇게 대답했다.

"이곳은 삼거리에 있는 이름도 없는 마을입니다만 예로부터 인심 좋고 아름다운 풍속이 전해질 뿐 아니라 가뭄에도 벼농사가 잘되어 집집마다 쌀을 비축하고 있습니다."

배씨는 완쾌된 노승이 길을 떠날 때도 바랑에 쌀을 가득 넣어주며 작별인사를 했다. 마을의 인심에 큰 감동을 받은 노승은 이렇게 감탄마지 않았다.

"이곳이야말로 쌀 고을이로구나!"

노승은 쌀 고을에서 넉넉히 받은 쌀을 혼자 먹지 않고 금강산 가는 길에 들른 마을의 굶주린 백성들에게 나눠주면서 자신이 겪은 이야기를 들려주었다. 그 후 굶주린 백성들은 가족을 이끌고 가뭄에도 쌀이 풍성한 배씨 마을에 정착했는데, 그때부터 그곳이 쌀 고을 즉 '미원'으로 불리게 되었다.

한편 분황사는 경주시 구황동九黃洞에 있던 사찰로서 신라시대인 634년(선덕 3)에 창건되었으나 지금은 당간지주와 국보로 지정된 탑만이 남았다. 분황사는 대사들과 인연이 깊은 사찰이다. 일찍이 원효元曉가 그곳에서 그린 「관음보살상觀音菩薩像」은 워낙 뛰어난 그림실력을 선보여서 '신이 그린 그림'으로 일컬어졌다. 또한 그곳에는 자장慈藏이 가져온 장경들의 일부와, 고려 때 한문준韓文俊이 지은 「화정국사비문和靜國師碑文」도 보관되어있다. 신라 경덕왕景德王 때에는 그곳에서 본피부本彼部의 강고내미强古乃未가 구리 306,700근을 녹여 약사여래동상藥師如來像을 만들었다고 하는데, 그것은 신라에서 가장 큰 불상들에 속했다고 한다. 본피부는 신라시대 육부六部의 하나로 지금의 경주시 인왕동仁旺洞 일대로 추측된다. 분황사 좌전左殿에 있던 천수대비千手大悲 벽화에는 영험이 있다고 전해진다. 경덕왕 때 한기리漢岐里에 사는 희명希明이라는 여자아이는 다섯 살에 눈이 멀었는데 어느 날 그 벽화 앞에서 노래를 지어 부르며 빌었더니 눈을 떴다는 일화도 전해진다.

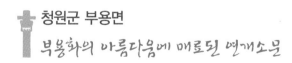

청원군 부용면
부용화의 아름다움에 매로된 연개소문

지금의 금강 유역에 속하는 금호리黔湖里에 있던 검시나루는 삼국시대에 서해로부터 많은 범선들이 드나들던 나루터였다. 당나라 상인들도 검시나루를 통해 자주 왕래했다. 그들의 대부분은 특히 배에 소금을 싣고 와서 인삼과 교환해갔다. 능수버들이 우거진 지금의 부용면 부강리芙江里 삼버들 마을에는 당나라 상인들의 숙소와 거래처가 집결해있었다. 그렇게 활발한 교역이 이루어지던 검시나루를 포함한 금강 유역은 고구려의 연개소문淵蓋蘇文이 장악하기를 원하는 지역이었다.

고구려 말기에 최대권력을 휘두른 연개소문의 명칭은 중국의 사서史書들과 김부식金富軾의 『삼국사기三國史記』에는 당고조唐高祖 이연李淵의 연淵과 혼동되지 않도록 천개소문泉蓋蘇文으로 표기되어있다. 개금蓋金이라는 이름으로도 불린 연개소문은 일본의 『일본서기日本書紀』에는 이리가스미伊梨柯須彌로 표기되어있다. 일찍이 연개소문은 고구려 동부(서부라고도 함)의 대가大加(족장) 직위와 대대로大對盧(의정부 수상) 직위를 부친으로부터 물려받았다. 보장왕寶藏王을 고구려 제28대 왕으로 추대한 후부터 연개소문은 스스로 막리지莫離支가 되어 독재정치를 펼쳤다. 보장왕은 연

연개소문 출생지(경기도 강화)

개소문이 고구려 제27대 왕인 영류왕榮留王을 시해하는 대신에 내세운 왕이었다. 영류왕을 시해하기 전부터 연개소문은 강대한 권력을 휘두르며 안하무인격으로 국정을 마음대로 주물렀다. 그러자 불만을 품은 신하들과 고구려 제27대 영류왕은 연개소문을 암살하기로 비밀리에 모의했다. 하지만 그 암살모의를 알아차린 연개소문은 642년 영류왕과 자신의 반대파 신하 100여 명을 죽이고 영류왕의 조카를 제28대 왕위에 추대

했는데, 그렇게 추대된 왕이 보장왕이었다. 물론 연개소문의 세력이 너무 과대해져서 그가 직접 왕위찬탈을 감행하는 사태를 미연에 방지하기 위해 신료들과 영류왕이 그를 암살하기로 모의했을 것이라는 설도 전해진다.

하여간 그렇게 연개소문이 왕으로 추대한 보장왕의 휘는 장藏과 보장寶藏이고 영류왕의 동생 태양太陽의 아들이다. 보장왕은 당나라에 사신을 보내어 도교道敎를 수입했고, 숙달叔達을 위시한 당나라 도사 8명을 초청했다. 그것이 고구려에 『노자도덕경老子道德經』이 최초로 전해진 계기였다.

고구려의 독재자와 다름없던 연개소문은 자신이 원하던 금강 유역을 공략하여 점령한 후 신리와 백제를 견제하고 공략하기 위한 전초기지로 삼을 수 있는 요충지마다 성을 쌓도록 지시했다. 금강 유역의 절경들 속에 세워진 성들은 가치 천연요새들이나 다름없었다. 축성작업이 마무리되어갈 무렵 연개소문은 금강에서 배를 타고 지금의 충청남도 연기군 금남면 봉기리에 있는 새나루를 지나고 있었다. 새나루 뒤편의 강 하구 인근에 만발한 이름 모를 꽃들을 본 연개소문은 그 꽃들의 아름다움에 매료되어 배를 잠시 멈추라고 사공에게 지시했다. 연개소문은 자신이 처음 보는 진기한 꽃들의 이름이 무엇이냐고 사공에 물었고, 사공은 이렇게 대답했다.

"저 꽃들은 당나라 장사치들이 씨를 가져와서 번식시킨 부용화芙蓉花입니다."

그렇듯 연개소문이 감탄한 부용화가 흐드러졌던 곳이 바로 지금의 부용면 삼버들 일대이다.

금강 유역을 점령한 지 얼마 지나지 않아 연개소문은 백제와 함께 신라를 공격하여 당항성黨項城을 빼앗았고, 643년(보장 2)에는 고구려의 평양에 용언성龍堰城을 쌓았다.

그 후에도 연개소문이 신라에 대한 공격을 중단하지 않자 신라는 당나라에 원군을 요청했다. 당나라 측은 고구려와 신라에 동시에 사신을 파견하여 양국의 관계를 조정하기 위한 타협안을 제시했다. 그러나 연개소문은 당나라의 조정안을 일축하고 당나라 사신마저 구금해버렸다. 이 사실에 격분한 당태종은 645년(보장 4) 이세적李世勣을 육군사령관으로 장량張亮을 해군사령관으로 임명하고 삼십만 대군을 친히 지휘하여 고구려를 공격했다. 당나라군대는 요동성遼東城(지금의 중국 랴오양遼陽)과 백암성白岩城을 함락하고 안시성安市城(지금의 중국 해성시海城市 동남쪽 영성자英城子)을 포위했지만 결국 안시성 함락에 실패하고 본국으로 돌아갈 수밖에 없었다. 그 후 연개소문은 당나라에 사신을 보내어 유감을 표시했지만 당태종은 받아들이지 않았다.

황성산이 품어 안은 황성골

황성산皇城山은 당태종을 격퇴한 후 남진정책을 원활히 추진하기 위한 교두보로 삼았던 곳이다. 황성산은 지금의 부용면사무소에서 남쪽으로 약 2킬로미터 떨어진 곳에 위치한 해발280미터의 진산이다. 인근의 금강 유역은 예로부터 교역이 활발하던 지역이라서 삼국이 치열하게 각축하던 요충지이기도 했다.

645년 안시성에서 당태종을 격퇴한 연개소문은 백제와 신라의 영토까지 확보했다. 연개소문은 그렇게 탈환한 성들의 외곽에 또 다른 성들을 쌓으라고 지시했다. 당시 삼국의 축성방법을 감안하면 성곽이 2중으로 건설된 곳은 도읍지를 의미하는 것이었다. 2중으로 건설되는 성곽을 본 인근 백성들은 그곳에 왕도王都가 세워질 것으로 예견하여 그곳을 황성皇城으로, 성 아래 마을을 황성골(황성곡皇城谷)로 부르기 시작했다.

그 후로도 당나라는 해마다 고구려로 침공했지만 고구려는 매번 당나라군대를 격퇴했다. 661년에는 소정방蘇定方이 평양성平壤城을 포위했지만 이듬해 연개소문에게 패하여 당나라로 돌아갔다. 하지만 그렇게 지속되는 전쟁에 시달리던 고구려 백성들의 삶은 피폐해질 수밖에 없었다.

665년(보장 24)에 연개소문이 죽자 막리지에 오른 맏아들 남생南生은 동생들인 남건南建과 남산南産의 세력들을 상대로 권력투쟁을 벌이다가 패하여 국내성國內城으로 달아났다. 그곳에서 남생은 당나라에 지원군을 요청했다. 그러나 남생의 요청을 묵살한 당나라 황제는 668년(보장 27) 이세적을 총사령관으로 임명하고 신라군대와 연합하여 고구려를 공격하라고 명령했다. 그렇게 나당연합군의 공격을 받은 평양이 함락되면서 고구려는 멸망하고 말았다. 그 후 당나라로 들어간 남생은 조선왕朝鮮王으로 책봉되어 요동성에 머물다가 모반혐의를 받고 피살되었다.

당나라군대를 물리친 고구려군대의 안시성 대첩

중원을 통일한 수나라와 당나라의 황제들은 고구려의 강대한 세력에 위협을 느끼고 누차에 걸쳐 고구려를 공격했지만 번번이 패전하여 퇴각하고 말았다. 수나라가 망하고 중원을 재통일한 당나라 태종도 숙적 고구려의 정벌을 감행했다.

고구려의 재상 연개소문이 신하로서 영류왕을 시해했다는 점, 신료들을 학살했다는 점, 신라를 침범하지 말라는 당나라의 경고를 무시했다는 점 등을 명분으로 내세운 당태종은 645년(고구려 보장 4/ 당태종 19) 친히 대군을 인솔하여 고구려로 들어섰다. 고구려군대와 당나라군대는 일대 공방전을 벌였다. 당나라의 이세적은 육군 60,000명을, 장량은 해군 43,000명을 지휘했다. 그러기 한 해 전인 644년 겨울에 동원된 당나라군대는 645년 봄에 요수遼水를 건너 현도성玄菟城(지금의 중국 무순撫順)에 도착했고, 고구려는 그 지역의 성문들을 굳게 닫고 방어태세를 갖추었다. 당나라군대의 일부가 신성新城(지금의 중국 선양瀋陽 동북쪽)과 건안建安(지금의 중국 개평蓋平)을 공격했다가 퇴각했다. 그런 이세적의 부대는 개모성蓋牟成(지금의 중국 선양 동남쪽)을 점령했고 장량의 해군은 요동반도에 상륙하여 비사성卑沙城을 점령했다. 그러자 당태종은 요수를 건너서 이세적의 부대를 독려하여 요동성을 공격하여 치열한 전투를 벌인 끝에 점령했고 나아가 백암성까지 차지했다. 작전회의를 주재한 당태종은 안시성을 공격하기로 결정하고 군대를 움직였다. 고구려측은 북부 욕살褥薩 고연수高延壽와 남부 욕살 고혜진高惠眞이 이끄는 15만 군대를 안시성으로 급파했지만, 안시성 근처에서 당나라군대가 파놓은 함정에 빠져서 대패했다. 가까스로 목숨을 부지한 두 욕살은 생존한 군사 36,800명을 데리고 당나라군대에 투항하고 말했다. 그렇게 투항한 고구려군사들에 섞여있던 말갈출신 병사 3,300명이 구덩이에 생매장되는 참극을 당했다고 한다.

고구려를 곧 항복시킬 수 있으리라고 자신한 당태종은 친히 전군을 지휘하여 안시성을 공격했다. 그러나 고구려군대는 흔들림 없이 당나라군대의 공격을 막아냈고, 당태종의 깃발이 보일 때마다 크게 야유하여 당태종을 격분시켰다. 이세적은 안시성을 점령하기만 하면 고구려 남자들을 모두 구덩이에 파묻어 죽이겠다고 장담하며 군사들을 다그쳤다. 그런 이세적의 야욕을 전해들은 고구려군대는 안시성 방비하는 데 전력을 기울였고 처절한 공방전이 지속했다. 그러나 결사적으로 항전하는 안시성은 함락될 기미가 보이지 않았다.

그러자 투항한 고구려 장수 고연수는 안시성은 일단 내버려두고 병력이 적은 동쪽의 오골성烏骨城을 먼저 점령한 다음에 압록강鴨綠江을 건너 평양으로 곧장 진격하자고 당태종에게 건의했다. 당태종도 그렇게 하고 싶었지만, 당태종의 황비 문덕文德 황후의 오라비 장손무기長孫無忌는 천자가 친림한 전투에서 모험을 할 수는 없다며 반대했다. 안시성을 점령하지 않고 우회하면 위험하다는 장손무기의 주장을 옳다고 여긴 당태종은 안시성 총공격하기로 결심했다. 당나라군대의 장수 도종道宗이 지휘하는 부대가 안시성 동남쪽에 토산土山을 쌓고 공격을 감행했다. 고구려군대는 성벽을 더 높이 쌓아 방어했다. 당나라군대는 하루 6~7차례씩 교대로 포거抛車(돌을 날리는 대포)와 동거憧車(성을 공격하는 기계)를 동원하여 성벽을 파괴했다. 그럴 때마다 고구려군대는 금세 목책을 세워 성벽을 보수했다.

그동안에도 당나라군대의 장수 도종은 토산 쌓기를 계속했다. 60일에 걸쳐 군사 500,000명을 안시성보다 높게 쌓아올린 토산에서 안시성 내부를 굽어볼 수 있게 되자 당태종은 부복애傅伏愛를 대장으로 임명하여 토산을 지키게 했다. 그런데 갑자기 토산이 무너지면서 안시성의 한쪽 귀퉁이에서 고구려군사 수백 명이 쏟아져 나와 토산을 급습하여 점령해버렸다. 당나라군대는 토산을 되찾기 위해 누차 공격을 감행했지만 번번이 실패하고 말았다. 격분한 당태종은 토산이 무너질 때 현장에 없었다는 책임을 물어 부복애를 처형해버렸다. 도종은 그나마 개모성과 요동성 전투에서 세운 전공 덕분에 겨우 용서받았다.

처참한 전투는 날마다 계속되었지만 안시성에서 항전하는 고구려군사들의 사기는 갈수록 높아졌으니 당태종이나 명장 이세적도 어쩔 도리가 없었다. 그렇게 승산 없는 대치상태로 여름을 보내고 가을로 접어들자 날씨는 점차 추워지고 식량도 떨어졌다. 결국 당태종은 군대를 돌려 퇴각하기로 결정했다. 그러자 안시성 성주는 비록 적일지언정 전장에서 생사를 결했던 당태종에게 작별인사를 했고, 당태종도 성주의 훌륭한 인품을 높이 사서 비단 100필을 선물로 보냈다고 한다. 당태종은 귀국하는 길에 깊이 후회하며 아래와 같이 탄식했다.

"만약 위징魏徵이 살아있었던들
魏徵若在   위징약재

나로 하여금 이 전쟁을 일으키게 하지 않았으리라."
不使我有是行也   부사아유시행야

위징은 당태종이 신임하던 충신으로서 그 당시에는 이미 죽고 없었다. 그때 고구려의 안시성 성주가 양만춘楊萬春(또는 梁萬春)이었다고 설도 있는데, 야사野史로만 그렇게 전해질 뿐 정사正史에는 언급되지 않는다.

청원군 궁현리
힘없는 애인을 죽이고 전쟁에서 패한 백제장군의 활고개

강내면江內面 궁현리弓峴里는 2001년 10월 강내 문화마을로 조성되었고, 2005년 녹색농촌 체험마을로 지정되면서부터 '청원 연꽃마을'로 더 많이 알려지기 시작했다. 이 궁현리의 우리말 지명인 '활고개'의 유래는 백제시대로 거슬러 올라간다.

백제 제25대 왕 무령왕武寧王 때 왕명을 받고 북쪽 국경을 방어하던 장군 진津이 어느 날 군사주둔지의 막사를 순시했다. 그런데 주둔지의 우물에서 아낙네 한 명이 빨래를 하고 있었다. 진 장군은 군사주둔지에서 아낙네가 빨래를 하면 좋지 않은 일이 생길 수 있다는 이유로 그녀의 목을 베었다. 그날 밤 고구려군대의 기습을 받은 백제군대는 막대한 피해를 입고 퇴각해야만 했다. 군사들이 행군에 지칠 무렵 어느 고개에 이르자 진 장군은 군사들에 휴식시간을 주었다. 탈진하다시피 한 진 장군도 깊은 잠에 빠졌다. 잠든 진 장군의 꿈에 나타난 한 여인이 아래와 같은 말을 남기고 사라졌다.

"백성을 아끼지 않는 장수는 차라리 없는 것이 나으니 그대는 이 고개에서 죽음을 면치 못하리라!"

놀라 잠에서 깬 진 장군은 꿈에 나타난 여인이 지난 낮에 빨래를 하다가 목이 베인 아낙이라는 사실을 깨닫고 너무나 경망스러웠던 자신의 처사를 깊이 후회했다. 진 장군은 아낙의 죽은 넋이나마 달래주고자 진혼제를 지냈다. 그때 고구려군대가 다시 공격해왔다. 진 장군과 백제군대는 죽을 각오로 싸웠으나 전세는 이미 기울었고, 군사를 모조리 잃은 진 장군은 활을 꺾고 세상에서 모습을 감추었다. 활고개 즉 궁현弓峴이라는 지명은 그렇게 패전한 백제장군이 활을 꺾은 고개였다는 데서 유래했던 것이다.

위 전쟁이 일어날 당시 백제를 다스리던 무령왕의 계보에 관해서는 여러 가지 견해가 제시되어왔는데, 무령왕은 개로왕蓋鹵王의 동생 곤지昆支의 아들이자 동성왕東城王의 배다른 형이라는 견해가 대체로 맞는 것으로 인정된다. 무령왕의 이름은 사마斯摩와 융隆이며 무령은 시호이다. 무령왕릉에서 출토된 지석의 기록에 따르면 무령왕은 462년(개로 8) 태어나 40세에 즉위하여 62세에 죽었다. 그 기록은 무령왕이 동성왕의 배다른 형이라는 『일본서기』의 기록을 뒷받침하는 것이다. 무령왕은 501년 신흥세력이던 백가苩加의 자객에게 암살된 동성왕의 뒤를 이어 왕위에 올랐는데, 동성왕 암살에 무령왕이 간여했다고 보는 견해도 있다.

무령왕은 즉위한 이듬해 가림성加林城에서 백가가 일으킨 반란을 진압했고 구舊귀족세력을 등용하여 신흥세력을 견제하는 세력균형정책으로 왕권을 안정시켜갔다. 또한 무령왕은 22담로擔魯(백제의 지방행정구역)에 왕족들을 파견하여 지방에 대한 통제력을 강화했고, 한강 유역을 잃고 웅진雄鎭(지금의 충청남도 공주)으로 천도하여 금강 유역과 호남평야를 개발하기 위한 수리시설을 확충하고 귀농정책을 실시했다. 아울러 유민들을 정착시키고 농업노동력을 확보함으로써 조세기반을 안정적으로 마련할 수 있었다.

고구려에 대한 공격적 태도를 취한 무령왕은 즉위하던 해에는 달솔達率(백제관직등급의 둘째 등급) 우영에게 군대를 내주어 고구려의 수곡성水谷城을 공격하게 했고, 이듬해에도 고구려의 변경을 공격하여 성과를 거두었다. 그 결과, 고구려에게 빼앗겼던 백제의 한강 유역이 무령왕 재위기간에 일시적으로 회복되기도 했다. 무령왕은 507년(무령 7)에 말갈족의 침입에 대비하여 장령성長嶺城을 쌓았지만 512년(무령 12)에 침입한 고구려군대에게 가불加弗과 원산圓山 두 성을 빼앗겼다. 그런 굴욕을 교훈으로 삼은 무령왕은 523년(무령 23)에 인우因友와 사오沙烏 등에게 한북주漢北州의 장정을 동원하여 쌍현성雙峴城을 쌓도록 지시했다.

한편 무령왕은 중국 남조南朝의 양梁나라에 여러 차례 조공했는데 양나라의 무제武帝는 그에 답하여 521년에 무령왕을 사지절도독백제제군사使持節都督百濟諸軍事로 책봉하면서 무령왕에게 진동대장군鎭東大將軍과 영동대장군寧東大將軍 같은 벼슬들도 하사했다.

1971년에 충청남도 공주시의 송산리宋山里 고분군에서 무령왕과 왕비의 합장릉이 새로이 발견되었다. 벽돌로 쌓은 터널식 무덤 안에서는 지석과 금관장식, 금은과 옥으로 만든 각종 장신구, 큰칼, 동경銅鏡, 도자기, 석수石獸, 목관을 포함한 다수의 화려한 유물들이 출토되었다. 유물들 중 상당수는 백제가 중국 남조 및 일본열도와 교류했다는 사실을 방증해준다.

🪧 청원군 옥산군 오미五美 마을
동서고금에 변함없는 실천철학의 요람

백제 제24대 왕 동성왕 재위기간에는 고구려와 백제의 영토싸움이 끊이지 않았다. 479년부터 501년까지 재위한 동성왕은 문주왕文周王의 동생 좌평 곤지의 아들이고 삼근왕三斤王의 뒤를 이어 왕위에 올랐다. 동성왕은 485년(동성 7)에는 신라에 사신을 보내 화친을 청했고, 493년(동성 15)에는 신라에 청혼하여 이찬 비지比智의 딸과 혼인했다. 신라와 일종의 혼인동맹을 맺은 백제는 494년부터 495년까지 신라와 연합하여 고구려와 싸웠다.

그 무렵 고구려는 백제의 민심을 염탐하기 위해 한 장수를 지월이라는 승려로 변장시켜 백제로 잠입시켰다. 첩자 지월은 백제의 방방곡곡을 돌아다니며 정세를 살피다가 백강 상류의 조그마한 마을 어느 집 사랑방에서 하룻밤을 묵었다. 그 사랑방은 두 칸으로 나뉘어져 있었는데, 지월이 묵는 편의 맞은편은 마을 서당으로 활용되는 듯했다. 마침 글을 가르치던 훈장과 글을 읽던 아이들의 낭랑한 목소리가 지월이 묵는 방까지 또렷이 들려왔다. 지월은 자기도 모르게 훈장과 아이들의 문답내

용에 귀를 기울이고 있었다. 훈장이 아이들에게 물었다.

"사람이라면 마땅히 해야 할 다섯 가지 으뜸가는 아름다운 행실이 있다. 너희들은 그것들을 알겠느냐?"

그것은 학식을 꽤 쌓았다고 자부하던 지월도 쉽게 답할 수 없는 어려운 질문이었다. 그러나 훈장이 질문을 던지자마자 한 아이가 거침없이 대답하기 시작했다.

"예. 사람으로 태어나 반드시 지키고 행하여야 할 다섯 가지 아름다운 행실의 첫째는 임금님과 나라를 위하여 목숨을 아끼지 않는 충忠이요, 둘째는 부모님께 대한 효孝요, 셋째는 세상 사람들을 믿음으로 대하는 신信이요, 넷째는 악을 물리치고 약자를 돕는 의義요, 다섯째는 이 모든 일을 사심 없이 최선을 다하여 이룩하려는 성誠이라고 생각하옵니다."

아이의 대답은 막힘이 없었다. 지월은 평생을 책 속에 묻혀 산 노학자라도 그보다 나은 대답을 할 수 없으리라고 생각했다. 지월은 그런 아이의 영민함에 소스라쳐 방 가운데를 막아 놓은 장지 틈으로 방금 대답을 끝낸 아이와 나머지 아이들의 모습을 훔쳐보았다. 많아야 아홉 살이나 열 살밖에 되어 보이지 않는 초롱초롱한 소년들을 보면서 지월은 생각했다.

'정말 놀라운 일이로구나! 이런 촌구석의 이름 없는 훈장 밑에서도 저토록 훌륭한 식견을 가진 아이들이 넘쳐나다니. 이로써 백제에 사는 인걸들의 총총함을 짐작할 수 있겠도다. 오히려 고구려의 앞날이 염려스럽구나!'

이렇게 장탄식한 지월은 백제의 내정을 살피는 첩자행위를 중지하고 곧장 고구려로 가는 귀국길에 오르고 말았다. 지월이 하룻밤 묵었던 마을은 그가 아이로부터 사람이 해야 할 다섯 가지 아름다운 행실, 즉 충,

효, 신, 의, 성을 터득한 곳이라 하여 오미伍美라고 불리게 되었다.

한편 동성왕은 나라가 혼란하여 도둑이 들끓는 와중에도 500년(동성 22)에는 역사役事를 시작하여 임류각臨流閣 같은 궁전을 짓고 방종과 사치에 빠져 충언을 듣지 않더니, 끝내 신하 좌평 백가에게 피살되었다. 동성왕의 휘는 모대牟大, 마모摩牟, 마제麻帝이다.

오미五味마을 추녀 아내의 빼어난 음식솜씨

통일신라시대에 광죽이라는 총각이 장가를 들었다. 그런데 첫날밤 신부를 맞이해보니 차마 눈을 뜨고 볼 수 없는 추물이었다. 그녀의 덥수룩한 머리털은 빨간빛을 띠었고 정수리까지 벗겨져있었다. 게다가 그녀의 코는 비뚤어진 주먹코에 눈은 부엉이 눈이고 입술은 돼지처럼 두꺼워서 정나미가 뚝 떨어진 신랑 광죽은 그날부터 그녀를 쳐다보지도 않았다. 그래도 그녀는 조금도 서러워하거나 화내는 기색을 보이지 않았고, 신랑이 무시하건 말건 항상 묵묵한 태도로 성의를 다하여 남편을 섬겼다. 시간이 흐르면서 광죽도 차츰 그녀의 여러 가지 좋은 점을 발견했다. 그녀의 얼굴만 보면 누구라도 만정이 떨어질 만큼 추녀로 보인 것은 사실이었지만 광죽은 그것은 태어나길 그렇게 태어났을 뿐 어찌 아내의 잘못이겠느냐고 생각했다.

광죽은 아내가 그런 추한 얼굴을 충분히 상쇄할 만큼 다른 여자들이 감히 흉내도 내지 못할 여러 가지 미덕을 지녔음을 차츰 알게 되었다. 무엇보다 그녀의 목소리는 꾀꼬리도 무색할 만큼 아름다워서 하루 종일 그 목소리를 듣고 있어도 싫증나지 않았고, 들으면 들을수록 기분이 맑아졌다. 그녀의 심성도 목소리 못지않게 고와서 남의 어려운 일을 자신의 일처럼 알았고 집에 들른 승려나 거지는 빈손으로 돌아가는 법이 없었다. 그녀는 항상 부처님의 법을 공경하고 사람들에게는 지성으로 대했다. 추한 얼굴과는 다르게 언행은 아름답고 유덕하여 온갖 예의범절에서 조금도 모자라는 점이 없었다. 마을 사람들이 그녀를 본보기로 삼아 자녀를 가르칠 정도였다. 그녀의 바느질 솜씨도 천하일품이었다. 어느 누구의 것이라도 몸에 꼭 맞는 옷을 지어냈고, 실을 바꾼 흔적을 거의 찾아볼 수 없을 만큼 솜씨가 뛰어나 주위 사람들은 그녀의 바느질 솜씨를 신기神技라고 칭찬하며 감탄해마지않았다.

무엇보다도 사람들이 최고로 감탄한 것은 그녀의 음식솜씨였다. 어찌된 셈인지 간장과 된장 두 가지 양념만 가지고 음식을 만들어도 단맛, 쓴맛, 신맛, 짠맛, 매운맛의 오미伍味를 다 낼 줄 알았고, 음식의 종류도 시골농부의 음식부터 궁중음식까지 막히는 것이 없었다.

그런 광죽 부인의 소문은 삽시간에 인근 마을은 물론이고 온 나라에 퍼졌다. 서원 태수도 그 소문을 듣고 그녀를 직접 만나서 그녀의 음식솜씨를 시험해보고 싶었다. 마을에 행차한 태수는 그녀에게 상을 차려보라고 명했다. 얼마 후 상에 올라온 음식 한 점을 입에 넣고 맛본 태수는 무릎을 쳤다. 이 세상 음식이라고 할 수 없을 만큼 맛이 좋았기 때문이다.

그녀를 바라보던 태수는 주위에 모인 관속들과 마을 사람들에게 말했다.

"간장과 된장만 가지고 어이 다섯 가지 맛을 내며 또 그 음식들은 어찌 이토록 기막히단 말이냐! 아녀자의 아름다움이 결코 얼굴에 있지 않다는 성현의 말씀을 이제야 알겠구나. 내 저 아낙에게 오미五味 부인이라는 이름을 주나니 앞으로 모든 아녀자는 저 부인의 덕성과 솜씨를 본받도록 하라!"

태수는 오미 부인에게 후한 상까지 하사했고, 광죽도 더는 아내를 외면하지 않았다. 미운 얼굴이 밉게 보이지 않게 되었고 세상 사람들도 자신의 아내를 존경했을 뿐 아니라 광죽 역시 오미 부인의 고운 성품을 익히 알았기 때문이다.

이렇듯 오미五味라는 마을이름은 그곳에 간장과 된장만 사용하여 다섯 가지 맛을 내는 오미 부인이 살았기 때문에 생긴 것이었다.

오미烏美마을 까마귀들이 가르친 교훈

오미 부인이 살았던 오미五味 마을에는 노령의 홀어미를 모시던 아들이 살았다. 그런데 아흔 세를 넘기자 노망기를 보이기 시작한 노모의 언동을 참다못한 아들은 노모를 내다버리기로 작심했다. 아들은 마을 밖의 적당한 곳에 토굴을 파서 움막을 만들고 짚과 솜을 깔아 노모가 여생의 마지막 며칠을 누워있을 수 있게 나름대로 배려했다.

잠든 노모를 지게로 지고 움막으로 간 아들은 구덩이에 노모를 눕혀놓고 며칠 분량의 음식을 함께 넣어주었다. 아무리 노망들어 걸림돌로 느껴지는 노모라도 천륜의 정은 어쩌지 못하는 아들의 마음은 착잡할 수밖에 없었다. 잠시 동안 움막 부근의 바위에 앉아 괴로워하던 아들은 문득 신이한 광경을 목격했다.

까마귀 다섯 마리가 아들의 눈에 띄었다. 다섯 마리 중 한 마리는 몹시 늙은 듯 기력이 없어 보였고, 더구나 눈까지 먼 듯 행동도 부자연스러웠다. 그런데도 늙고 눈먼 까마귀는 나머지 까마귀 네 마리의 도움을 받아 자유자재로 날아다니며 먹이도 먹었다. 그 까마귀 네 마리 중 두 마리는 늙은 까마귀를 부축하듯 호위하여 먹이가 많은 장소로 인도했고, 다른 두 마리는 부지런히 먹이를 나르며 늙은 까마귀에게 먹여주었다.

그들의 관계는 한눈에 보아도 어미와 자식들 관계가 분명했다.

노모가 노망이 들어 자신을 힘들게 한다는 이유로 움막 속 구덩이에 버린 아들은 그런 까마귀들의 눈물겨운 광경을 보고 충격을 받았다.

'까마귀가 부모의 은혜를 갚는다는 옛말이 거짓이 아니구나. 한낱 미물마저도 부모의 은혜에 보답하려고 하는데 사람인 나는 도대체 뭐란 말인가? 귀찮고 창피스럽다 하여 나를 낳아 주고 길러주신 어머니를 버리려 하다니. 아, 내가 참으로 천하에 몹쓸 놈이로구나. 저 까마귀보다도 못한 놈이 바로 나로구나!'

아들은 노모를 구덩이에서 다시 끌어올려 집으로 모셔왔다. 그리고 회한의 마음으로 진심을 다해 보살폈다. 그래서인지 노모는 얼마 후 정신을 회복하기 시작하여 정정한 노인으로 백 세까지 장수했다.

그렇듯 까마귀를 보고 효의 미덕을 깨우친 아들이 살았던 마을은 오미烏美로 불리게 되었고, 아들이 노모를 묻기 위한 구덩이를 팠던 자리는 분토골로 불리게 되었다.

청원군 강외면 궁말
3.1운동에 동참한 임 상궁이 살던 마을

온 나라가 어지럽고 급박했던 구한말에 한 여인이 샛강말을 찾아들었다. 여인은 곧 샛강말의 이씨 집으로 들어가 집안일을 돌봐주었다. 하지만 여인의 신상이나 정체를 아는 주민은 하나도 없었다. 그런데 여인은 마을이 조용해지는 밤마다 인근 천수마을 건너편의 오미 마을로 갔다가 새벽 무렵이면 돌아오곤 했다.

고종황제 어진

얼마 후 전국 각지에서 3.1운동이 개시되었다. 샛강말에서도 독립운동의 열기가 치솟았다. 마을 주민들은 3.1운동에 가담한 혐의로 일본경찰의 심문을 받았고 대부분이 풀려났지만 유독 그 여인만은 마을로 돌아오지 않았다.

그로부터 일주일 후 낭성면 선두산先頭山에서 독립만세운동 관련자 20여 명이 총살당하는 사태가 발생했다. 총살당한 사람들 중에는 마을의 아무도 정체를 몰랐던 그 여인이 포함되어 있었다. 그 여인이 총살당하고 나서야 마을 사람들은 비로소 그 여인이 고종高宗 황제를 모시던 임상궁이라는 사실을 알았다.

그때부터 샛강말은 궁궐 상궁이 살았던 마을이라 하여 궁宮마을이라고 불리다가 오늘날에는 궁말로 불리고 있다. 궁말은 강외면 사무소에서 동북쪽으로 약 1킬로미터 떨어진 곳에 위치한 자연 마을이다.

청원군 오창면 성재리
불행한 처녀들을 살린 신씨마을과 박씨마을

고려 말기로 접어들면서 원나라에 대한 고려의 의존도는 더욱 높아졌다. 1236년(고종 23) 태어나 1260년(원종 1) 태자로 책봉된 원종의 맏아들 충렬왕忠烈王은 1272년(원종 13) 원나라에 볼모로 가서 원나라 세조世祖의 딸 홀도로게리미실忽都魯揭里迷失 공주와 1274년 결혼하여 그곳에서 살았다. 그 후 원종이 사망하자 고려로 돌아와 제25대 왕이 된 충렬왕은 즉위 이후로도 자주 원나라를 내왕하며 원나라 풍습과 제반 문물제도를 받아들였고, 훈고訓詁와 사장詞章 중심의 학문을 경사經史로 전향시키기도 했다. 충렬왕은 또한 원실元室과 혼인관계를 맺었기 때문에 고려에 대한 원나라의 내정간섭이 더욱 심해져 고려는 자주성을 잃었다. 게다가 1297년(충렬 23)에는 세자 원諼에게 왕위를 물려준 충렬왕이 원나라의 명령으로 다시 복위되는 사태도 발생했다.

1308년(충렬 34) 서거한 충렬왕의 휘는 거昛이고 구휘舊諱는 심諶인데 충렬忠烈이라는 시호를 원나라에서 받았고, 어머니는 순경順敬 태후 김씨이다. 충렬왕은 죽어서 경릉慶陵에 묻혔다.

충렬왕 재위기간에 원나라는 공녀貢女라는 명분으로 고려의 처녀들을 무수히 붙잡아갔다. 그때 여섯 명의 처녀들이 원나라의 횡포를 피해 미호천美湖川의 지류인 백천栢川 상류유역의 안쪽산 아래 자리한 신申씨마을로 들어왔다. 고려인들은 공녀들을 징발하는 관원들이 그녀를 추격해올지 모른다는 불안한 마음에 웅성거렸고, 처녀들은 곧 신씨마을 촌장 댁 사랑방으로 안내되었다.

"흠, 공녀를 징발하는 관원들의 눈을 피해 연산에서 여기까지 왔단 말이지?"

촌장은 하얀 수염을 쓸어내리며 한숨지었고, 한 처녀가 눈물을 글썽거리며 촌장의 물음에 대답했다.

"처음에는 연산連山(지금의 논산) 근처 구룡산九龍山의 어느 절에 숨어있었는데 스님은 절도 안전하지 못하다며 청주 서쪽에 있는 사천합소四川合所만이 몸을 숨길 만하다고 하셨습니다. 저희 부모님들은 스님의 말씀을 따라 수소문 끝에 이 마을을 알아내시고 저희들을 몰래 보내셨습니다. 제발 소녀들의 목숨을 구해주세요."

신씨마을은 목천木川, 병천拉川, 백천相川, 용두천龍頭川의 합류지점 안쪽에 자리하여 산과 들이 절묘하게 어우러진 마을이라서 오랜 세월 바깥 세상에 드러나지 않은 채 고스란히 보존될 수 있었다. 신씨마을은 실제로 신씨의 조상들이 오래전 난세를 피해 사천합소로 들어와서 만든 이래 단 한 번도 외적의 침범을 받은 적이 없었다.

두려움과 험난한 여정에 지친 처녀들의 모습을 보는 촌장 또한 침통했다.

"이 무슨 절통할 일이란 말이냐? 나라의 딸들을 오랑캐 놈들에게 고스란히 바쳐야 하다니. 개국 이래 이런 일이 없었다. 내 너희들을 숨겨주는 것은 국법을 어기는 일이나 짐승 같은 짓을 할 오랑캐들에게 너희들을 넘겨주지는 않을 것이다."

말을 마친 촌장은 사랑문을 열고 행랑채의 하인 삼돌을 불러 곧장 윗마을로 가서 박씨 어른을 모셔오라고 명했다. 촌장은 한밤중에 죄송하오나 급한 일이라 여쭈고 반드시 모셔오라고 일렀다. 그로부터 한 시간도 지나지 않아 삼돌은 신씨 촌장과 같은 연배의 점잖은 노인 한 명을 모시고 돌아왔다. 깊은 밤중에 자신을 찾을 정도면 보통 일이 아닐 거라고 생각한 박씨 노인은 신씨 촌장의 사랑방으로 들어서면서 신씨마을 사람들이 아닌 여섯 처녀가 앉아 있는 모습을 보았다. 어찌된 영문이냐는 표정으로 바라보는 박씨 노인에게 신씨 촌장은 처녀들의 사연을 자초지종 이야기했다.

"부끄러운 일이외다. 참으로 부끄러운 일이외다. 처자들 사연도 사연이거니와 나라의 앞날이 큰 걱정이외다."

이야기를 다 들은 박씨 노인도 탄식해마지않았다. 두 노인은 원나라에 처녀들을 넘기지 말아야 한다는 데는 합의했지만 그것이 그리 간단

한 일은 아니었다. 마을에 처녀들을 숨겨주었음이 발각되는 날에는 신 씨와 박씨의 문중들은 자칫 멸문지화를 당할지도 모르는 터였다. 하지 만 두 노인은 뒷일은 하늘의 뜻에 맡기기로 하고 박씨 문중과 신씨 문 중에 처녀 세 명씩을 나누어 숨겼다. 백천에 가까운 쪽이 박씨의 마을이 었고 그곳에서 안쪽으로 5리가량 더 들어간 곳에 신씨마을이 자리하고 있었다.

그리하여 여섯 명의 처녀들은 다행히도 안전하게 피신할 수 있었다. 그 마을이 아무리 복지伏地라도 처음에는 불안하여 숨죽이는 나날을 보 내던 처녀들은 시일이 지나면서 마을 사정에 익숙해졌고 일상생활에도 차츰 적응해갔다.

신씨와 박씨의 마을 사람들은 외부의 부침을 겪지 않았기 때문인지 인정이 깊었고, 두 문중 사람들도 서로 피를 나눈 친형제처럼 우애로웠 다. 영민하게 보이는 두 마을 사람들은 골짜기 사이의 들판을 개간하여 풍족하게 생활하고 있었으므로 서로 싸우거나 재물을 탐하여 아귀다 툼하는 모습도 찾아볼 수 없었다. 마을 안은 무릉도원이라 할 만했지만 바깥세상은 그런 식으로 돌아가지 않았다.

인물이 빼어난 처녀를 여섯 명씩이나 놓친 관원들은 혈안이 되어 그 녀들의 행방을 추적했다. 구룡산 절의 승려들을 고문한 끝에 마침내 그 녀들이 사천합소에 피신했다는 사실을 알았다. 처녀들의 행방을 알게 된 관원 다섯 명은 공을 세울 욕심으로 목사에게는 보고도 하지 않고 밤새워 백천으로 달렸다. 관원들은 도중에 쏟아지는 비를 피해 들어간 주막에서 비가 멎기를 기다렸다가 다음날 새벽에야 백천 변의 조그마한 언덕에 도착할 수 있었다. 신씨마을과 박씨마을 사람들과 처녀들은 바 람 앞의 등불신세가 되었다. 하지만 연산에 있는 한 처녀의 친지 한 명이 관원들보다 한 발 앞서 사태의 급박함을 알려주었으므로 사태파악은 할 수 있었다. 그래도 마을 안에 관원들의 눈을 피해 처녀들을 피신시킬 장소도 시간도 만들 수 없던 나머지 만사를 체념하고 망연자실할 수밖에 없었다. 평소 발목 정도밖에 깊지 않던 백천의 물이 간밤에 내린 비로 허벅지까지 차오르긴 했지만 관원들의 추격을 막을 정도는 되지 못했다. 설령 백천이 그들을 막아주더라도 물은 금세 줄어들 터이니 소용없는 일이었다.

조상들이 물려준 박씨마을과 신씨마을의 터전들도 마지막이라는 사실을 예감한 마을 사람들은 오히려 차분해졌다. 이윽고 동이 트자 백천 언덕에 관원들이 모습을 드러냈다.

"마을의 앞날도 처녀아이들의 인생도 모두 가련할 뿐이외다."

간간이 비를 뿌리는 흐린 날씨에 박씨와 신씨 두 노인은 탄식하며 관원들이 건너오는 백천을 바라보았다. 그 순간 믿을 수 없는 일이 벌어졌다. 비도 그쳤는데 갑자기 물이 엄청나게 불어나더니 관원들이 서있던 언덕 꼭대기까지 물이 들어차버린 것이다. 의기양양한 표정으로 백천을 건너던 관원들은 중간쯤에서 손쓸 틈도 없이 물살에 쓸려 사라져버렸다. 그리하여 관가에서는 아무도 사천합소의 상황이나 처녀들의 행방을 모르게 되었다.

두 마을 사람들과 처녀들은 천지신명과 조상의 보살핌을 깊이 고마워했다. '멀쩡하던 백천의 물이 갑자기 스스로 불어나서 마을 앞까지 물가로 만들었다'는 의미로 마을 어른들은 신씨마을과 박씨마을 각각 신자포실(신자포곡申自浦谷)과 박자포실(박자포곡朴自浦谷)로 부르기 시작했다. 신자포실과 박자포실은 지금의 청원군 오창면 성재리의 두 자연 마을을 가리킨다.

청원군 내수읍 마산리

백제에 대패한 고구려군사들의 시신을 불태운 마을

고구려 제26대 왕 영양왕嬰陽王은 평원왕平原王의 태자로서 일명 평양왕平陽王이라고도 하며 휘는 원元과 대원大元이다. 영양왕은 즉위하면서부터 신라와 수나라를 견제하는 데 전력을 다했다. 영양왕은 먼저 전략적 우위를 확보하기 위해 598년(영양 9) 말갈족(여진)과 함께 요서遼西 지역을 공격했다. 그러자 수나라 제1대 황제 문제文帝는 대노하여 고구려 정벌을 감행했지만 대패하여 퇴각했고 결국 고구려의 화친제의도 수락했다.

그 무렵 백제가 수나라에 동조할 뜻을 보이며 고구려를 재차 정벌하라고 부추겼다. 그 소식을 들은 영양왕은 백제를 공격하여 송산성松山成과 석두성石頭成을 점령하고 이어서 낭자곡娘子谷 북방의 요새 춘화성春和成과 낭비성娘臂成까지 점령했다.

백제 무왕은 장수 이사진伊斯珍에게 고구려군대의 남하를 저지하라고 명했다. 이사진은 두름벌(학평鶴坪) 대밤리의 다락봉多樂峰, 조내(신기리新基里)의 조천봉朝天峰, 외수리內水里의 상봉上峰의 3개 봉우리에 군사를 매복하여 공격하는 병법을 구사했다. 이사진은 정예병사 2,000여 명에게 숨은골(음곡리陰谷里)에서 군량미를 확보하라고 지시하여 전투에 대비했다.

백제의 전략을 간파하지 못한 고구려의 50,000만 대군은 춘화성과 낭비성에 약간의 군사만 남겨두고 상당성으로 진군했다. 고구려군대의 전략은 상당성 점령한 다음에 낭자곡 일대를 차지하는 것이었다. 말뫼내(마산천馬山川)를 사이에 두고 백제군대와 격전에 돌입한 고구려군대는 처음에는 백제군대의 병력이 2,000여 명밖에 보이지 않자 쉽사리 승전하리라고 예감하면서 방심했다. 그런데 밤이 되자 고구려군대의 진영에 백제의 대규모 병력이 홍수처럼 밀어닥쳤다. 당황한 고구려군대는 전열을 가다듬을 사이도 없이 대혼란에 빠져들었다. 불시에 기습당한 고구려군사들은 보광천實光川과 두름천(학천鶴川)으로 후퇴했지만 다락봉과 조천봉에 매복하던 백제의 복병에게 전멸당했다. 또한 외수상봉外秀上峰으로 퇴각하던 고구려 군사들 역시 길목에 매복하던 백제군에게 무참히 몰살당하고 말았다.

그렇게 전세를 역전시킨 이사진은 여세를 몰아 일거에 춘화성과 낭비성을 점령했고, 대승을 자축하며 두 성에 비축되었던 군량미로 밥을 짓고 소와 돼지를 잡아 병사들에게 푸짐한 잔치를 베풀었다. 그런 반면에 고구려군사들 시체가 산처럼 쌓인 말뫼내와 두름벌에서는 백제 군사들이 사흘밤낮으로 고구려 군사들의 시체를 불태웠지만 그 수가 너무 많아서 모두 태우지 못하고 그을리는 정도로 마무리할 수밖에 없었다.

그 후 숨은골은 그곳의 야산에 군량미창고가 있었다고 하여 군량軍糧골로 불렸고, 고구려군사들의 시체를 완전히 태우지 못하고 그을릴 수밖에 없었던 곳은 끄실음터로 불렸다. 군량골은 지금의 내수읍 마산리를 구성하는 자연 마을이다.

그때로부터 14년이 지난 612년(영양 23) 수나라 문제의 아들 양제煬帝는 고구려가 수나라에 복종하지 않고 북방의 돌궐과 통한다는 이유로 대규모 육군과 해군을 거느리고 고구려를 공격했다. 그러나 을지문덕乙支文德 장군이 주도한 살수薩水(청천강清川江)대첩에서 대패하여 퇴각할 수밖에 없었다. 그 후에도 수양제는 여러 차례 고구려를 공격했지만 번번이 실패함으로써 도리어 수나라를 자멸하게 만들었다.

한편 영양왕은 600년(영양 11)에 태학박사 이문진李文眞에게 명하여 이

전에 편찬된 『유기留記』 100권을 편수하여 『신집新集』 5권을 만들었다. 『유기』와 『신집』은 모두 오늘날 전하지 않는다.

청원군 북이면 석화리
소모적인 전쟁을 막은 두 나라 장군들의 지혜

413년 고구려의 왕위에 오른 장수왕長壽王이 재위한 지 62년째인 475년 문주왕文周王이 백제의 왕위에 오르자 양국 모두 평화를 갈망하기 시작했고, 그때까지 오랜 세월 지속되던 국경쟁탈전도 일단 소강상태로 접어들었다.

광개토왕의 아들 장수왕은 즉위한 후부터 부왕의 뜻을 받들어 중국의 진晉, 송宋, 위魏 등과 사신을 교환하여 국교를 맺었고, 427년(장수 15)에는 도읍을 국내성國內城(환도성丸都城: 지금의 통구通溝)에서 평양으로 옮기고 남진정책을 개시했다. 장수왕은 처음에는 백제와 신라의 북방을 공략했다. 그 후 승려 도림道琳의 계책을 수용한 장수왕은 도림으로 하여금 백제의 재정을 궁핍하게 만들었고, 475년(장수 63)에는 군대를 직접 거느리고 백제의 도읍 위례성慰禮城(한성漢城)으로 진군하여 남한산성南漢山城과 고읍리古邑里를 함락하고 개로왕蓋鹵王을 죽여 선대의 원한을 풀었다.

장수왕은 480년(장수 68) 말갈족과 함께 신라의 북방을 공격하여 고명성孤鳴城 등 7개 성을 탈취했고, 영토를 점점 확장하여 남쪽으로는 아산만牙山灣에서 죽령竹嶺에 이르고, 서북쪽으로는 요하遼河 유역의 만주지역 대부분을 점령하여 고구려의 전성기를 이루었다. 또한 장수왕은 기존의 부족제도를 새로이 지방제도로 고치고 5부를 개설하는 등 국내정치도 대폭적으로 개혁했다. 491년까지 79년간 재위하다가 99세로 서거한 장수왕은 왕명대로 고구려에서 가장 장수한 왕으로서 휘는 거련巨連과 연璉, 시호는 강康이다.

백제 제22대 왕 문주왕은 비록 용단력은 지니지 못했지만 온화한 성품을 지녔고 백성을 사랑하여 신망도 높았다. 문주왕汶洲王으로 칭해진 문주왕은 왕위에 오르기 전에는 부왕 개로왕을 도와 상좌평 벼슬을 지냈다. 475년(개로 21) 한성을 포위공격하는 고구려 장수왕의 군대에 항전하던 개로왕이 전사하면서 왕위에 오른 문주왕은 도읍을 웅진熊津(지금의 충남 공주)으로 옮겼다. 그 후 문주왕은 대두산성大豆山城을 증축하고 탐라耽羅와 친선하며 국정에 힘썼지만, 477년 병관좌평兵官佐平 해구解仇에게 피살되었다. 『일본서기』에 문주왕은 개로왕의 친동생으로 기록되어있다.

475년 무렵 고구려와 백제는 낭자곡 북쪽지역을 경계로 대치하면서 휴전상태에 있었다. 그러나 전쟁을 재발시킬 불씨는 여전히 잔존했다. 그것은 백제의 가는다리와 고구려의 자근작골 사이에 위치한 영토문제였다. 고구려 장수왕이 개로왕을 살해하고 위례성마저 함락시켰어도 백제는 여전히 만만찮은 군사력을 유지했다. 그런 상황에서 고구려측이 섣불리 공격하여 어렵게 달성한 휴전상태마저 깨버리면 자칫 양측 모두 막대한 피해를 입을 것은 명약관화했을 것이다. 그래서 고구려와 백제의 접경지대를 방위하던 장수들은 전쟁을 최대한 피하고 협상을 통해 영토분쟁을 해결하고자 노력했다. 그렇게 양측의 중간지점에서 여러 차례 만나서 해결방안을 모색하던 그들은 한 가지 새로운 사실을 알게 되었다.

고구려와 백제의 국경분쟁이 시작되던 오래전, 어느 나라에도 속하지 않고 자치적 부족사회로서 존속하던 그 지역 촌장들은 머지않아 후손들이 전쟁의 참화에 휩쓸릴 것이라고 예견했다. 촌장들은 고구려와 백

◀ 죽령　▲ 남한산성

제 중 한 편에 미리 편입하는 것이 후대의
재앙을 줄이는 방법이라고 판단했다. 부
족 전체의 의견을 물어 편입할 나라를 결
정한 촌장들은 그 결정사항을 어딘가 표시해두었다. 그런데 부족이 그
나라에 편입할 준비도 하기 전에 전쟁이 터져 마을들은 쑥대밭이 되고
관련자들도 모두 죽어버렸다. 그때부터 후손들은 예전의 결정사항을 몰
라서 일부는 당시 대다수 부족들이 선택한 나라가 고구려였다고 주장
하며 다른 일부는 백제였다고 주장하는 우유부단한 상태로 결정을 내
리지 못하고 있었다.

　그런 사실을 간파한 고구려와 백제의 태수들은 옛 부족들이 편입하

기로 결정한 나라가 그 지역을 차지하기로 합의했다. 고구려와 백제는 그 지역의 여러 마을로 조사관들을 파견하여 100여 년 전에 부족들이 결정한 사항을 기억하는 자를 수소문했다. 그 결과 백제 측은 '당인'이라는 노인을, 고구려 측은 '기미기'라는 노인을 찾아야했다. 구십 세를 훨씬 넘긴 백발성성한 두 노인의 증언이 거의 일치했다. 그 증언은 그들이 태어나기 전에 이루어진 결정이라서 확실히 모르지만, 철들 무렵 어른들한테 들은 이야기로는, 당시의 촌장들이 결정한 사항을 훗날에라도 증명할 수 있도록 꽃무늬 석판에 편입할 나라의 이름을 새겨서 어떤 마을의 우물에 던져 넣었다는 것이었다.

두 나라 태수들은 분쟁지역에 존재하는 흔적만 남은 우물도 포함한 모든 우물을 찾아서 모조리 파보라고 군사들에게 명했다. 마침내 가는 다리와 자근작골의 중간지점에 있던 옛 우물에서 석판을 찾았다. 백제 고유의 연꽃무늬가 찍힌 그 석판에는 선명한 글씨로 백제마을을 뜻하는 '백제동百濟洞'이라는 세 글자가 새겨져있었다.

고구려는 애초의 약속대로 백제에게 그 지역을 양보하고 군대를 철수시켰다. 그 우물이 있던 마을은 그때부터 '돌꼬지'로 불리기 시작했다. 돌꼬지는 돌에 새겨진 꽃 혹은 돌로 만들어진 꽃이라는 뜻을 지닌 말로 짐작되는데 그것이 석화리石花里의 옛 지명이었다.

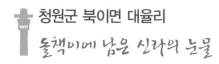

청원군 북이면 대율리
돌책이에 남은 신라의 눈물

935년(고려 태조 18)에 신라 제56대 왕 경순왕敬順王은 더는 나라를 유지

할 수 없다고 판단하여 고려 태조太祖 왕건王建에게 복속했다. 그해는 고
려 태조가 재위한 지 18년째, 신라의 마지막 왕 경순왕이 재위한 지 9년
째였다. 경순왕은 이찬伊湌 효종孝宗과 헌강왕의 딸 계아桂娥 태후 사이에
서 태어났다. 경순왕은 후백제 견훤甄萱이 신라를 침공하여 경애왕景哀王
을 살해하고 옹립한 왕이었다. 그러나 후백제가 신라를 광포하게 유린하
자 경순왕은 고려의 왕건에게 항복해버렸다. 경순왕은 죽어서 장단長湍
에 있는 능에 묻혔다.

경순왕이 고구려에 항복하려고 하자 그의 아들은 항복을 만류했다.

"우리 신라의 힘이 비록 미진하오나 충신과 명장이 없지는 않사옵니
다. 나라의 흥망은 하늘의 뜻에 달린 것이오니 합심하여 죽을 각오로 항
전한다면 나라를 지킬 기회를 엿볼 수도 있을 것이옵니다. 어찌 천년을
이어온 선열들의 땅을 남에게 넘겨줄 수 있겠사옵니까?"

◀ 후백제 견훤릉
▼ 경순왕 어진
▼ 고려 태조 왕건의 현릉(개성
　시 개풍군 해선리 만수산)

그러나 신라의 국운이 이미 회복할 수 없는 지경에 이르렀다고 느끼던 경순왕은 눈물을 글썽이며 왕자를 위로했다.

"이런 상태로 싸움을 지속함은 부끄러움을 더하는 일이 될 것이다. 지금 우리 힘으로는 도저히 국세를 회복할 길이 없으니 죄 없는 백성들에게 고통을 가중시키는 일을 어찌 차마 볼 수 있겠는가?"

자신이 나라를 지키기 위해 할 수 있는 일이 없음을 깨달은 왕자는 운명을 받아들이고 부왕과 만조백관에게 하직한 뒤 궁궐을 나와 개골산皆骨山(금강산金剛山)으로 향했다.

그때 보광천寶光川 상류에는 초당을 짓고 오랫동안 술법을 연마한 도승이 살았다. 그 도승은 그곳 합수머리 인근에 분명 길지吉地가 있음을 짐작하고 그 자리를 찾는 데 열중했다. 하늘이 맑게 개일 때면 강 건너 북쪽에서 명당의 기운이 뻗어나갔지만 쉽게 발견되지는 않았다. 명당의 기운이 비칠 때마다 도승은 달려가 봤지만 뚜렷하던 기운은 이미 사라진 뒤였다.

그러던 어느 날 초당에 한 젊은이가 찾아들어 하룻밤 묵기를 부탁했다. 젊은이의 옷차림은 남루했지만 귀인의 기품을 자아냈다. 도승은 예를 갖추려 했지만 젊은이는 자신이 예를 받을 만한 사람이 못되는 죄인이라며 한사코 만류했다. 도승이 융숭하게 대접해도 젊은이는 다만 고사리와 조밥만 먹을 뿐이었다. 젊은이가 경주가 있는 동남쪽을 향해 여러 차례 통곡하자 의아하게 느낀 도승이 그 연유를 물었다.

"그저 하늘에 죄를 짓고 나라에 죄를 짓고 조상에 죄를 짓고 백성에 죄를 지은 큰 죄인일 뿐입니다."

젊은이는 이렇게만 대답할 뿐 신분을 밝히지 않았다. 다음날 다시 길을 떠나기 전에 젊은이가 말했다.

"내가 보기에 도승께서는 명당자리를 찾는 듯한데, 이쪽에서 간혹 그 자리가 보이겠지만 직접 가서 보면 정확한 자리가 보이지 않을 것이오! 맞채(대새對塞)를 쌓되 좌향으로 정확히 가꾼다면 찾을 수 있을지도 모르겠소!"

자신은 아무 말도 하지 않았는데 젊은이의 입에서 자신이 그토록 전심을 다해 찾던 길지에 대한 이야기를 들은 도승은 경이로운 마음에 무릎을 꿇고 물었다.

"앞산에 있는 자리가 명당인 줄은 알겠습니다만 대체 어느 정도의 명당입니까?"

젊은이가 대답했다.

"제대로 자리를 잡는다면 정승이 9대는 연이어 날 것입니다."

그리고 젊은이는 서둘러 그곳을 떠났다. 도승은 젊은이의 언질대로 좌향으로 돌채(석채石塞)를 쌓아올려 마주하는 보루 역할을 하는 성뢰를 만들었다. 그러나 여전히 어렴풋하여 명당자리를 분간할 수 없었다. 그러던 어느 날 도승의 꿈에 마의麻衣를 걸친 젊은이가 나타나 그에게 말했다.

"돌채의 좌향이 어긋나서 분명하지 않은 것입니다. 다시 한 번 잘 살펴보십시오!"

마의를 걸친 젊은이의 얼굴은 분명 얼마 전 도승의 초당에서 하루를 묵고 길지의 위치를 도승에게 알려주고 떠난 젊은이의 것이었다. 그렇게 선명한 꿈을 꾼 도승이 다음날 돌채를 자세히 살펴보니 과연 정확한 좌향이 아니었다. 도승은 자신이 그 명당의 주인이 아님을 알고 길지 찾기를 단념해버렸다.

얼마의 시간이 흐른 뒤, 자신이 만났던 젊은이가 신라 왕자임을 알게 된 도승은 그와 운명을 같이 하기로 하고 개골산으로 갔다. 그러나 베옷을 걸치고 초근목피로 연명하는 젊은이가 있다는 소문만 들었을 뿐 그를 만나지 못했다. 도승은 할 수 없이 다시 초당으로 돌아와 왕자가 잠시 머물렀던 곳을 소중히 가꾸었다.

그때부터 왕자가 마신 샘물은 찬샘말, 왕자와 이별하던 언덕은 님한, 9대 정승이 날 명당자리는 구정벼랑(구정애九政崖)으로 불렸다. 그리고 도승이 쌓았다는 돌채가 있던 돌책이는 북이면 대율리大栗里에 있는 68미터의 성뫼 즉 성산城山이다.

청원군 오창읍 주성리
처절했던 낭비성 전투와 울 무덤

백제 동성왕 재위기간에 요충지 낭비성娘臂城이 고구려의 세력권에 복속되는 비운을 맞이했다. 낭비성은 삼국시대 고구려 식 지명인데, 지금의 충청북도 청주淸州에 있던 성으로서 낭자곡浪子谷으로도 불렸다.

어느 날 고구려의 대군이 낭비성을 급습하여 포위공격하기 시작했다. 낭비성 수비대는 고구려군대에 맞서 결사적으로 항전했지만 지원군은 오지 않고 식량마저 바닥나자 버티기 어려운 지경에 처했다. 그때 낭비성 성주는 출중한 무예와 병법에 대한 조예를 겸비했을 뿐 아니라 백성을 자식처럼 사랑했으므로 성의 주민들 모두가 그를 부모처럼 존경했다. 그러나 성이 고립되면서 그런 성주도 어찌해볼 도리가 없었다. 백제의 군세는 너무나 허약하고 병력도 적어서 그때까지 성을 방어한 것만해도 기적 같은 일이었다.

고구려 측은 몇 번이나 사자使者를 보내 곧바로 항복하지 않으면 성의 주민들을 모조리 죽이겠다고 위협했다. 그러나 지원군도 오지 않는 상황에서 성주는 백성의 안전을 걱정할 수밖에 없었다. 성주 자신은 병사들과 함께 끝까지 남아서 낭비성을 사수하기로 결심하고 백성들을 몰래 성 밖 동쪽의 효명산으로 피신시킬 계획을 세웠다.

고구려군대와 최후결전을 하루 앞둔 달 밝은 깊은 밤에 성주는 탄식하며 하늘을 우러러 기도했다.

"하늘이시여! 백성을 불쌍히 여기소서! 제 목숨을 잃어도 원통하지 않으나 부디 저들이 빠져나갈 길을 열어주소서!"

그런데 눈물을 흘리며 절박하게 하늘에 호소하는 장군의 기도가 끝나기도 전에 이상한 일이 일어나기 시작했다. 별 하나가 찬란한 빛을 뿜으며 서쪽 산으로 떨어져 내리더니 사방에서 먹빛처럼 검은 안개가 뭉게뭉게 피어올랐다. 그것을 하늘의 계시로 생각한 성주는 사방이 칠흑 같이 어두워지자 성의 주민들을 모아 놓고 말했다.

"성의 함락이 목전에 닥쳤소! 성을 지키지 못한 내 죄 죽어 마땅하오. 나는 남아서 싸우다 성과 함께 죽으리니 여러분은 이 안개를 이용하여 성을 빠져나가도록 하시오."

그러나 군사들은 성주와 남아 마지막까지 함께하자고 결의하여 단 한 명도 이탈하지 않았다. 주민들 중 장정들도 성을 지키는 데 동참하자고 결의했다. 성주는 군사 100명에게 백성들을 호위하여 효명산으로 빠져나가도록 명령하고, 나머지는 자신과 함께 고구려군대를 기습하기로 결정했다.

낭비성은 그때까지 수비에만 급급했으므로 고구려군대는 함락당하기 일보직전인 낭비성의 백제군대가 기습작전을 구사하리라고는 꿈에도 생각하지 못했다. 백제군대가 낭비성 북문을 열고 급습하자 고구려 군대가 그곳으로 모조리 몰려들었고 그 틈에 낭비성 주민들은 남문을 열고 군사 100여 명의 호위를 받으며 성을 빠져나가기 시작했다. 주민들을 효명산의 피신처로 대피시킨 호위군들이 주민들과 작별하고 성으로 돌아왔을 때는 이미 싸움은 끝난 뒤였다. 한 차례 기습으로 많은 병력을 잃은 고구려군대는 백제군대가 또다른 전술을 구사할까 두려워 일단 퇴각해버린 것이었다. 그러나 백제 측의 피해도 커서 군사들이 거의 전멸한 상태였다. 호위군대장이 병졸에게 다급히 성주의 위치를 묻자 병졸이 대답했다.

"최선두에서 수많은 적들을 베며 분투하시다가 말이 화살에 맞는 바람에 떨어지셨는데, 그 후로 어찌 되셨는지 모르겠습니다."

호위군대장이 병졸이 가리킨 방향으로 달려가 보니 피투성이가 된 채 쓰러져있는 성주의 가슴에는 여러 대의 화살이 깊게 박혀있었고 곁에는 애마가 죽어있었다. 성주는 부하들의 모습을 보자 겨우 기운을 차려 마지막 말을 전하고 숨을 거두었다.

"너희들이 그예 돌아왔구나! 백성들은 모두 무사한가? 수고했다. 나를 서장대에 묻고 성을 반드시 지켜다오. 곧 고구려군대의 공격이 다시 있을 것이다."

호위군대장은 성주의 시신을 성 안으로 옮겨 연병장으로 쓰이던 서장대 언덕의 양지바른 곳에 묻었다. 그들에게는 슬퍼할 겨를조차 없었다. 이제 낭비성에 만은 병력은 부상병들까지 합쳐 1,000명이 넘지 않았지만 곧 시작될 고구려군대의 공격에 대비해야 했다. 이미 죽음을 각오한 백제 군사들에게 두려움이란 없었다.

낭비성 성주이자 장군이 죽었다는 것과 수비대의 군세 역시 보잘 것

없다는 것을 알아차린 고구려군대는 사흘 후 새벽에 전면공격을 시작했다. 그렇게 다시 고구려군대에 포위당한 낭비성이 막 함락되려는 절망적인 순간 갑자기 천지를 진동시키는 뇌성벽력과 함께 비바람이 몰아쳤다. 그리고 흐리던 하늘이 캄캄해지더니 어디에선가 수많은 말발굽 소리와 병사들의 함성소리가 들려왔다. 성 안의 백제군사들은 그것이 서장대의 장군무덤에서 나는 소리라는 것을 알았다. 그러나 성 밖의 고구려군사들에게는 성 건너편 서쪽 산 아래에서 어른거리는 검은 물체들이 창칼소리를 요란하게 울리며 달려오는 수만의 군사들처럼 보였다. 그것들을 백제의 지원군대로 착각한 고구려군대는 황급히 퇴각했다. 그러자 장군무덤에서 울리던 군마소리도 멈추고 하늘도 개었다.

백제군사들은 죽은 장군의 혼이 아직도 낭비성을 지키고 있다는 것을 알고 무덤으로 가 대성통곡하며 적군이 물러났다고 고했다. 효명산으로 피난한 주민들이 돌아오고 늦게나마 백제의 지원군대도 도착하여 낭비성의 전력은 다시 탄탄해졌다.

그 후로도 적군이 기습하거나 성에 변고가 생기면 장군무덤에서는 요란하고 거센 군마소리가 울려나왔고, 그 소리는 성에 해를 입히려는 자들의 간담을 서늘하게 만들었다고 한다. 주민들은 성주에 대한 공경심을 잃지 않았고 성주의 무덤 앞을 지날 때는 반드시 말에서 내려 걸어갔다고 한다. 그 후 오랜 세월이 지난 일제강점기에는 장군무덤에 곡괭이질을 하던 일본인들이 하늘에서 떨어진 뇌성벽력에 혼비백산하여 줄행랑을 놓았다는 일화도 전해진다.

지금의 청원군 북이면 주성리主城里의 며르치 고개를 넘으면 '냄비성'으로 불리는 750여 미터의 석성石城터가 보인다. 문헌에 기록된 위치를 감안하면 그 석성터에 삼국시대의 낭비성임이 있었다는 것을 알 수 있다. 성 안의 서쪽에 있는 커다란 무덤 한 기를 마을사람들은 '장군묘' 혹은 '울 무덤'이라고 부른다.

청원군 강내면 월곡리
달음뱅이마을의 달빛과 괴목

임진왜란壬辰倭亂이 발발하여 왜적이 밀려오자 변씨 가족은 달음뱅이마을로 피난을 왔다. 달음뱅이마을에 삶터를 정한 변씨는 집 옆에 괴목(느티나무)의 묘목을 심고 정성을 다해 가꾸었다. 얼마 후 마을의 장정들과 함께 의병에 참여하기로 결정한 변씨의 아들은 부모산父母山에 있는 화천당花遷堂 박춘무朴春茂의 휘하로 들어갔다. 아들은 집을 떠나면서 누이동생에게 이렇게 약속했다.

"내달 달뫼산 꼭대기에 보름달이 오르거든 돌아오마."

그러나 약속한 날이 지나도 변씨의 아들은 돌아오지 않았다. 아들이 청주성 싸움에서 전사했다는 사실을 알게 된 부모는 자식을 잃은 슬픔에 시름시름 앓다가 이내 죽고 말았다. 부모는 오빠가 죽었음을 딸에게는 알리지 않고 숨을 거두면서 다음과 같은 유언을 남겼다.

"우리가 죽더라도 저 나무를 잘 보살피고 매달 보름날이면 제를 올리도록 하거라. 그리하면 오라비가 돌아올 것이다."

이후 변씨의 딸은 탑이 비치는 연못에서 매일 부모의 극락왕생을 빌었고 매달 보름날이면 달뫼산에 올라 오빠를 기다렸지만 끝내 오라비는 돌아오지 않았다.

달음뱅이마을은 지금의 강내면 월곡리月谷里의 옛 지명이다. 월곡리에는 변씨가 심었던 느티나무가 아직도 남아있다.

청원군 오창읍
이정간이 심은 은행나무의 응답

조선 태종 때의 명신 이정간李貞幹은 특히 하늘이 낸 효자였다. 이정간은 고려 말기인 1360년(공민 9) 원종공신 이구직李丘直의 아들로 태어나 아버지의 음덕으로 벼슬에 올라 사헌부 집의를 지냈다. 이정간은 1405년(태종 5)에는 강화부사로 임명되었고, 그때 목장에 뛰어든 호랑이를 사람이나 말을 다치게 하지 않고 포획하여 비단을 하사받았다. 그 뒤로 내외관직들을 두루 역임하던 이정간은 세종 때 강원도관찰사를 역임하다가 사임하고 향리인 서원西原 북쪽의 목령산鷲嶺山 기슭에 자리를 잡고 노모를 봉양하는 데 정성을 다했다. 이정간의 어머니 정부인 김씨는 102세까지 장수했다. 이정간은 80세가 되었을 때도 100세에 가까운 어머니를 기쁘게 해드리기 위해 참새새끼를 희롱한 노래자老萊子 흉내를 내기도 했다. 노래자는 중국 춘추시대 초超나라의 은사隱士로서 70세에 어린아이 옷을 입고 어린아이처럼 재롱을 부려 늙은 부모를 기쁘게 한 인물이었다.

성군 세종도 이정간의 소식을 듣고 가상히 여겨 품계를 크게 올려 자헌대부로 추임하고 그에게 특별히 표창하는 글과 궤장, 술, 음악을 하사하여 그

신목

의 효성이 널리 알려지도록 했다. 그때 이정간의 장수를 경하하는 시詩도 만들어져 세상에 알려졌다.

이정간은 귀향한 후 어느 봄날 다섯 아들을 데리고 집 근처의 종산宗山에 가서 은행나무 한 그루를 정성스레 심고 돌아왔다. 이정간은 그렇게 심은 은행나무가 오랜 세월 동안 자라면서 집 맞은편 뜰의 허전한 경관을 메워 주리라고 생각했다. 그런데 그날 밤 이정간은 목령산 계곡으로부터 그윽한 풍채를 지닌 백발노인 한 분이 다가오는 신비한 꿈을 꾸었다. 자신도 모르게 공경심이 생겨서 무릎을 꿇은 이정간은 노인에게 인사했다.

"어른께서는 어인 일로 이처럼 누추한 곳에 드셨습니까?"

"이 공! 나는 그대에게 고마운 말을 전하러 왔소. 나는 목령산의 주인이지만 오랫동안 거처할 마땅한 곳이 없어 계곡의 바위틈에서 풍우를 견뎌왔소. 헌데 이 공께서 마침 산천의 정기 한 가운데 신목神木을 심어 주시니 이 아니 기쁜 일이겠소? 지금은 어린 나무에 불과하나 수백수천 년을 버티며 거대한 신목으로 자랄 것이오. 그렇게 되면 자연히 그 부근에 큰 마을이 생길 것이고 나는 마을의 번창에 힘을 쓸 것이오."

이정간은 작고 보잘 것 없는 묘목 한 그루를 심은 자신의 정성을 보고 복을 내려주려는 노인에게 감복했다. 그런 그에게 노인은 이어 말했다.

"뿐만이 아니요. 이 공께서 비록 관직에서 물러났다고는 하지만 나라를 걱정하는 마음이 여전함을 내 잘알고 있소. 앞으로 나라에 큰 변고가 있으면 내 일러주리라. 이 공은 이 말을 후대에 전해 조그마한 도움을 삼도록 하오."

말을 마친 노인은 은행나무 곁에서 홀연히 사라졌고 이정간은 평온한 마음으로 꿈에서 깨어났다. 노인의 모습과 말을 똑똑히 기억한 이정간은 급히 목욕재계하고 은행나무로 가서 금줄을 치고 향불을 피우며 목령산 신령에게 제를 올렸다. 나뭇가지가 흔들리는 모양이 꼭 자신에게 응답하는 것만 같다고 생각한 이정간은 그 후로 은행나무를 더욱 정성껏 돌보았다. 그는 또한 아들과 손자들에게도 아래와 같이 일렀다.

"내가 죽더라도 이 은행나무를 잘 보살피도록 해라. 이 나무에 마을의 운명이 달렸느니라. 그리고 혹시 있을지 모르는 나무의 가르침을 잘 새겨 나라의 앞일을 경계하라."

은행나무는 이정간 일가의 정성스런 보살핌 덕분인지 하루가 다르게 무성해졌고 마을도 번성하고 풍요해졌다. 천수를 누린 이정간은 거듭 "은행나무를 잘 보살피도록 하라"는 유언을 남기고 1439년(세종 21) 평안히 눈을 감았다. 별세한 이정간에게는 효정孝靖이라는 시호를 내려졌다. 이정간의 다섯째 아들 이사혜李士惠는 안렴사의 아들 병사 제의 사위가 되었고, 오근부곡梧根部曲(지금의 오창읍)의 별장에서 아버지의 집을 자주 왕래하며 은행나무를 돌보았다. 이정간의 본관은 전의全義이고 자는 고부固夫이며 송천 서원과 청원군 오창읍 양지리陽地里의 충효재忠孝齋와 목양사鷔陽祠에 배향되었다.

이정간이 죽은 후에도 자손들은 은행나무를 잘 가꾸었고, 목령산 신령의 약속도 계속 지켜졌다. 1592년(선조 25) 임진왜란이 발생했을 때는 물론이려니와 병자호란丙子胡亂, 동학東學농민운동, 국권피탈, 8.15광복 등 나라에 큰 변고가 생길 때마다 어김없이 은행나무가 울었다고 한다. 특히 한국전쟁이 발발한 1950년 정월 초에는 "따르륵 따르륵" 소리를 내며 사흘을 내리 울었다고 한다.

제 2장

청주시 지역
지명들의 유래

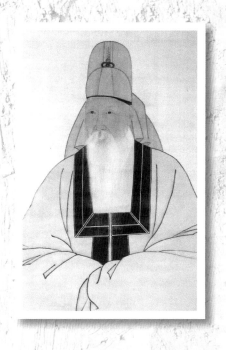

청주시 상당구 상봉 고개
스님이 알려준 금기를 지키지 못한 해월의 비통함

청주의 군관軍官 홍림洪霖은 영장營將 남연년南涎年의 주선으로 청주 영기營妓(군영의 기생)이자 관기官妓이던 해월을 자신의 애첩으로 만들 수 있었다. 남연년은 1653년(효종 4) 태어나 1676년(숙종 2) 무과에 급제했고 1727년(영조 3) 충주 진영장鎭影將으로 임명되어 토포사討捕使를 겸임했다. 그 당시 노모를 모시던 홍림의 효행이 지극하여 모든 사람들이 그를 효자라고 칭송했다. 하지만 노모는 하나밖에 없는 아들의 슬하에 혈육이 없음을 염려했다. 그러던 어느 날 마침 해월이 잉태하자 홍림과 노모는 하루 속히 해월이 해산하기만 고대했다. 그러나 홍림은 해월에게서 바라던 자식을 얻기도 전에 이인좌李麟左의 난亂을 진압하는 과정에서 전사하고 말았다.

이인좌는 영의정 이준경李浚慶의 후손이자 감사 이운징李雲徵의 손자였다. 광주廣州 이씨인 이인좌의 가문은 대대로 청주에서 세거했다. 김일

이준경묘소(경기 양평군)

경金一鏡이 이끄는 소론少論에 속했던 이인좌
는 신임사화辛壬士禍가 발생한 1721년(경종 1)
과 1722년(경종 2)에 한동안 득세했다. 1724년
(영조 즉위) 영조英祖가 즉위하자 신임사화로 실
각했던 노론老論이 다시 정계에 복귀하여 재
집권했고, 이전에 노론 4대신을 무고했던 김
일경과 목호룡睦虎龍은 처형당했다. 그렇게 몰
락한 소론의 생존자들은 원한을 품고 재기
할 기회를 엿보았다. 1727년(영조 3) 7월 1일 노
론의 일부가 실각했고, 이듬해 3월 이인좌, 김
일경의 아들 김영해金寧海, 정희량鄭希良 등이

조선국 소현세자증손, 흥록대부
밀풍군 휘탄지묘,배군부인 청풍김
씨 부좌, 배군부인 임천군씨 부좌
(경기 고양시 대자동)

주동하여 밀풍군密豐君 탄坦을 왕으로 추대하고 반란을 일으켰다. 이인
좌는 1728년(영조 4) 청주를 습격하여 병사 이봉상李鳳祥(이순신李舜臣의 손
자)을 죽이고 진중에 경종景宗의 위패를 모시면서 스스로 대원수大元帥가
되었다. 이인좌는 병졸들을 모집하는 동시에 격문을 사방으로 돌리며
민심이 자기편으로 기울도록 도모했다.

　"경종이 억울하게 죽었다. 영조는 숙종肅宗의 왕자가 아니므로 왕대비
의 밀조密詔를 받아 경종의 원수를 갚고 소현昭顯세자(인조의 맏아들)의 적
파손嫡派孫인 밀풍군을 왕으로 세워 왕통을 바르게 하고자 한다."

　그리고 이인좌는 모든 군사에게 흰옷을 입혀서 경종을 애도하는 듯
이 보이도록 꾸미고 평안平安 병사 이사성李思晟, 총융사 김중기金重器, 금
군별장 남태징南泰徵 등과 통모하여 반란을 승리로 이끌 계획을 세웠다.
이인좌의 반란군이 청주성淸州城을 기습했을 때 해월과 홍림도 군사들
의 함성소리에 놀라 잠을 깼다. 해월은 성 쪽을 바라보는 홍림의 표정을

보고 심상찮은 일이 벌어질 것을 예감했다. 홍림이 서둘러 장검을 꺼내
들고 밖으로 나가려 하자 해월이 말했다.

"때가 늦었는데 어딜 가려 하십니까? 늙은 어머니가 계시고 소첩 또
한 잉태 중인데 어찌 목숨을 보전하려 하지 않으십니까? 참으셨다가 뒷
일을 도모함이 옳을까 합니다."

그러자 홍림이 말했다.

"내 어찌 혼자 살기를 꾀할 수 있겠소. 만일 일이 잘못되거든 늙으신
어머니를 봉양하고 사내아이를 낳으면 홍씨 문중의 피를 이어가도록 잘
길러주시오!"

그리고 홍림은 반란군을 진압하기 위해 달려갔다. 하지만 홍림은 그
이튿날 전사하고 말았다. 해월은 그 다음날 남편 홍림의 시신뿐 아니라
함께 전사한 이봉상李鳳祥와 남연년南延年의 시신들까지 거두어 우암산
기슭에 묻고 장례를 치렀다. 그 결과 남연년은 후일 좌찬성에 추증되었
고 1729년(영조 5)에는 숭선군崇善君에 추봉되었으며 청주의 표충사表忠詞
에 제향되었다. 남연년의 자는 수백壽伯이고 시호는 충장공忠壯公이다.

한편 용인龍仁에 퇴거하던 소론의 원로 최규서崔奎瑞는 이인좌가 반란

최규서 초상

을 일으킨 사실을 알고 크게 놀라 조정에 고변했다. 그 결과 반군의 계획은 틀어졌고, 도순무사에 새로 임명된 병조판서 오명항鳴命恒이 이끄는 관군이 이인좌의 반란을 진압했다. 비록 단기간에 벌어진 반란이었지만 청주성을 중심으로 진천鎭川, 죽산竹山, 안성安城 등지는 반란군의 공격을 받아 몹시 위태로운 지경에 몰리기도 했다. 이인좌를 포함한 반란주모자들은 한양으로 압송되어 처형당했다. 특히 이 반란으로 소론은 다시 큰 타격을 입고 거의 재기불능 상태로 전락했고, 향후 정권들의 대부분은 노론 차지가 되었다.

이인좌의 난이 진압된 후 태어난 홍림의 아들은 무럭무럭 자랐다. 그런데 아들이 세 살이 되던 해 시주하러 온 스님이 말했다.

"동자는 열 살을 못 넘기고 물에 의한 재액으로 요절할 것이오."

놀란 해월이 스님에게 아이를 살릴 수 있는 방법을 알려 달라고 애원하자 스님은 금기 하나를 일러주었다.

"그렇다면 저 아이를 보국사 주지스님 해원麥苑에게 위탁하도록 하시오. 열흘에 한 번씩 성황당고개에서 기다렸다가 만나야 하고, 아이는 절대로 성황당 고개를 넘으면 안 될 것이오!"

해월은 스님의 말을 잘 지켜서 아이를 열흘에 한 번씩만 만났다. 그러나 아이가 일곱 살 되던 해에 해월은 절대로 성황당고개를 넘지 말라던 스님의 말을 잊고 그만 성황당고개를 넘고 말았다. 아이를 빨리 보고 싶은 마음 때문이었다. 아이도 자주 보지 못하는 엄마의 모습이 보이자 그리운 마음에 정신없이 달려오다가 실수로 연못에 빠져 목숨을 잃고 말았다.

해월은 남편 홍림의 유지를 지키지 못한 죄책감으로 자결했고, 그 후 사람들은 그 모자母子가 만나던 성황당고개를 상봉고개라 부르며 그곳을 지날 때마다 그들의 명복을 빌어주었다고 한다.

상봉고개는 깃대산 봉수대 입구에 해당하는 해발300미터의 고개로 충청북도 청주시 상당구 산성동山城洞과 명암동明岩洞 사이에 있다. 해월의 묘는 우암산牛岩山에 있다고 전해진다.

제 3장

단양군 지역 지명들의 유래

단양군 단양읍 천동리
다리안으로 들어가는 구름다리와 용담

　단양읍 천동리泉洞里 다리안으로 들어가려면 골짜기에 높이 걸린 구름다리를 건너야 한다. 먼 옛날에는 그 구름다리를 만들 때 박달나무를 다래넝쿨로 묶어서 30여 계단을 만들었다고 한다. 구름다리는 계구교戒懼橋 또는 융탁교戎濯橋로 불렸다. 이 명칭들에는 다리를 건너려면 마음을 가다듬고 맑게 하여 경계해야 한다는 뜻이 담겨있다.

　구름다리를 건너면 보이는 다리안의 폭포 아래에는 폭포수가 만든 깊은 연못이 있다. 그 연못은 다리안에 많았다는 명당들 중 한 곳인데, 그곳에는 용의 전설에 전해진다. 그 전설에 따르면 옛날 어떤 이가 다리안 연못 옆에 몰래 시체를 암매장했다. 다리안을 지키며 연못 깊은 곳에 살던 용은 시체를 함부로 암매장하여 산을 부정하게 한 것에 크게 화를 내고 연못을 나와서 하늘로 올라가버렸다. 그때 승천하려던 용이 힘껏 발을 굴러서 바위에 큰 발자국이 찍힌 자리에 물이 고여 새로운 연못 세 개가 생겼다. 그때부터 사람들은 그 연못들을 용담龍潭으로, 폭포를 용담폭포로 부르기 시작했다는 것이다.

　또 다리안마을에서 기르는 소는 동네 밖으로 나오지 못한다고 한다. 송아지를 시장에서 살 때는 품에 안을 수 있는 자그마한 녀석을 사서 품에 안고 구름다리를 건널 수 있지만 다 자란 소의 무게는 그 다리가 버틸 수 없었다. 소 한 마리조차도 다리를 건너서 마을을 빠져나갈 수 없을 뿐 아니라 사람이 안고 건널 수도 없기 때문에 일단 다리안마을에 들어온 소는 죽을 때까지 그 마을에서만 살아야 했다는 것이다.

단양군 영춘면
흥선 대원군과 화장암에 얽힌 사연

단양군 영춘면 상리上里 태화산太華山 허리에 있는 화장암華藏庵은 영험한 사찰로 널리 알려져서 1960년까지만 해도 강원도와 충청북도 등지로부터 하루에 500여 명의 신도들이 방문했다고 한다.

화장암은 대사찰이었지만 어느 날 불당이 허물어져 없어지고 말았다. 그때 영춘군의 선비 김계일이 조종영과 조종현의 협조를 받아 중건공사를 시작했지만 공사는 애초의 계획대로 진행되지 않았고 이내 중단되고 말았다. 김계일은 영춘군수를 찾아가 화장암 불당의 중건을 도와달라고 부탁했지만 군수는 재정이 부족하여 후원할 수 없다고 대답했다. 그리고 영춘군수는 비록 월권이지만 자신의 권한으로 공물을 차용하고 이임할 때 상환하는 조건으로 현물을 차용해줄 수는 있다고 덧붙였다. 불심이 깊었던 김계일은 영춘군수에게 차용증서를 써주고 국고금 1,000냥을 빌려 불사를 완성할 수 있었다.

어느 덧 임기를 마친 군수가 영춘군을 떠나고 새로운 군수가 부임했다. 영춘군의 업무를 파악하던 신임 군수는 김계일이 차용증을 작성하고 군의 자금 1,000냥을 빌려다 쓴 사실을 알았다. 군수는 관리를 불러 문초하고 김계일도 소환하여 심문했지만 김계일은 당장 그만한 돈을 갚을 수 없는 상황에 있었다. 결국 군수는 김계일을 사기죄로 기소하고 한양으로 압송하도록 명령했다.

그때는 흥선興宣 대원군이 섭정하던 시절이었다. 어느 날 밤이 깊어 잠자리에 든 흥선 대원군은 꿈을 꾸었다. 꿈에서 어떤 사람이 그의 방에 들어와서 말했다.

흥선 대원군 이흥선 초상

"나는 충청도 영춘 화장암에 사는 산신령이오. 며칠 뒤면 영춘군에서 김계일이라는 선비가 죄인이 되어 한양으로 압송될 것이오. 그에게 국고 1,000냥과 함께 화장암 현판을 하사하면 국운이 융성할 것이오. 그대의 아들(고종)도 장수할 것이니 나의 부탁을 소홀히 넘기지 마시오. 이것은 부처님의 당부말씀이기도 하오!"

그리고 방을 나서는 산신령의 주위는 대낮같이 밝았다. 산신령은 오색영롱한 흰 구름 한줄기를 잡아타고 공중으로 날아갔다.

잠에서 깬 흥선 대원군은 꿈을 곱씹었다. 그는 그토록 선명하고 기이한 꿈을 처음 꾸었다. 그는 자리에서 일어나자마자 '충청도 영춘군 화장암'이라는 글자를 종이에 써서 따로 보관했다. 이튿날 그가 수감자 명단을 가져오라 명하여 읽어보니 정말로 영춘군에서 사기혐의로 압송당한 김계일이라는 선비가 있었다. 대원군이 도승지를 불러 진상을 물어보니 전날 밤에 꾼 꿈과 일치했다. 대원군은 김계일을 친히 심문했다. 나랏돈을 1,000냥씩이나 차용하여 어디에 썼느냐는 대원군의 물음에 김계일은 화장암 불당을 중건한 사연을 있는 그대로 말했다. 대원군은 김계일이 국고를 가로챈 것이 아니라 시주를 약속한 사람들이 돈을 내지 않아 김계일 혼자 중건비용을 부담할 수밖에 없었다는 사실을 알았다. 위태로운 시국에 산신령이 꿈에서 들려준 말을 잊지 못하던 대원군은 시골 선비가 막대한 국고까지 차용하여 불사를 행해 나라의 풍년과 평화를 기원했다는 사실에 안쓰러움과 진심을 느낄 수 있었다.

"그대에게 협조하기로 약조한 자들이 배신했는데도 기꺼이 모든 책임을 짊어진 그대의 선비정신이 나의 마음을 흡족하게 했다. 고을백성의 자자손손이 복을 받도록 기도하고 나라의 안녕을 기원하는 절을 지었으니 큰일을 한 셈이다. 비록 나라의 국고를 차용하여 갚지 못한 죄가 작지는 않으나 그대를 죄인으로 다스리는 것은 합당치가 않다."

말을 마친 대원군은 다음날 다시 입궐하라고 명하면서 김계일을 돌려보냈다. 대원군은 다음날 입궐한 김계일에게 친필 현판 한 장, 법복 한 벌, 고종의 초상화 한 점을 건네주었다. 감복한 김계일은 대원군의 만수무강과 나라의 평안을 기원하며 물러나와 향리로 돌아갔다.

제 4장

음성군 지역 지명들의 유래

음성군의 자린고비 조륵이 전하는 부자의 철학

사람들은 지독히 인색한 구두쇠를 가리켜 보통 자린고비라고 일컫는다. 자린고비와 관련된 일화들은 꽤 많이 전해지지만, 음성 금왕金旺마을의 조륵趙勒은 가장 대표적인 자린고비였다.

조륵은 어찌나 인색하고 지독한지 처음에는 주위사람들에게 손가락질과 조소를 받기 일쑤였다. 그도 그럴 것이 조륵은 제수용으로 사온 굴비로 제사를 지내고도 그 굴비를 먹지 않고 천정에 매달아 놓고 쳐다보면서 밥을 먹었는데, 그마저도 식구들이 두 번 넘게 굴비를 쳐다볼라치면 이렇게 호통을 쳤다고 한다.

"너무 짜서 물만 많이 들이키겠구나!"

조륵은 제삿날이 아닐 때 생선이 먹고 싶으면 시장의 어물전을 찾아가서 어물들을 이것저것 주무르면서 값을 물었다. 조륵은 생선냄새가 손에 밸쯤이면 값이 비싸 못 사겠다며 그대로 집으로 돌아와 손 씻은 물을 장에 넣고 생선맛을 볼 정도였다고 한다. 이 일화는 너무나 유명하여 사람들이 지어낸 옛날이야기로 생각할지도 모르지만 실제로 조륵은 그렇게 행동했다고 한다.

자린고비 조륵선생 유허비

어느 날 쉬파리가 장독에 앉았다가 잠자리에게 물려 날아가는 모습을 본 조륵은 문득 파리의 다리에 묻은 장이 아까워졌다. 급기야 그는 장을 훔친 도둑파리를 잡겠다고 난리를 치며 단양의 장벽루까지 파리를 따라갔다고 한다. 그 후 사람들은 자린고비가 파리를 잡느라 어정대던 곳을 어정魚汀개로 부르기 시작했다. 또한 지금의 충주농업고 등학교 뒤뜰에서도 자린고비가 어정댔다고 하여 그곳을 '어정이들'로 부르기 시작했다.

자린고비는 무더운 여름에 부채를 사놓고도 부채가 닳을까봐 걱정하며 부채를 벽에 매달아 놓고 그 앞에 서서 머리를 흔들며 바람을 만들었다고 한다.

또한 10년 동안 마을을 찾아와 장사를 하던 북어장수가 있었다. 그동안 마을에서 그가 파는 북어를 단 한 번도 사지 않은 사람은 조륵 밖에 없었다. 그런 조륵 때문에 기가 막히고 은근히 부아까지 치밀어 오르자 북어장수는 생각했다. '아무리 지독한 자린고비라도 먹을 것 사먹는 돈을 아까워하는 심보를 타고나서 그렇지 눈앞에 공짜로 먹을 게 있는데 안 먹고는 못 버티겠지.' 그는 북어 한 마리를 조륵의 집 담 안으로 던져 넣었다. 때마침 마당을 쓸던 조륵은 느닷없이 하늘에서 북어 한 마리가 떨어지자 깜짝 놀라서 북어를 가만히 바라보았다. 하지만 북어 때문에 밥을 더 많이 먹을까 두려워진 그는 "이거 어디서 밥버러지가 떨어졌구나!"라고 말하면서 북어를 냉큼 집어 들고 담 밖으로 내던져버렸다고 한다.

어느 날 조륵은 자신이 없는 사이에 장모가 집에 들렀다 돌아가는 모습을 보았다. 장모는 조륵의 집에서 딸과 인절미를 만들어 먹고 조금 남은 것들을 보자기에 싸서 가지고 가는 중이었다. 그 모습을 본 조륵은 펄쩍 뛰면서 장모의 보자기를 빼앗아 집으로 돌아갔다고 한다.

그렇게 남에게 땡전 한 푼 주거나 빌려주지 않고 지독히 인색하게 수십 년을 지낸 조륵은 마침내 그 지방에서 둘도 없는 부호가 되었다. 그런 조륵이 모은 재산에 대한 소문은 음성을 벗어나 멀리 전라도까지 전해졌다. 전라도에서 제일로 자부하던 자린고비도 조륵이 천하에 없는 구두쇠로서 큰 부자가 되었다는 소문을 들었다. 그는 얼마나 아껴야 조륵만큼 갑부가 될 수 있는지를 알고 싶어서 조륵을 직접 찾아왔다. 전라도 자린고비의 질문을 받은 조륵은 아무 말 없이 전라도 자린고비를 데리고 충주의 탄금대彈琴臺로 갔다. 둘이 가는 모양새도 가관이었다. 전라도 제일의 구두쇠는 걸어가는 동안 신발이 닳을까봐 한 짝씩 벗었다 신기를 반복했고, 음성의 자린고비 조륵은 아예 신발 두 짝을 모두 벗어들고 갔다. 그런 조륵의 모습을 본 전라도 자린고비는 조륵에게 한 수 배웠다며 감탄해지마지 않았다고 한다.

전라도 자린고비를 데리고 탄금대에 도착한 조륵은 굽이쳐 흐르는 시퍼런 강물 쪽으로 가지를 뻗은 소나무 앞에서 이렇게 말했다.

"손님, 저 소나무가지에 두 손으로 매달려 보시오."

손님은 조륵이 시키는 대로 했다. 그러자 조륵은 손님에게 한 쪽 팔을 내려 보라고 말했다. 손님이 한 쪽 팔을 내리자 조륵은 이번에는 나머지 한 쪽 팔마저 놓으라고 말했다. 그러자 손님이 놀라서 말했다.

"아니, 그러면 나더러 저 시퍼런 강물에 빠져 죽으라는 말이요?"

그리고 전라도 자린고비는 내렸던 손까지 올리며 두 손으로 얼른 나뭇가지를 부여잡고 식은땀을 흘렸다. 그러자 손님을 도로 땅 위로 올라오라고 말한 조륵은 혀를 끌끌 차며 부자가 되는 철학을 손님에게 말해주기 시작했다.

"손님, 들어보십시오. 세상에서 손꼽히는 만석꾼이 된다는 것은 예사로운 구두쇠의 마음 정도로 되는 게 아닙니다. 지금 손님이 나뭇가지에 매달려서 죽게 되었을 때의 순간을 잊으면 안 됩니다. 모름지기 죽기를 각오하고 실행해야만 목적한 바를 달성할 수가 있는 것입니다."

그것은 누구나 말하기는 쉬우나 실천하기는 어려운 진리라서 보통사람의 의지로써 완수하기 힘든 일이었다. 저녁 무렵 조륵의 집으로 돌아와 하룻밤 묵을 방으로 안내된 전라도 자린고비는 다시 한 번 놀랐다. 돈이 없지도 않을 것이거늘 몇 년을 내버려둔 듯한 방문과 창문의 문풍지들이 뚫려 바람이 솔솔 새어들었다. 손님은 쌀쌀한 바람을 맞으며 밤새 추위를 견디기 쉽지 않을 듯하여 저녁밥을 먹으면서 남긴 밥풀 몇 알과 자신이 가져온 문풍지 조각으로 구멍을 대충이나마 가리고 잠들었다.

손님 역시 전라도 제일의 자린고비여서 이튿날 아침 조륵의 집을 떠나며 고맙다는 인사말에 이렇게 덧붙였다.

"조 공! 창문에 발랐던 문풍지는 내 것이니 모두 뜯어 갖고 가렵니다."

그러자 조륵도 당연하다는 반응을 보이며 이별했다. 조륵의 집을 나선 전라도의 자린고비는 많은 것을 배웠다는 뿌듯한 기분에 젖어 집으로 가는 걸음을 재촉했다. 헌데 그가 5리쯤 갔을 무렵 뒤에서 다급한 목소리가 들려왔다. 조륵이 그를 소리쳐 부르며 헐레벌떡 뛰어오고 있었다. 무슨 일인가 하여 기다리는 그 앞에 도착한 조륵이 식식거리며 말했다.

"그 문풍지는 손님의 것이니 가져가도 좋지만 그것에 묻은 밥풀은 우리 것이니 떼놓고 가야 마땅한 일이 아니겠소?"

전라도 자린고비는 기가 막혔지만 하는 수 없이 짐꾸러미에 넣어둔 때 묻은 문풍지를 꺼내주었다. 조륵은 집에서 챙겨온 목침木枕 위에 문풍지를 펼치더니 칼로 밥풀을 박박 긁어내어 주머니에 담았고 그 꼴을 본 전라도 자린고비는 혀를 내두르며 말했다.

"과연, 과연."

또 어느 해 겨울에는 조륵의 숙부가 찾아와 하룻밤을 묵고 가게 되었

다. 숙부가 받은 저녁밥상에는 멀겋게 쑨 죽 한 사발과 간장 한 종지만
달랑 놓여있을 뿐이었다. 조륵이 천하의 자린고비라는 것은 이미 알았
지만 오랜만에 방문한 숙부인 자신에게마저 그토록 지독한 대접을 하니
괘씸하기가 이를 데 없었다. 그나마 사발에 담긴 죽도 그저 희멀건 미음
이나 마찬가지로 아무리 뒤적여보아도 쌀알 하나 숟가락에 걸려들지 않
았다. 숙부는 하는 수 없어 미음 한 숟갈에 간장을 한 번씩 찍어먹었다.
그러자 맞은편에서 겸상하던 조륵이 말했다.

"숙부께서는 간장을 몹시 좋아하시나봅니다."

그러자 화가 머리끝까지 치민 숙부는 추운 겨울저녁인데도 웃옷을
벗기 시작했다. 조륵이 의아하게 여기며 왜 웃옷을 벗느냐고 묻자 숙부
는 고함을 치며 말했다.

"죽에 밥알이 하나도 안 들어서 죽 속으로 풍덩 뛰어 들어가서 밥알
좀 찾아먹으려고 그런다, 이놈아."

그러자 조륵은 조용히 일어서서 숙부에게 다가와서 말했다.

"한여름 같으면 말리지 않겠습니다만 한겨울에 물에 들어가시면 감
기가 드실 것이니 오늘은 참으셔야겠습니다."

그러면서 숙부의 웃옷을 입혀주었다는 일화도 전해진다.

하지만 조륵은 일평생 자린고비짓만 하며 살았던 인물은 아니었다.
영조 재위기에 한낱 이름 없는 농부에 불과했던 조륵은 자린고비가 아
닌 '자인고비慈仁考碑'라는 별명을 얻을 정도로 세상에 드문 자선가이기
도 했다. 그런 조륵을 가상히 여긴 영조는 정3품의 통정대부 보다 높은
품계를 조륵에게 하사했다. 왜냐면 조륵의 그토록 지독한 근검절약생활
은 그의 일생을 건 철학을 드러내는 것이었기 때문이다. 자인고비의 '고
考'자는 '나를 낳아준 어버이를 기리는 마음'을 뜻한다. 옛날 어느 구두

쇠가 부모 제사에 쓰는 지방紙榜을 매년 새로 쓰기가 아까워 지방을 기름에 절여서 계속 사용했다는 일화에서 '절인 고비'라는 말이 생겨나서 '자린고비'로 와전되었고, 다시 그 말을 원용한 '자인고비'라는 말이 만들어졌을 것으로 추정된다.

그런데 조륵이 자선가로서 알려지기 전에 그의 지독한 자린고비짓들이 전국에는 물론 조정에도 알려지자 조륵의 행실들은 너무 지독하여 미풍양속을 해치는 불측한 짓들이므로 조륵에게 죄를 물어야 한다는 말까지 나왔다. 급기야 사실을 확인하기 위해 조정에서 파견한 암행어사 이李아무개가 음성의 조륵을 찾았다.

나그네 차림으로 변장한 암행어사는 조륵의 집에 들러 며칠 묵어가기를 청했고 조륵은 흔쾌히 받아주었다. 조륵은 암행어사 신분을 전혀 알지 못해도 그간의 소문과는 딴판으로 며칠이나 묵는 나그네를 동안 고기안주, 떡, 부침 등 진수성찬을 대접하여 참으로 친절하고 공손하게 굴었다.

그렇게 며칠간 조륵의 거동을 살핀 암행어사가 떠나려 하자 조륵은 이삼일 만 더 있으면 자신의 환갑잔치가 열리니 이왕지사 잔치나 보고 가라며 만류했다. 암행어사가 못 이기는 체하며 조륵의 집에 묵으면서 마을사람들이 전하는 소문을 들어보니 조륵은 환갑에 접어든 해부터는 누구나 환대하고 너그러워져서 어려운 사람들을 불러다가 돈도 주고 쌀도 주면서 인정을 베풀었다는 것이다. 삼남지방에 극심한 흉년이 들어 끼니를 잇지 못하는 사람들과 생존을 위해 고향을 떠나는 사람들이 속출했을 때는 조륵이 그토록 절약하여 모은 재산을 사람들에게 나누어주었다는 사실도 암행어사가 알았다.

이윽고 조륵의 환갑날이 되자 그의 집은 초대받거나 구경 온 사람들로 발 디딜 틈이 없을 지경이었다. 잔치가 한창 무르익을 즈음 조륵은 수백 명의 손님들에게 자신의 오랜 뜻을 밝혔다.

"여러분, 나는 나 혼자 잘 살려고 구두쇠노릇을 한 것이 아닙니다. 힘든 사람들에게 도움이 되고자 근검절약을 평생의 업으로 실천해왔습니다. 이제 그 뜻이 이루어지고 오늘이 마침 나의 환갑날이니 이제 내가 할 일은 끝난 것 같습니다."

암행어사는 조륵의 행적을 임금에게 자세히 고했다. 조륵을 기특하게 여긴 영조가 조륵에게 친히 가급加給하고 자인고비慈仁考碑라는 공명功名까지 하사하여 위로한 사실이 조씨 문중의 족보에 기록되어있다. 그 후 조륵의 은혜를 입은 경기도, 전라도, 경상도의 주민들도 저마다 자인고비라는 글을 새긴 비석을 세워 평생에 걸쳐 가난을 극복하고 어려운 이웃을 도운 조륵의 일생을 기렸다. 충주시 신니면 대화리 화치마을에는 조륵의 묘가 있고 음성군 생극면에는 그가 살던 집터가 있다.

음성군 생극면 신양리
죽음을 재하지 않은 선복이 빠진 메기소

생극면 신양리新陽里에서 동북쪽으로 약 5킬로미터 떨어진 연못 주위에는 조선초기의 선비들이 모여 정치를 토론하거나 시를 읊으며 선유하던 너르고 평탄한 바위가 있었다. 20여 평 남짓한 그 바위는 유생들이 둘러앉아 함께 즐기기에 참으로 적당한 장소였다.

그러던 어느 해 여름 그곳을 보부상 한 명이 지나가다 쉬게 되었다. 유생들과 이런저런 이야기를 주고받던 보부상이 곁에 있던 선비들에게 갑자기 물었다.

"어여쁜 기생이 여기서 폭포수를 바라보며 줄을 타게 하면 좋지 않겠습니까?" 보부상이 말한 기생은 경기도 광주 땅에서 절세가인으로 소문났을 뿐 아니라 줄타기도 잘하던 선옥이라는 기생이었다. 보부상의 말을 들은 선비들은 아름다운 기생을 불러 줄타기도 시키고 고운 목소리도 들으며 하루를 만끽하려는 마음에 좋다라고 말하면서 즉시 사람을 보내어 선옥을 데려왔다. 선옥은 과연 천하일미였고 노래뿐 아니라 시조도 일품이라서 글 좋아하는 선비들은 제격이라며 좋아했다. 그러나 가끔 아름다운 얼굴에 드리우는 어두운 기운이 보는 이들의 마음을 불편하게 했다. 그렇게 선옥이 유생들과 바위에서 한때를 보내는데, 지나던 노승 한 명이 선옥을 보고 조용히 불러 말했다.

"자네의 얼굴을 보니 죽음을 면치 못할 것이라. 살아날 방법을 일러줄 터이니 내일 칠장사를 찾아오도록 하게."

그러나 선옥의 조용한 대답은 뜻밖이었다.

"소녀, 죽음을 미리 알고 있으며 그것을 피하고 싶은 생각이 없사옵니다. 저의 마음은 편안하여 고요한 대해大海 같사오니 염려 마십시오."

노승은 결연하면서도 담담한 선옥의 모습을 보고 깨달을 바가 있어서 더는 다른 말하지 않고 자리를 떠났다. 선옥은 이튿날에도 여러 선비와 다시 연못가로 나왔다. 선옥은 자신이 장기로 삼는 줄타기를 시작하려고 폭포를 중심으로 연못 양편의 나무 두 그루에 매어놓은 줄에 올랐다. 하얀 치마저고리에 하얀 버선을 신은 선옥의 자태는 한 마리 고고한 백학과 다름없었다. 너울너울 춤추듯 줄을 타는 선옥의 자태를 조용히 바라보던 선비들은 경탄을 거듭했다. 그렇게 줄타기를 한 번 마치고 다시 사뿐사뿐 줄을 타는 듯하던 선옥이 줄 한가운데서 멈칫하다가 느닷

없이 몸을 날려 폭포수로 곤두박질해버렸다. 선비들은 일시에 얼어붙어 악 소리조차 내지 못했다. 너무도 급작스러운 일이었다.

이튿날 아침에야 비로소 폭포수에서 선옥의 시신이 떠올랐다. 상처 자국 하나 없이 아름다운 선옥의 얼굴은 흡사 살아있기라도 한 듯이 아름답고 온화했다. 그 후부터 선비들은 그 바위에 결코 모이지 않았고, 그 바위 옆 연못은 아름다운 기생이 빠져죽은 연못이라 하여 여기소麗妓沼로 불리기 시작했다.

🚩 음성읍 흔행이고개
시취尸臭 때문에 죄수를 참수하는 장소로 이용된 흥행치

조선시대 중엽 돈이 가득 담긴 전대를 허리에 찬 장사꾼이 음성읍 읍내리邑內里 역驛말에서 고개를 넘어 신천리新泉里로 가고 있었다. 고개 옆에 숨어 돈을 가졌을 만한 과객을 노리던 산적들이 장사꾼의 모습을 발견하고 그 앞으로 튀어나왔다. 손에 칼을 쥔 산적들은 장사꾼에게 가진 돈을 모두 내놓으라고 협박했다. 장사꾼은 자신에겐 땡전 한 푼도 없다고 끝까지 우겼다. 산적들은 기어코 장사꾼을 때려눕혀 허리를 뒤져 전대를 풀어냈다. 장사꾼은 돈을 뺏기지 않으려고 반항했지만 산적들은 결국 장사꾼을 살해하고 말았다.

그때부터 그 고개에서는 흉측한 사건이 끊이지 않았다. 고개를 넘는 사람들은 썩어가는 시체의 흉한 모습을 보기 일쑤였고 참을 수 없이 역겨운 시취 때문에 코를 움켜쥐어야만 했다. 인근의 주민들이 두려움에 떤 것은 말할 것도 없었다.

그렇게 세월이 흘러 조선 헌종 재위기간에 음성현에서는 죄수를 참수하는 장소로 그 고개를 이용했다. 또한 개인적인 사정으로 장례를 치르지 못하는 사람들은 그 고개에 몰래 시신을 버리고 도망가기도 했다. 사람들은 그런 흉행이 끊이지 않는 그 고개를 흉행치兇行峙로 불렀고, 그것이 와전되어 오늘날에는 흔행이고개로 불리게 되었다.

삼성면 용성리 유월샘
음력 6월에만 솟는 샘물

삼성면 용성리龍城里 청원마을 운곡서원雲谷書院 뒤편에는 상곡리 계곡을 따라 백운산으로 오르는 길이 있고, 길옆에는 유월샘六月井이라는 작은 샘 하나가 있다.

고려말엽 음력 6월의 뜨거운 폭염을 견디며 백운산白雲山 계곡 길을

운곡서원

오르는 한 남자가 있었다. 남자의 등에는 종잇장처럼 마른 여인이 업혀 있었다. 핏기 하나 없이 창백한 얼굴을 한 그녀는 남자의 아내였다. 땀에 온몸이 흠뻑 젖도록 기진맥진한 남자는 나무그늘을 발견하자마자 쓰러지듯 몸을 뉘였다. 나무에 기댄 아내는 중병에 앓는지 숨조차 제대로 쉬지 못할 만큼 위태로워 보였다. 아내의 얼굴에 드리우기 시작하는 죽음의 그림자를 본 남자는 아내를 미친 듯이 흔들어 깨웠다. 가까스로 정신을 차린 아내는 핏기 없는 입술을 겨우 움직여 물을 달라고 남자에게 말했다. 하지만 남자는 계곡 주변에서도 물을 찾지 못했다. 그도 그럴 것이 마을에는 벌써 3년 째 가뭄이 계속되어서 우물에서도 하천에서도 물을 구경하기 쉽지 않은 지 오래였다. 가녀리게 숨을 몰아쉬며 죽기 직전에 처한 아내의 모습을 보던 남자는 지푸라기라도 잡는 심정으로 무릎을 꿇고 하늘에 기도를 올렸다.

"6월 한 달만 물이 솟아도 괜찮으니 이 가련한 인간에게 물을 주어 한 목숨 구해주시옵소서."

그러자 뜻밖에도 나뭇가지 사이에서 말하는 소리가 들려왔다.

"그대의 간절한 마음이 불쌍하여 소원을 들어줄 터이니 아내에게 물을 먹여 목숨을 구하도록 하라. 대신 그대가 바라는 바와 같이 6월에만 물을 줄 것이다."

그러자 그들이 기대앉은 바위 밑 약간 움푹한 데서 물이 솟기 시작했다. 남자는 눈물을 흘리며 하늘에 두 번 절을 올리고 그 물을 떠서 아내의 입술을 적셔주었다. 그러자 아내는 차츰 정신을 차렸다. 남자는 그렇게 생겨난 샘 곁에서 머물며 병든 아내를 돌보았고, 한 달 후 기적같이 건강을 회복한 아내와 함께 집으로 돌아갈 수 있었다. 그들이 집으로 떠나는 날 그 샘물은 말라버렸다. 남자가 샘 곁에서 들었던 말을 떠올리고 날짜를 따져보니 그날이 바로 7월 초하룻날이었다. 그 후부터 그 샘에서는 매년 음력 6월에만 물이 솟았다. 그래서 사람들은 그 샘을 유월샘六月井이라고 부르기 시작했다. 유월샘에서 솟는 물은 해열효과와 위장강화 효과를 발휘하는 것으로 알려져서 매년 음력6월만 되면 그 샘물을 마시려고 인근 사람들을 물론 먼 외지인들까지 그곳으로 모여든다고 한다.

음성군 작도
무지한 관리가 굴비 산지로 오해한 까치섬

음성군 평야에 둥그렇게 솟은 구릉지의 모습은 뭍에 있는 섬과 흡사하다. 그 구릉지에는 소나무가 많아 사시사철 까마귀와 까치가 모여들어서 인근 마을사람들은 그 구릉지를 까치섬 즉 작도鵲島라고 불러왔다.

조선시대에는 전국각지의 특산물들이 궁중에 진상되었다. 음성현의 특산물은 대체로 약재들이었다. 그런데 어느 해 현리縣吏가 진상품목록인 장기帳記를 챙겨들고 궁궐의 지정된 창고에 들어가서 고직庫直(창고를 지키는 관리)과 함께 품목들을 대조했다. 장기를 살피던 고직은 음성의 해산평海山坪과 작도라는 지명을 보더니 현리에게 음성이 해안지역에 있는 고을이냐고 물었다. 현리가 음성은 해안고을이 아니라 내륙고을이라고 대답했다. 그러자 고직이 마을이름에 '바다 해海'자와 '섬 도島'자가 있는 까닭을 물었고 현리는 이렇게 대답했다.

"음성의 토지는 바다 같이 넓고 비옥하므로 '바다 해'자를 쓰고, 까치가 잘 모여드는 뫼가 섬처럼 평야 가운데 있으므로 그 뫼를 작도라고 부르는 것입니다."

고직은 그럴 리가 없으니 내년부터는 진상품목에 굴비를 추가하라고 현리에게 지시했다. 현리는 고직의 지시를 농담으로 여겨 대수롭잖게 흘러 넘겼다.

그런데 이듬해 현리가 진상한 음성의 특산약재들을 장기와 대조하던 고직이 현리에게 물었다.

"음성현의 진상품목에 굴비가 있는데 어째서 진상하지 않는 것이오?"

현리는 어이없다는 표정을 지으며 음성은 바다가 없는 내륙이라서 굴비가 생산되지 않는다고 아무리 설명해도 고직은 장기만 보면서 장기에 굴비가 엄연히 품목으로 적혀있는데 무슨 소리냐며 당장 굴비를 진상하라고 힐책했다. 그렇게 말이 통하지 않는 고직 때문에 현리는 하는 수 없이 서해안으로 사람을 보내 굴비를 사서 진상할 수밖에 없었다. 그 소문을 들은 사람들은 중앙관서에서 일하는 관리의 어리석음에 혀를 끌끌 찼다. 그렇게 터무니없는 굴비 진상은 그 후에도 계속되었다. 그러던 어느 날 진상품목을 총괄하던 관리가 품목을 살피다가 충청도 음성현에서 굴비가 진상되었음을 다행히도 알아보고 고직의 무지를 힐책하고 당장 중지시키도록 명했다. 그리하여 궁궐고직의 웃지 못 할 무지가 유발한 음성현의 굴비 진상 사건은 3년 만에 해결되었고 굴비가 장기에서 삭제될 수 있었다.

까치섬은 음성천을 따라 남쪽 보천 쪽으로 약1킬로미터 떨어진 교량인 오리정교梧里亭橋와 구안천九安川 입구 근방에 있다. 그곳은 평곡리平谷里, 신천리, 원남면 하노리下老里가 접하는 곳이기도 하다. 해산평은 지금의 음성읍 석인리碩人里와 평곡리의 경계지점에 있는 '바다뫼'의 옛 지명이다.

음성군 원남면 보룡리
보천장에 활기를 불어넣은 송병표

음성군 원남면 보룡리普龍里 새터마을의 송병표宋炳豹는 대대로 축적한 기백 석의 재산을 소유하여 풍족하게 살던 거부였다. 송병표는 조선 후기에 새로 생긴 마을이라는 뜻의 새터마을에서 1885년(고종 22) 태어났다. 그는 새터마을에 대해 큰 애정을 가져서 인근의 보천 주막에 나들이할 때마다 매번 아쉬움을 느꼈다. 그 당시 마을 근처에는 장場이 없어 주민들은 생필품, 농산물, 식료품 등을 구입하려면 제일 가까운 음성장까지는 25리, 청안장까지는 40리, 괴산장까지 50리나 가야만 했다. 장터로 가는 길이 그렇게 멀다 보니 노자도 많이 필요했고 밤길을 걷다가 뜻하지 않은 봉변을 당하는 경우도 적지 않았다. 뿐만 아니라 새터마을이나 보천에서 수확한 농산물을 팔려는 사람들도 멀리 있는 장터로 가야 하는 고역을 감내할 수밖에 없었다.

그래서 송병표는 사람들이 많이 오가는 보천 주막을 중심으로 장이 선다면 인근 사람들이 생산한 싱싱한 각종 농산물을 쉽게 판매하고 보천 주민들에게도 그 이익이 돌아가리라고 생각했다. 그렇듯 농산물들이 유통되는 보천장甫川場을 만들기로 착안한 송병표는 뜻을 같이하는 친구들과 보천에 장이 선다는 소문을 퍼뜨리기 시작했다. 송병표는 행상들을 붙잡고 주막에서 술을 대접하면서 보천에서 물건을 거래하여 장이 서게끔 도와달라고 요청했지만 헛수고였다. 더구나 가까운 마을에 장이 들어섰으니 많은 사람들이 찾을 것이라는 송병표의 기대와 다르게 주민들은 불편함을 감수하면서까지 멀리 있는 장터를 이용했다. 그러나 송병표는 자신의 사재까지 털어 쓰면서도 포기하지 않고 2년이 지

나도록 끈질기게 행상들을 설득했다. 그래도 결실을 얻지 못한 송준표
는 마침내 한 가지 묘안을 떠올렸다.

1914년 어느 날 짚으로 만든 둥구미에 엽전 50냥을 챙겨 넣은 송병
표는 하인과 함께 보천 주막으로 들어갔다. 행상들에게 술을 대접하던
송병표는 점심때가 되자 엽전 둥구미를 들고 주막지붕으로 올라갔다.

"지금부터 내 여기서 돈을 뿌릴 터이니 모인 사람들은 엽전을 주워가
시오. 주운 엽전은 주운 사람의 것이니 그리 아시오!"

송병표는 이렇게 고함치며 사방으로 돈을 뿌렸다. 그 모습을 본 사람
들은 허겁지겁 몰려들어 엽전을 줍느라 아우성이었다. 그때부터 각 고
을로 송병표에 대한 소문이 자자하게 퍼져나갔다. '보천장에 가면 술을
공짜로 마실 수 있다, 보천장에 가면 돈을 줍는 횡재를 할 수 있다, 새터
송 부자가 사람을 돕고 음덕을 쌓고자 돈을 물 쓰듯 한다'는 등의 소문
이 꼬리를 물며 퍼져나갔다. 그러자 보천장은 서서히 활기를 띠기 시작
하여 마침내 성시를 이루었다. 아울러 1920년대에는 보천역이 생기면서
교통이 편리해진 것도 보천장이 번성하는 데 도움이 되었다. 보천장은
1926년에는 5일과 10일에 개시되었고, 1938년부터는 4일과 9일에 개시
되었으며, 1960년대까지 활발히 유지되었다. 그러나 충청북도 청주시와
충청북도 음성군 사이에 교통이 발달하면서부터 보천장은 음성장으로
흡수되기 시작했다. 1980년대 초에 보천장은 행상이 4~5명밖에 찾이
않을 정도로 쇠퇴했고 결국 1982년에 폐시되고 말았다. 보천장은 1964
년에 원남장으로 개칭되기도 했지만 사람들은 여전히 보천장이라는 명
칭을 더 많이 사용했다. 그렇듯 보천장의 활성화를 위해 노력한 송병표
의 무덤은 원남면 보룡리 새터마을에 있다.

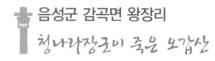

음성군 감곡면 왕장리

청나라장군이 죽은 오갑산

1636년(인조 14) 조선을 침공하여 병자호란을 일으킨 청나라군대는 조선백성들의 귀중품들을 강탈하는 등 극심한 행패를 부렸다. 조선여인들에 청나라군사들의 모욕도 수없이 자행되었다. 감곡면 왕장리旺場里 왕대마을에 밀어닥친 청나라군대도 마찬가지였다. 그들은 아름다운 용모를 가진 여자들을 찾느라 혈안이 되어있었다. 그런 여자들 중에서도 특히 한씨의 아내 조씨의 미모가 빼어나서 인근 마을들에까지 유명했다. 오랑캐들에게도 당연히 그녀에 미모에 대한 소문이 알려졌을 것이다.

왕대마을 한씨와 조씨 부부는 노모에 대한 효성이 지극했다. 또한 그

오갑산

들은 노자가 떨어진 과객이나 걸인을 측은히 여겨 베푸는 따뜻한 마음도 지녔다. 게다가 조씨의 미모까지 더해져 사람들의 칭찬히 자자했으므로 오랑캐들이 그녀의 존재를 알기는 더욱 쉬웠다. 노모는 그런 며느리에게 패악한 오랑캐들의 놈들 눈에 띄지 않도록 어서 산중으로 피신하라고 말했다. 그러나 조씨는 노모를 버리고 어찌 자신들만 살길을 찾을 수 있겠느냐며 피신하기를 거부했다. 그런 대신에 그녀는 남루한 옷을 걸치고 얼굴에 숯검정 칠을 한 채로 병든 시어머니를 정성껏 간병했다.

마침내 그녀에 관한 소문을 들은 빠오쟈(색오갑色伍甲)라는 호색을 일삼는 청나라장군이 부하 2명을 거느리고 왕대마을 한씨의 집을 찾아들었다. 그 무렵 헛간에서 짚을 깔고 자던 조씨 앞에 어떤 처녀가 나타나 이렇게 말했다.

"지금 부인의 신변이 위태로우니 어서 들것을 만들어서 거기에 시모를 싣고 나를 따르시오."

조씨는 예사롭지 않은 기운을 풍기는 처녀의 말 대로 남편과 함께 급하게 들것을 만들어서 병중의 시모를 싣고 처녀를 따라 나섰다. 부부는 시모가 실린 들것에 마치 아무것도 실리지 않은 듯 전혀 무게를 느끼지 못했다. 또한 부부는 처녀의 몸에서 발하는 빛 덕분에 캄캄한 밤길도 어렵지 않게 걸어갈 수 있었다. 그들이 첩첩산중에 들어설 무렵에야 빠오쟈가 한씨의 집을 덮쳤다. 허탕을 친 빠오쟈는 이웃주민들에게 수소문하여 부부가 노모를 들것에 싣고 산으로 들어갔다는 사실을 알아냈다. 그런 괘씸한 부부를 붙잡으려고 서둘러 추적하던 빠오쟈 일행은 얼마 지나지 않아 험준한 고개를 넘는 불빛을 발견했다. 그 불빛을 따라 고갯마루에 올라선 빠오쟈는 그곳에서 잠시 휴식하던 한씨 일행을 발견하고 큰칼을 뽑아들었다. 빠오쟈와 그의 험상궂은 부하들을 발견한 한씨 일행은 '이제는 별 수 없이 봉변을 당하는구나'라고 생각하며 체념하고 눈물을 흘렸다.

이윽고 빠오자는 조씨를 겁탈하려고 들었다. 하지만 그들 옆에 서있던 처녀가 손에 들었던 파초선芭蕉扇을 산봉우리를 향해 흔들었다. 그러자 캄캄한 하늘 어디에선가 활시위 소리가 날카롭게 울리면서 화살이 눈 깜짝할 사이에 날아와서 빠오쟈의 심장을 꿰뚫었다. 그의 부하들은 벌벌 떨다가 겨우 뒷걸음질하며 도망가기 시작했다. 고갯마루에서 가슴에 화살을 맞고 죽은 빠오쟈의 시체는 다음날 날이 밝아서야 청나라군사들에게 발견되어 가까운 산에 묻혔다. 그 후부터 그 고개는 청나라장군 빠오쟈 즉 색오갑色伍甲이 죽은 고개라는 뜻의 오갑伍甲고개로 불렸고 그의 시체가 매장된 산은 오갑산伍甲山으로 불렸다.

한씨 일행의 목숨을 구한 옥녀가 돌보던 충주시 오골

청나라군대는 자신들의 장군을 죽인 한씨 일행을 붙잡는 데 전력을 기울였다. 마침내 청나라군대는 한씨 일행이 들것에 노모를 싣고 이름 모를 처녀의 안내를 받아 모점산毛店山을 넘어 영죽永竹을 지났다는 사실을 알고 기마대를 풀어서 뒤를 쫓게 했다. 이틀이 지난 새벽녘 한씨 일행의 뒷모습을 발견한 기마대는 함성을 지르며 돌진해왔고 한씨 일행은 또다시 절망감에 사로잡혔다. 그들을 이끌던 처녀는 이번에도 역시 파초선을 높이 들고 동쪽에 솟은 산봉우리를 향해 흔들었다. 그러자 갑자기 한강에서 짙은 안개가 솟아올라 삽시간에 청나라기마대와 한씨 일행 사이를 가득 채워버렸다. 안개 때문에 시야를 잃은 기마대는 한씨 일행 옆을 지나면서도 그들을 발견하지 못했다. 처녀는 그 틈을 타서 한씨 일행을 길옆 산기슭의 깊숙하고 오목한 골짜기로 인도했다. 한씨 일행이 오목한 골짜기로 안전하게 들어서자 안개가 걷히고 날은 다시 화창해졌다. 그들을 찾는 기마대의 떠들썩한 소리와 말굽소리는 능선 하나를 넘은 곳으로 멀어졌다. 처녀는 한씨 일행을 오목한 골짜기에 있는 아늑한 동굴 속까지 안전하게 데려가서 이렇게 말하고 사라졌다.

"저는 천제天帝의 명을 받아 이곳 산을 돌보는 옥녀玉女이옵니다. 이곳에 있으면 전란이 잦아들 때까지 아무 피해도 입지 않을 터이니 안심하십시오."

한씨의 아내는 동굴 앞에 제단을 만들고 맑은 물을 떠와 천제에게 고마움을 전하는 인사를 올리고 노모를 극진히 간병하면서 전란이 잦을 때까지 지낼 터전을 마련했다. 한씨 가족은 그곳에 오두막집을 짓고 화전을 일구었다. 그 땅은 비옥하여 곡식을 심으면 무엇이든 열매가 실하게 여물어 살기가 풍족했다.

그러던 어느 날 옥녀봉玉女峰 아래 택지擇地가 있다는 풍설을 들은 술사들이 한씨 가족이 거처하는 오목한 골짜기를 발견하면서부터 한 집두 집 사람들이 모여들어 마을을 이루었다. 마을은 오목한 골짜기에 위치한다는 뜻에서 요골 즉 요곡拗谷으로 불리기 시작했다.

충주시 앙성면 용포리龍浦里에서 북쪽으로 달개와 영죽고개(영죽치)를 넘으면 상영죽上永竹이 나오는데, 거기서 동북쪽으로 약5킬로미터쯤 떨어진 곳에 있는 해발387미터의 옥녀봉을 등진 오목한 협곡에 자리한 마을이 요골이다.

한편 한씨 가족이 제단을 지어 치성을 올렸던 옥녀봉을 지키던 수호신은 과거에도 인력人力으로 불가능한 기적들을 적잖이 선보여서 명산으로 추앙되었다. 1592년(선조 25) 임진왜란이 발생했을 때 조선으로 지원군을 인솔해온 명나라장군 이여송李如松은 왜군을 막기 위해 싸우기는 했어도 그 역시 조선 명산들의 혈을 끊으려고 혈안이었다는 사실은 일찍이 널리 알려졌다. 그 당시 원주의 한강변에서 주변지형을 살피던 이여송은 실로 인걸人傑이 나올 만한 산세를 품은 외봉우리를 보고 깜짝 놀랐다. 그 외봉우리가 바로 옥녀봉이었다. 그것은 실로 보기 드문 명산인데다가 주변산세도 좋아서 가히 천하의 명당을 이룰 곳이 분명해보였다. 그 산의 혈에 무덤을 쓰는 가문은 훌륭한 인재를 배출할 것이 분명했다. 이여송은 그 혈을 끊으려고 커다란 철침 5개와 고초 2가마를 가져오게 하여 강을 건너 옥녀봉으로 들어갔다.

그런데 옥녀봉의 명당에 도착하여 혈을 끊으려던 이여송은 강 건너편에서 봤던 자리를 전혀 찾을 수 없었다. 이상하게 생각하면서도 포기하고 강 건너편으로 돌아간 이여송이 다시 건너편 옥녀봉 쪽으로 바라보니 청룡이 승천할 혈맥이 또렷하게 보이는 것이었다. 이여송은 그 자리를 충분히 숙지하고 재차 옥녀봉에 도착했지만 역시 혈은 그의 눈에 띄지 않았다. 이여송은 옥녀봉의 명당을 훼손하려고 그런 식으로 강을 건너기를 다섯 번이나 반복했지만 끝내 그 혈을 찾지 못했다. 여섯 번째로 마을어귀의 정자나무 밑에서 혈 자리를 분명히 확인하고 현장에 도착했는데도 실패하자 이여송은 하늘이 그곳을 보호한다고 여기며 결국 포기하고 말았다.

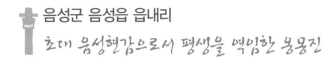

음성군 음성읍 읍내리
초대 음성현감으로서 평생을 역임한 봉몽진

음성군 음성읍 읍내리邑內里의 음성향교 앞뜰에는 역대 현감, 군수, 읍

옹몽진 송덕비

장, 면장의 공덕비가 일렬로 서있다. 그것들 중에 가장 오래된 것은 비문을 알아볼 수 없을 정도로 마모된 음성현감 옹몽진邕夢辰의 선정을 기리는 송덕비頌德碑이다. 조선 명종明宗 재위기간에 음성현감으로 평생 재직한 옹몽진은 음성 주민들에게 선정을 베풀고 음성의 발전을 위해 진력했다. 그가 세상을 떠나자 음성 주민들은 그의 공덕을 후대에 기리기 위한 공덕비를 세웠다. 옹몽진의 자字는 응룡應龍이고 순창淳昌 옹씨의 시조이다.

어려서부터 온후하고 관대하며 부지런하고 성실했던 옹몽진의 성품은 글을 배우는 과정에도 고스란히 드러났다. 음성향교의 서재에서는 옹몽진의 글 읽는 소리가 끊이지 않았다. 그는 비록 관직에 입신하지 못할지라도 다른 학생들이나 선비들처럼 글을 익혀 지혜를 얻기로 결심했다. 옹몽진은 낮에는 향교에 딸린 논밭에서 농사일에 힘쓰고 저녁에는 등불을 밝히고 밤새는 줄도 모른 채 공부에 매진했다. 그는 책을 읽다가 모르는 부분에는 표시를 해 두었다가 선비들이나 학생들에게 물어서 배우고 익혔다. 그렇게 공부를 시작한 지 얼마 되지 않았어도 그의 학문은 일취월장하여 어느새 다른 학생들을 제치고 선비들과 어깨를 나란히 할 정도가 되었다. 옹몽진은 몇 해 지나지 않아 음성지역의 뛰어난 선비들이 경탄할 만한 대문장가로 성장했다. 옹몽진은 자신의 실력을 가늠해보기 위해 향시에 응시하여 쉽사리 급제했고 연이어 복시와 문과의 대과에도 급제했다. 기쁨에 젖은 옹몽진은 향교의 창고를 관리하는 고직 임무를 충실히 하면서 자신에게 관직이 제수될 날만 기다렸다. 그러나 열흘, 한 달, 한 해가 지나고 다시 몇 해가 지나도록 그에게 관직이 제수된다는 소식은 감감하기만 했다. 이런저런 생각에 불안하고 섭섭하던 그는 중과시에 응시하여 장원급제까지 했는데도 그에게는 관직이 제수되지 않았다. 그에게는 향교의 고직 임무나 충실히 하는 수밖에 다른 도리가 없었다.

어느 해 봄이 되어 씨앗둥지를 둘러맨 옹몽진은 그 당시 신천리新泉里 '돌명이들'에 있던 향교의 경작지를 갈고 있었다. 그 앞을 한양에서 보은으로 부임하던 신임 군수가 행차했다.

"저리 비켜라! 사또님 행차시다!"

행렬을 선도하던 길라잡이가 위세당당하게 소리쳤다. 길을 가던 순박한 백성들은 길 양쪽에 엎드려 부복했다. 길에서 멀리 떨어져있던 백성들은 등나무 뒤에 숨어서 그 광경을 부러운 듯이 훔쳐보았다. 옹몽진도 그 광경을 보자니 배알이 틀리는 것을 어찌할 수 없었다. '나는 대과중시에서 장원을 하지 않았는가 말이다.' 이렇게 생각한 옹몽진은 함께 일하던 아랫사람을 시켜 신임 보은군수한테 가서 자신에게 먼저 하례를 올리라고 일렀다. 그의 뜻을 전해들은 신임 군수가 자신은 중시에 급제했으니 그럴 수 없다고 밝혔다. 그러자 옹몽진은 자신이 중중시에 급제했다고 말하자 신임 군수는 자신도 중중시에 급제했으니 신례를 할 수 없다는 뜻을 분명히 밝혔다.

옹몽진은 심사가 틀어진데다가 자존심마저 상하여 이렇게 말했다.

"허, 중중시에 급제한 것이 어찌 사또뿐이더냐? 중중시로 말하면 내가 먼저이니 어서 즉시 신례를 올리라고 일러라."

이 말을 전해들은 보은군수는 그제야 깜짝 놀라 멍석과 차일을 펴게 하여 옹몽진을 상석에 앉히고 엎드려 절했다. 옹몽진과 이런저런 세상사에 관한 이야기들을 나누던 신임 군수가 자리에서 일어설 무렵이 되었다. 옹몽진은 신례를 받았으니 답례를 해야 했는데, 논밭 한가운데서 씨를 뿌리던 중이었으니 선물할 만한 것이라고는 조금 전까지 땅을 갈 때 쓰던 황소 한 마리와 쟁기뿐이었다. 옹몽진은 황소 한 마리를 기꺼이 건네주며 필요한 데 쓰라고 말했다.

어느덧 두 해가 흘러 그때의 보은군수는 중앙내직에 들어가 승정원 승지가 되었다. 하루는 명종이 승정원을 방문해 승정원의 관리들에게 그동안 외직에서 얻은 경험이나 지방의 실정을 하문했다. 보은군수를 역임한 승지는 음성지방을 지나가다 옹몽진을 만났던 일이 생각났다. 그는 옹몽진이 과거에 급제했는데도 관직을 제수받지 못해 고직으로 농사를 짓는 억울한 처지와 그의 인물 됨됨이와 기품, 박학다재한 문장력 등을 명종에게 자세히 고했다. 승지가 전하는 이야기를 다 들은 명종은 즉시 옹몽진을 입궐시키라고 승지에게 명했다. 만사를 체념하고 조용히 지내던 옹몽진은 뜻밖에도 임금의 부름을 받자 서둘러 상경하여 대궐 문앞에 당도했다. 그러나 남루한 옷차림에다가 주눅이 들어 말조차 제대로 못하는 옹몽진을 수상히 여긴 수문장은 소리를 버럭 지르며 그를 쫓아내버렸다. 옹몽진은 자신이 임금의 부름을 받아 상경했다는 사실을 상기하면서 겨우 마음을 다잡고 자신이 임금으로부터 받은 증표를 수문장에게 보이며 통사정했다. 어렵게 명종을 배알하고 부복한 옹몽진의 몰골은 누가 봐도 남루하고 세련되지 못했다. 그러나 옹몽진이 낮에는 힘써 농사를 짓고 밤에는 날이 새는 줄도 모르고 호롱불을 밝히고 공부하여 대과에 두 차례나 급제한 수재일 뿐 아니라 문장에도 뛰어난 인물이라는 평판을 들은 명종은 그를 더욱 기특하고 대견하게 여겼다. 명종이 그의 소원이 무엇이냐고 하문하자 그는 우직한 성품대로 대답했다.

"소인의 평생소원은 음성향교의 고직으로 지내는 것이오니 그리 하렴 하여주소서."

주위에 있던 신하들은 폭소를 참지 못했다. 그러나 명종은 옹몽진의 순박하고 꾸밈없는 성품과 재질을 귀중히 여겨 음성현감직을 제수했다. 아울러 명종은 옹몽진에게는 임기를 적용하지 말고 평생 현감직을 보장하라는 특명을 내렸다. 그 당시 '설성'으로 불리던 음성은 현懸소재지가 아니었다. 그래서 조정은 충주목에 명하여 동면(지금의 음성), 서면(지금의 소이), 남면(지금의 원남)을 떼어 음성현을 설치하고 초대 음성현감으로 옹몽진을 임명했다.

그때 현에서는 부역이 잦고 빈민이 많아서 민심을 수습하고 현정을 정돈하기가 상당히 어려웠다. 옹몽진은 현의 유력인사 유눌柳訥을 불러 행정현안들을 상의하고 직접 진두지휘하여 선정善政의 요체를 잡는 데 힘썼다.

옹몽진이 종래의 과중한 세금을 줄이고 정책들을 하나하나 정연하게 시행해가니 백성들은 안심하고 부지런히 생업에 힘써 창고에는 곡식이 쌓였다. 민심을 안정시키고 산을 개간하여 옥토로 만드니 마을에는 풍년이 지속되었고 시장에서는 물물교환이 원활하게 이루어졌으며 글방에서는 글 읽는 소리가 낭랑하니 현의 주민들은 그 모든 것이 옹몽진 현감의 치적이라고 칭찬했다. 옹몽진 현감은 세상을 떠나는 날까지 초심을 잃지 않고 음성의 기틀을 다지며 더욱 청빈하고 깨끗한 청백리淸白吏로서 백성들을 자식처럼 보살폈다. 현의 주민들은 그런 옹몽진을 어버이처럼 따랐다고 한다.

제 5장

제천시 지역 지명들의 유래

제천시 백운면 방학리
신라의 마지막 왕 경순왕 이궁지

신라의 마지막 왕 경순왕은 제56대 왕위에 오른 지 9년 만에 국운이 쇠락하고 신흥세력 왕건이 고려를 건국하자 끝내 사직을 보전하지 못하리라 여기고 왕건에게 사직을 양도하여 스스로 신하의 예를 취했다. 그러자 왕건은 경순왕에게 정승에 해당하는 관직과 옛 신라영토를 식읍으로 하사함과 아울러 경순왕을 자신의 맏딸 낙랑樂浪공주와 결혼시켜 사위로 삼았다. 그것은 고려의 왕족이 다른 성씨와 혼인한 이례적인 경우였다.

신라의 태자는 나라를 되살리고자 했지만 실패했다. 천년을 이어온 나라가 망하는 데 아무것도 하지 못했다는 통한을 품은 태자는 종묘사직과 만백성에게 속죄하고 마의를 걸친 채 개골산(금강산)으로 들어간 후부터 종적이 묘연해졌다. 그가 바로 마의태자였다.

신라를 고려에 바친 경순왕도 명산대찰을 찾아다니다가 개골산으로 가서 여생을 마치고자 했다. 개골산으로 가던 경순왕이 제천 백운면 방학리放鶴里의 수려한 산수와 풍광을 보고 그곳에 잠시 머물기 위해 지은 집이 이궁離宮 동경저東京邸였다. 백운산의 아침노을이 백운을 황홀하게 물들일 때나 황혼에 산사의 종소리가 울려올 때면 경순왕은 사직과 만백성, 신하들, 왕비, 태자, 공주를 생각하며 하염없이 눈물을 삼켰을 것이다.

세상에 무너지지 않는 것이 없고 사라지지 않는 것이 없듯이 인간의 역사에는 반드시 흥망성쇠의 변천이 있는 법이다. 그렇지만 경순왕의 이궁지離宮地는 지금 보면 천년을 이어온 일국의 왕이 머물렀던 곳이라고

하기엔 초라하기 그지없다. 비록 쇠망한 후에 지어진 건물이라고는 하지만 안내판조차 세워져있지 않고 경순왕이 장기를 두었으리라 짐작되는 바위까지는 수풀이 우거져 걸음을 옮기기 어려울 지경이다.

동경저 건물은 현재 남아있지 않고 터만 남았는데, 그곳이 궁뜰로 불린다. 그 주위의 여러 지명도 경순왕과 유관하다. 부수동浮水洞은 경순왕 일행이 물을 떠다 먹던 높은 지대를, 인근의 진경도進慶道는 경순왕이 지나간 둑길을, 원주로 넘어가는 고개 배재는 경순왕이 떠나갈 때 백성들이 절을 올린 언덕을 가리키는 지명들이다.

경순왕은 강원도 원주 용화산龍華山 암벽에 미륵불상을 조각하도록 했다. 또한 황산사黃山寺에 종을 달도록 하고 매일 아침저녁으로 황산사 승려로 하여금 종을 치게 했다. 경순왕은 원주로 넘어가는 고개에 머물면서 황산사 종소리가 들리면 미륵불상을 향해 절을 올렸다. 황산사는 망국亡國의 왕 경순왕이 신라천년사직을 기리고 백성들에게 속죄하는 절이었다. 그래서 그 고개가 배재, 뱃재, 배령拜嶺, 배치拜峙로 불렸다.

이궁지에서 큰길 쪽으로 걸어가다 보면 마을을 가로지르는 꽤 넓은 하천이 보인다. 그곳이 상류지역이라서 그런지 흐르는 물은 매우 맑고 하천변 바위들도 모두 널찍하다.

제천시 한수면 송계리
망국의 한을 품고 들어온 신라의 덕주공주

덕주산성德周山城에 관한 가장 오래되고 확실한 기록은 『신증동국여지승람新增東國輿地勝覽』에 나온다.

"덕주산성은 덕주에서 동쪽으로 45리 떨어져있고, 돌로 쌓았으며, 길이는 32,670자이고, 안에 샘이 하나 있는데 지금은 폐지되었다."

성곽의 길이를 포백척(바느질자)으로 환산하면 약 15킬로미터가 넘었던 것으로 보인다. 덕주산성은 백제의 시조 온조왕溫祚王 대에 처음 건립된 오래된 고성으로 그것의 오랜 역사만큼 많은 부침을 겪었다. 신라가 멸망하자 경순왕의 딸 덕주공주가 그곳으로 피난하여 덕주사를 창건했다고 한다. 1256년에 고려를 침공한 몽골군대의 공격을 받은 덕주산성은 산신山神의 음조陰助을 받아 몽골군대를 물리쳤다는 이야기도 전해진다. 조선 중종 대에는 덕주산성의 내성을 새롭게 쌓았고, 정유재란丁酉再亂이 일어나기 1년 전인 1596년(선조 29)에는 왜적의 침공에 대비하여 이시발李時發이 수축하고 문호를 세웠다. 1709년(숙종 35)부터 1710년(숙종 36)까지 약1년 동안에는 조령鳥嶺관문과 함께 덕주산성을 수축하여 숙종의 피난처로 삼으려 했지만 주창자 이인엽李寅燁의 죽음으로 중지되었다.

현재 덕주산성의 유구는 거의 무너졌으나 조선시대에 쌓은 남문, 동문, 북문 등이 남아 있고, 월악산月岳山 산마루와 그 지맥을 둘러싸고 내성과 외성을 갖춘 형식을 취하고 있다. 덕주산성은 문경과 충주를 차단하는 전략적 요새였다. 성벽을 쌓는 데 사용된 재료는 대개 화강암 자연석을 약간 다듬은 것들이었다. 성벽의 높이는 2미터 정도이다. 산성 남문의 너비는 169센티미터이고 반원형 홍예문을 두었으며 바깥문의 높이는 366센티미터, 길이는 810센티미터이다. 문의 안쪽에는 빗장을 채우던 구멍이 바닥에서 위쪽으로 52센티미터 위치에 가로로 자리하고, 좌우의 네모반듯한 무사석은 36~59×70~113센티미터 규모인데, 동문의 형태도 비슷하다. 산성 북문은 새터말 가운데 있고 성벽과 내외의 홍예를 갖춘 성문이지만 문루와, 성 위의 낮은 담인 여장女牆은 없어졌다. 홍

덕주산성

예문 안쪽의 높이는 298센티미터, 너비는 800.5센티미터이고, 무사석은 높이 55~58센티미터, 너비 75~161센티미터 정도이다. 산성의 바깥너비는 97~138센티미터, 높이는 38~93.5센티미터인데 위로 갈수록 석재가 차츰 작아지도록 쌓았다. 특히 홍예문의 초석 외면의 중앙에 태극무늬가 양각되어있다. 이 덕주산성은 지방기념물 제35호로 지정되어있다.

한편 조선 말기에는 흥선 대원군과 알력을 벌이던 명성明成황후가 패배를 예상하고 덕주산성을 은신처로 선택하여 성문을 건축했다고 한다.

송계리의 한수보통학교 교정자리(지금의 한송초등학교)는 월악궁터로서 규모가 큰 주초석 4~5기가 남아있다. 원래 있던 주초석 수십여 개는 학교운동장 정리작업을 할 때 땅속에 매몰되었다고 한다. 명성황후는 별궁을 세우기 위해 충청도, 경상도, 전라도, 강원도 등지에서 거둔 대동세를 재원으로 이용하고, 각 도의 목수, 석수, 의공을 동원하여 1892년(고종 29)부터 3년 동안 영조했다. 그러던 1894년(고종 31) 동학농민운동을 진압하겠다는 빌미로 조선에 상륙한 일본군대가 저지른 만행과 이듬해 명성황후를 살해한 일본인들이 저지른 만행들 때문에 별궁의 시설물도 없어졌다. 별궁의 건축자재는 한수보통학교와 구舊충주군청 별관을 짓는 데 사용되었다고 한다. 한수보통학교를 개축한 자리에 있던 석축은 삼신당 진영부三神堂陣營部라고 전한다.

『신증동국여지승람』에는 덕주산성의 축성사연 외에도 신라 경순왕의 장녀 덕주공주가 덕주사를 세웠다는 기록도 있다. 김정호金正浩가 편찬한 지리서 『대동지지大東地志』에는 충주의 월악산 동쪽 45리 떨어진 곳에 청풍淸風과 경계를 이루며 상上덕주사와 하下덕주사가 있다고 적혀 있다.

덕주사 극락전은 한국전쟁 때 불타버리고 1970년에 법당 5간만 재건되어 지금에 이르고 있을 뿐 아직 완전히 복원되지 못했다. 일제강점기 말기에 덕주사 절터에서는 금구禁口와 범종 1개씩과 그릇 몇 점이 출토되었는데 그 당시 일본인이던 제천경찰서장이 직접 와서 강탈해갔다고 한다.

덕주사 마애불상은 법당 동편의 거대한 화강암 암벽에 부조된 높이 13미터에 달하는 거대불상이다. 불상의 머리에는 큼직한 육계肉髻[1]가 있고 얼굴은 길고 통통하며 두 눈은 반쯤 떴고 미간에는 백호가 있으며 목 아래 가슴께에는 삼도三道[2]가 있

명성황후

고 두 귀와 입술은 넓고 두터워 위엄 있어 보
인다. 넉넉함이 강조된 두툼한 코와 겹쳐진 턱
은 고려의 큰 불상들이 흔히 드러내는 특징들
이다. 하지만 덕주사 마애불상은 그런 특징들
이 유달리 강조되어서 오히려 괴이하게 느껴
질 정도이다. 그 불상의 오른손은 가슴 앞에
서 손바닥을 전면으로 향하여 엄지와 가운데

김정호 초상

손가락을 맞댄 형태이고, 왼손은 가슴 앞에 올려 손등을 전면으로 향
하여 엄지와 가운데 손가락을 맞댄 형태이다. 불상이 입은 법의는 배 앞
에서 둥글게 활 모양을 그리며 아래로 드리워지고, 앞자락 끝은 V자 모
양을 그리며, 무릎에 걸친 자락의 무늬는 신라 불상에서 흔히 보이는 타
원형이다. 전체적으로 마애불상의 조각솜씨는 허술하다는 평가를 받는
다. 이 불상의 다리 아래는 1단으로 얇게 음각되었고, 옷자락 무늬는 선
으로 새겨서 두 횡선으로 마감되었다. 법의 밑에는 옆으로 갈라진 속옷
자락이 보이는데, 그것도 넓은 단에 주름들이 세로로 나란히 새겨진 도
식적 면모를 드러낸다. 불상의 두 발은 양옆으로 벌렸고 발가락은 발에
비하면 아주 비대하게 보인다. 불상이 걸친 옷의 무늬나 늘어진 옷자락,
발을 표현한 기법들은 모두 도식적인 것으로 평가된다. 불상 아래 연화
좌蓮花座는 세 횡선 밑에 널따란 연꽃잎이 발을 감싸듯이 부조되었다. 불
상의 머리 양쪽 암벽에는 사각형구멍이 몇 군데 있는데, 그것들은 불상
을 조성할 당시에 있던 목조전실들로 보인다. 이 마애불상의 평면적 조

---

1) 육계肉髻: 불상의 정수리에 솟아올라 자연스러운 상투처럼 보이는 부분. 인간들에게는 관찰되지 않는 부분이
   므로 무견정상無見頂相으로 불린다.
2) 삼도三道: 악인들이 죽어서 가는 세 가지 고통의 세계. 삼악도三惡道라고도 한다.

각솜씨, 섬세하지 못한 조형수법, 얼굴과 의복무늬의 형태를 감안하면 고려 초기인 11세기경에 조성된 것으로 추정된다. 이런 덕주사 마애불상은 보물 제406호로 지정되어있다.

앞서 밝혔듯 덕주사는 상덕주사와 하덕주사로 이루어졌는데『제천군지堤川郡誌』에는 이렇게 기록되어있다.

"이 고사古寺는 신라 진평왕眞平王 9년(587)에 창건되었다고 하는데, 창건 당시 사찰의 당자가 그대로 전해와서 가람의 구조와 색채가 더없이 장려하더니 애석하게도 1951년 한국전쟁 때 전소되었다."

또한『문화유적총람』에는 이렇게 기록되어있다.

"월악산 중턱에 덕주부인이 세웠다 하여 덕주사라 한다. 591년(신라 진평 13)에 건립된 것으로 추정되지만 소실되었고 현재 마애불 1기와 약간 허물어진 우탑牛塔 1기, 부도 4기가 있다. 부도 2기는 높이 1.2미터, 너비 70센티미터이고, 다른 2기는 각각 높이1.37미터×너비50센티미터, 높이 1.6미터×너비50센티미터 크기이다. 우탑에 관해서는 전설 하나가 전해진다. 본당건물이 협소하여 당시 승려들이 부속건물을 지으려고 걱정할 때 어디선가 재목을 등에 실은 소가 나타나 천천히 움직이기 시작했다. 소를 따라 가보니 현재 마애불 밑에 소가 서있어서 그곳에 부속건물을 지었다. 그리고 소가 재목을 부려놓고 죽은 자리에는 우탑을 세웠다고 한다."

상덕주사의 소탑 즉, 우탑으로 불리는 부도는 조선시대에 조성된 것으로 보인다. 그런 반면에 하덕주사에 관한 기록은 전해지지 않아서 창건시기는 알 수 없다. 그러나 전해지는 말로는 송계리에서 덕주골로 불리던 골짜기의 위쪽은 윗절골, 아래쪽은 절골로 불렸고 그곳들 중 절골이 하덕주사를 가리키는 지명으로 짐작된다. 하덕주사터 주변에는 수많은 와편, 주춧돌, 장대석 등이 눈에 띠고 석등의 하대석도 보인다. 그런 것들의 형태로 미루어보면 고려시대부터 그곳에 사찰이 있었다는 것을 알 수 있다. 지금의 사찰에서 서쪽으로 200미터 떨어진 산기슭에는 조선시대의 부도 4기가 있어서 그 당시에 사찰이 번영했던 것으로 추정할 수 있다. 하덕주사도 한국전쟁 때 소실되었는데, 1970년에 이르러 주지 임재찬과 목수 양수천이 노력하여 법당을 재건했다.

하덕주사에서 발견된 덕주사 금구에는 다음과 같은 문구가 적혀있다.

"태희육년 병인 팔월 이일 일조상덕주삼금

일좌중십삼근동양도인계안요한신주직장송공후기"

이 문구대로라면 하덕주사는 태화6년인 1206년(고려 희종 2)에 만들어졌다는 것을 알 수 있다. 덕주사는 근래에 중건되면서 여러 부속건물도 건축되고 있다.

마의태자가 세운 충주시 미륵리 석불입상과 마애석불

『동국여지승람』이나 현지의 속전기록에는 신라의 국운이 점차 기울어갈 무렵 덕주공주가 덕주사에 와서 머물다가 자신의 모습을 본뜬 마애석불을 조성했다고 적혀있다. 그 후 신라가 망하자 개골산으로 들어가던 마의태자가 덕주사 마애석불이 마주보이는 곳에 석불입상을 조성했다. 그렇게 두 석불이 마주보게끔 조성된 사연이 있다.

충주시 수안보면 온천리溫泉里에서 동쪽으로 약10킬로미터 떨어진 곳의 경상북도 문경시 문경면 관음리로 통하는 하늘재와 경계를 이루는 수안보면 최동단에 미륵리彌勒里가 있다. 마의태자는 신라를 재건하기 위해 오대산을 군사양성지로 정하고 그곳으로 가던 길에 문경시 마성면 麻城面에서 하룻밤을 묵었다. 그날 밤 마의태자의 꿈에 관음보살이 나타나 말했다.

"이곳에서 서쪽으로 고개를 넘으면 서천에 이르는 한 터가 있으니 그곳에 절을 짓고 석불을 만들도록 하라. 그곳에서 북두칠성이 마주보이는 자리에 영봉靈峰을 골라 마애석불을 조성하면 억조창생에게 자비를 베풀 수 있으리라."

덕주공주를 만난 마의태자는 누이도 같은 시간에 같은 현몽을 꾸었다는 것을 알았다. 남매는 맑은 계곡물로 목욕재계하고 서쪽 하늘을 향해 합장배례했다. 이튿날 새벽 남매가 서쪽으로 가는 고개를 넘다가 고갯마루의 큰 바위를 보니 그곳에 불경 한 권이 놓여있었다. 남매는 황금빛의 상서로운 기운을 품은 그 불경을 조심스럽게 집어 들고 다시 길을 걸었다.

이윽고 고개를 넘은 남매는 북두칠성이 마주보이는 곳에서 파란 별빛을 받는 가장 높은 봉우리를 확인하고 그곳에 석불입상을 세웠고 봉우리 밑에는 마애불상을 조각했다. 남매는 그곳에 정착하여 8년을 지냈다. 그동안 남매를 모시던 신하들 중 다수가 훌륭한 승려로 거듭났고, 그곳에서 천수를 누리고 죽은 신하들도 있었다.

어느덧 마의태자는 그곳을 떠나고자 했다. 덕주공주는 그에게 그곳에서 계속 머물자고 권했지만 그는 뜻을 굽히지 않았다. 결국 누이와 이승에서의 마지막 인사를 나눈 마의태자는 오대산으로 떠났다. 덕주공주는 덕주사에 머물다가 입적했다.

그 후 오랜 세월이 흘러 적막이 깃들던 미륵사에 어느 해인가 고려의

법주사 마애여래의상

술사 한 명이 들러 객방에서 하룻밤을 묵었다. 밤중에 문풍지가 서서히 밝아지면서 대낮처럼 환해졌고 그것을 괴이하게 여긴 술사가 방문 틈으로 가만히 밖을 내다보았다. 그러자 미륵사 경내에 서있던 석불입상의 보옥寶玉에서 한 줄기 빛이 북쪽으로 길게 뻗다가 중간에서 파란빛과 분홍빛으로 갈라져나갔다. 그러다가 산이 한 번 흔들렸고 빛은 다시 서서히 잦아들었다.

술사는 건너편 불빛이 멎은 자리가 북두칠성이 마주보이던 곳임을 확인했다. 날이 새자 그는 그 자리로 올라가보았다. 덕주사가 그 자리에 있었고 절의 후벽에는 마애불상이 있었는데, 이상하게도 마애불상 얼굴에는 혈기가 없었다.

미륵사 석불입상과 덕주사 마애불상이 북두칠성의 빛을 받아 상서로운 기운이 서로 상통한다는 사실을 알아차린 술사는 머지않아 나라에 큰 변이 일어날 것이라고 예측했다. 그런지 얼마 지나지 않은 1012년(현종 2) 정월에 고려를 침공한 거란군대가 개경성내까지 난입하여 분탕질을 했다. 그 후로도 10년간 세 차례나 거란군대가 고려를 침략했고 국토는 황폐해졌다. 그럴 때마다 석불입상과 마애불상이 서기를 발하고 광채를 상통하면서 불상의 얼굴들에는 핏자국이 어렸다. 세월이 흘러도 나라에 흉조가 들 때면 어김없이 그런 현상이 나타났다. 1950년 한국전쟁이 터졌을 때도 그런 현상이 분명히 나타났다는 이야기도 전해진다.

미륵리 미륵사 석불입상과 덕주사의 마애불은 그렇듯 서로 남매지간인 셈이라서 음력 7월 7일 칠석날이면 남동생인 미륵불이 쇠지팡이를 집고 누나인 마애불을 만나러 간다는 설화도 구전된다.

천년 신라의 숨결이 깃든 월악산

월악산은 천혜요새 같은 지세를 품어서 오히려 더 많은 역사적 애환을 겪을 수밖에 없었다. 월악산에는 마의태자와 덕주공주가 마주보며 망국의 한을 달래던 미륵사 석불입상과 덕주사 마애불상이 있다. 또한 보물 제94호 사자빈신사지獅子頻迅寺址石塔석탑, 덕주산성, 천연기념물 망개나무 같은 문화재들과, 명성황후의 별궁이 있던 송계계곡도 월악산에 있다.

충청북도 제천시, 충주시, 단양군과 경상북도 문경시에 걸쳐있는 월악산의 총면적 284.6제곱킬로미터에 달한다. 월악산에는 각종 문화재들과 사찰들이 있을 뿐 아니라 특히 바라보는 방향에 따라 다양한 형태로 변모하는 산정상은 등산객들에게 매우 인기가 높다. 북서쪽의 충주시 달천동達川洞 부근에서 계명산과 남산南山(금봉산) 사이로 보이는 월악산 정상은 쫑긋한 토끼의 귀 같고, 동쪽의 제천시 덕산면德山面 일대에서 보이는 정상은 풍만한 여인의 아름다운 자태 같으며, 서쪽의 산행출발점인 송계리에서 보이는 정상은 날개를 펴는 독수리 같다. 화창한 날에 남쪽의 미륵리 방면에서 보이는 월악산의 수직절벽은 마치 히말라야의 거봉을 연상시키기도 한다. 또한 해발 1,097미터의 월악 영봉靈峰, 976미터의 중봉, 960미터의 하봉을 포함한 3봉과 준험한 거암이 어우러져 웅장한 위용을 자랑하는 월악산은 예로부터 영산으로 불렸다. 깎아지른 산줄기 사이사이로 멋스럽게 자란 청송들과 기묘한 암반 길을 지나 주봉에 오르면 시야에 들어오는 청풍호와 멀리 보이는 산야들까지 어우러져 펼쳐지는 장관은 일품이다.

월악산 영봉의 동서로 쌍벽을 이루는 송계계곡과 용하구곡用夏九曲(억수계곡)의 맑은 물과 널따란 암반은 천연산림 속에 시원하게 자리한다. 덕산면 월악리月岳里 초입에 위치한 월악리의 유일한 유적지는 신라 때 창건된 유서 깊은 신륵사神勒寺이다. 그곳에서 걸어서 5분 거리에는 독특한 돌탑군石塔群이 있다. 신륵사에서 15분쯤 올라가면 암반 위로 물이 흐르는 수렴선대 안내판이 세워져 있다. 수렴선대는 과거에 신륵사 승려들이 참선하던 곳이었다. 그곳에서 여유 있는 걸음걸이로 1시간 정도 오르면 월악산 정상에 도달한다. 정상에서 남으로는 만수봉萬壽峰과 포암산布巖山으로 날카로운 산릉이 와서 닿고, 그 너머로는 주흘산主屹山, 조령산鳥嶺山과 함께 백화산白華山, 이만봉二萬峰 등의 소백산 줄기가 아련히 바라보인다. 월악산 정상 서쪽 아래로는 미륵리에서 송계리를 지나 청풍호로 흘러드는 송계계곡이 보이고, 위로는 박쥐봉, 마역봉馬驛峰(조령산), 신선봉, 북바위봉, 석군봉, 말마산(용마산龍馬山), 첩푸산(적보산積寶山), 대미산大美山 등이 모두 한눈에 보인다. 정상에서 서북쪽 아래로는 환상적인 청풍호가 보이고, 동쪽으로는 월악리 너머로 하설산夏雪山, 단양군의 제비봉, 금수산錦繡山, 도락산道樂山이 선명히 보이며, 더 멀리로는 소백산 줄기까지 시야에 들어온다.

덕주골 휴게소에서 다리를 건너 왼편으로 난 평탄한 길을 따라 오르다가 보면 덕주사 마애불이 있고, 주변에는 단풍나무를 포함한 활엽수들이 짙은 숲을 이룬다.

한편 송계리에서 버스를 내려 매표소를 지나 10분쯤 가면 최근에 신축한 자광사가 나온다. 자광사는 단양군 한수 덕갈이봉에서 옮겨온 사찰로 천태종 본산인 소백산 구인사救仁寺의 말사이다. 자광사를 뒤로 하고 조금 올라가서 오른쪽의 계류를 건너 10분쯤 올라가면 '정상 3.6㎞'라고 적힌 입간판이 있는 산불감시초소가 나온다. 거기서 왼쪽으로 냇물을 한 번 더 건너서 동쪽 골짜기 안으로 500미터가량 들어가면 해발 340미터에 있는 샘터에 닿는다. 샘터에서 다시 오른쪽 급사면 산길로 20분쯤 오르면 월광폭포로 내려가는 갈림길이 있는 바위능선 위에 도달한다. 거기서 동쪽의 가파른 능선을 30분가량 오르면 주능선 안부의 낙엽송 지대에 닿고, 그곳에서 북쪽 능선을 따라 10분쯤 걸으면 수직의 월악산 정상에 도달한다. 거기서 절벽 오른쪽 아래로 이어지는 산길을 따라 10분쯤 가다가 왼쪽으로 꺾어 동북쪽 급사면을 통과하여 갈지자형으로 이어지는 바윗길을 20분가량 오르면 남쪽 아래로 천길 단애를 이룬 월악산 정상인 영봉에 오를 수 있다.

🪧 제천시 백운면 애련리
우륵이 가야금을 가르친 자리

신라 제24대 왕인 진흥왕眞興王은 낭비성에서 가야伽倻 사람 우륵于勒이 타는 가야금 소리를 처음 들었다. 조국 가야가 멸망하자 신라로 투항한 우륵은 가야금의 명인으로 널리 알려졌다. 진흥왕도 그의 평판을 듣고 그로 하여금 낭비성에서 가야금을 연주하도록 했던 것이다. 우륵의 가야금 연주를 듣고 감동한 진흥왕은 우륵에게 새로운 곡을 만들라고 함과 아울러 계고階古, 법지法知, 만덕萬德 세 사람을 제자로 삼도록 했다.

우륵은 처음에는 충주의 탄금대에 머물면서 계고에게는 가야금을, 법지에게는 노래를, 만덕에게는 춤을 가르쳤다. 얼마 뒤 우륵은 세 제자를 데리고 지금의 백운면 애련리愛蓮里로 거처를 옮겼다. 아름다운 경치와 계곡의 물소리와 가야금 소리가 어울린 애련마을은 마치 신선이 사는 신비한 세계처럼 느껴졌다.

우륵이 마을을 떠난 다음에도 날씨가 화창하면 냇물의 바위가 우륵의 가야금 소리를 냈다고 한다. 그렇게 우륵이 세 제자에게 가야금을 가르쳤던 곳은 '우두머리 장長'자와 '현악기 금琴'자를 써서 장금長琴터로 불렸고, 그곳에서 조금 떨어진 냇물 가운데 있는 바위는 '울 명鳴'자를 써서 명암鳴岩으로 불렸다.

제천시 청풍면 물태리
사열이를 지킨 고구려의 매륵

청풍면은 탄금대에서 가야금을 연주하며 노닐던 악성 우륵이 청유淸遊하여 발자취를 남긴 곳이다. 청풍면은 강원도에서 발원하여 도담삼봉嶋潭三峰, 구담봉龜潭峰, 옥순봉玉筍峰 같은 절경들을 만들면서 굽이쳐 흐르는 남한강의 연안에 있다. 남한강의 반짝이는 강물을 끼고 있는 청풍면은 한벽루寒碧樓를 비롯한 아름다운 문화재들을 가진 곳일 뿐 아니

라 지리적 요충지이기도 하다.

청풍은 고구려 때는 사열이沙熱伊, 성내이省乃伊, 성열로 불렸고, 신라의 영토가 되면서 청풍이라는 지명을 얻었다. 청풍이라는 지명은 고구려의 성내省內로 불리던 것이 새내, 새느리로 와전되면 생겼다. 즉 서늘하다는 뜻을 가진 새느리가 다시 '차갑다, 맑다'는 뜻을 가진 '청淸'자로 이해되면서 청풍淸風으로 변한 것이다. 사열이의 중심에 해당하는 지금의 물태리勿台里에는 '서느리'벌, '사너리' 벌이 있고, 고구려 성터인 '사열이'산성터 또는 성열성터로 불리는 곳도 있다.

▲악성우륵상 ▼우륵 초상

고구려는 사열이산성을 축조함으로써 남쪽에서 고구려를 공격하던 신라와 백제의 세력을 차단했다. 어느 해 방심하던 고구려군대는 신라군대의 급작스러운 공격에 허를 찔려 제대로 싸워보지도 못하고 서느리벌에서 패퇴하고 말았다. 사열이산성으로 퇴각하여 4대문을 굳게 닫고 응전하던 고구려군대는, 무서운 기세로 밀려와서 산성을 포위한 신라군대를 격퇴할 방법을 찾지 못한 채 우왕좌왕했다. 성벽에 나가서 독전하던 사열이산성 성주마저 신라군대의 화살에 맞아 전사하자 신라군대의 사기는 더욱 충천해졌다.

사열이산성에는 태어나기 전에 아버지를 잃고 홀어머니를 모시고 살던 사내아이가 있었다. 그 소년의 이름은 '매루'였다. 그는 지혜로우면서도 학문을 성실히 익혀 뛰어난 지략을 발휘하고 지극한 효성으로 어머니를 모시니 마을에서는 그에 대한 칭송이 자자했다.

적군에 포위된 상황에서 성주마저 잃고 위기에 처한 사열이산성의 한 장수는 총명한 매루에게 성을 구할 방법에 대한 의견을 물었다. 매루가 고구려군대의 지휘를 자신에게 맡긴다면 사열이산성을 확실히 구할 수 있다고 밝혔고, 장수는 지휘권을 매루에게 넘겼다.

매루는 군사들에게 그날 밤 성의 4대문 중 3대문은 굳게 닫고 북문만 열고 몰래 빠져나가서 주위에 매복하라고 명령했다. 고구려군사들은 밤이 깊어지자 북문을 빠져나갔다. 사열이산성에서 군사들이 사라진 사실을 알아차린 신라군대의 세작細作(첩자)은 고구려군사들이 도망갔다는 소식을 신라군대의 본진에 알렸다. 사열이산성을 쉽사리 차지할 수 있겠다고 생각한 신라군대의 지휘관은 급히 사열이산성의 성문을 부수고 성 안으로 쳐들어가라고 군사들에게 명했다. 그렇게 산성을 완전히 빼앗았다고 착각한 신라군사들은 성 안에서 불을 밝히고 승전을 자축하는 술자리를 벌였다. 긴장을 풀고 음주가무를 즐기던 신라군사들은 동틀 무렵이 되자 모두 잠에 곯아떨어졌다. 매루는 그때를 노리며 성 밖에 매복하던 고구려군사들은 휘몰아 사열이산성으로 돌입하여 힘들이지 않고 신라군대를 무찌르고 산성을 탈환했다. 신라의 패잔병들을 신라로 겨우 도망하여 그 후로 다시는 사열이산성을 공격하지 못했다. 그렇게 매루가 사열이산성을 구한 후부터 사람들은 그 산성의 이름을 '매루성'으로 부르기 시작했다.

제천시 송학면 무도리
박씨로 성을 바꾼 고려의 왕족들

고려가 망하고 태조太祖 이성계李成桂가 조선을 건국하고 왕위에 등극하자 고려의 왕족과 유신遺臣들은 뿔뿔이 흩어져 초야에 묻히거나 멀리 외딴섬에 은신했다. 조선의 조정은 고려의 유신들을 찾아 회유하여 등용하기도 했지만 대부분의 왕족이나 유신들은 모습을 감추었다.

개경開京에서 송학면 무도리務道里로 피신한 고려 왕족은 성을 박朴씨로 고치고 마을뒷산에 은신하며 살았다. 그렇게 박씨가 된 왕씨는 별탈 없이 조용히 살아갈 수 있었고 자손들도 번성했다. 그때부터 그 마을은 고려 왕족인 왕씨가 박씨로 성을 바꾸었다는 뜻을 가진 왕박산王朴山 또는 '왕박시루'로 불렸고, 박씨 자손들은 흔히 왕박씨로 불렸다.

제천시 백운면 평동리
도둑이 죄를 뉘우친 도덕암

백운면 평동리平洞里 박달재 중허리 건너편 산허리 밑 계곡의 울창한 숲과 기암절벽은 일대절경을 이룬다. 그곳에서 조금 올라가면 개울가에 커다란 바위 하나가 있다. 그 바위는 도덕암 또는 도둑바위로 불린다.

조선 태조 때 제천에 부임하던 신임 현감이 청주목에서 제천으로 가던 길에 충주를 지나 박달재에 다다랐다. 그때 현감은 일가권속을 거느린 데다 아내는 만삭이라서 부임행차는 좀체 속도를 내지 못했다. 뒤처진 현감의 부인 일행이 박달재에 들어서자 갑자기 한 떼의 도둑들이 습격했다. 겁에 질린 하인들과 수행원들은 모두 뿔뿔이 도망쳐버렸고 홀로 남겨진 현감 부인은 무거운 몸을 이끌고 가마에서 내려 산비탈을 따라 아래로 도망치기 시작했다. 비탈 아래 큰 바위에 도달한 현감 부인이 바위 밑을 보니 돌멩이들이 가득하고 물살도 거친 개울이 흘러서 도망갈 길을 더는 찾을 수 없었다. 도둑에게 잡혀 욕을 당하느니 차라리 개울로 뛰어내려 죽기로 결심한 부인이 바위 아래로 몸을 날리려는 순간 진통이 시작되었다. 그 자리에 주저앉은 부인은 홀로 아기를 낳았다. 뒤쫓던 도둑 한 명이 그 광경을 목격하고 목석처럼 그 자리에서 서서 어찌할 바를 몰랐다. 사내아이를 낳은 현감 부인은 피를 너무 많이 흘린 나머지 죽고 말았다. 도둑은 아기를 안아들고 자신의 소행을 뼈저리게 뉘우쳤다. 아기를 안고 잠시 서 있던 도둑은 어디론가 떠나 속죄하는 심정으로 그 아기를 자식처럼 잘 길렀다고 한다.

사람들은 그렇듯 도둑으로 하여금 악한 마음을 버리고 선한 본성을 되찾게 만든 아기가 태어난 바위를 도덕암道德庵 또는 도둑바위라고 불렀다.

제천시 봉양읍 구학리
자연처럼 소박하고자 하는 뜻이 담긴 탁사정

1564년(명종 19) 제주濟州 수사로 재직하던 임응룡任應龍은 고향인 봉양읍 구학리九鶴里로 돌아오면서 해송海松 여덟 그루를 가져다 심고 그것들에 팔송八松이라는 이름을 붙였다. 그 후 임응룡의 아들 임희운任希雲이 팔송 근처에 팔송정八松亭이라는 정자를 세웠다. 오래 세월이 흘러 정자가 낡아지자 후손 임윤근任潤根이 1925년에 정면 2칸, 측면 2칸, 팔각기와지붕으로 이루어진 목조정자를 다시 세웠다. 그 무렵 임윤근과 친분이 있던 옥파玉派 원규상元奎常이 그 정자에서 노닐다가 "청사탁영탁사탁족淸斯濯瓔濯斯濯足"이라는 시구를 인용한 탁사정濯斯亭이라 이름을 그 정자에 붙였다. 또한 그 이름은 초楚나라 시인 굴원屈原의 「어부사漁父詞」에 나오는 아래와 같은 시구를 축약한 것이기도 했다.

창랑지수청혜탁오영 창랑지수탁혜탁오족
滄浪之水淸兮濯吳纓　滄浪之水濁兮濯吳足

이 시구는 '세속의 모든 때를 깨끗이 씻고 자연에서 소박하게 살자'는 뜻을 담고 있다.

그 정자의 이름이 탁사정이 된 전혀 다른 사연이 하나 더 전해진다. 수백 년 전 구학리에 살던 임씨 일가는 부유할 뿐더러 어려운 사람들에게 아낌없이 베푸는 마음씨까지 겸비했다. 하루는 노승老僧 한 분이 탁발을 청하자 임씨는 여느 때처럼 쌀을 듬뿍 시주했다. 그런데 고맙다고 말하며 뒤돌아서던 노승이 혀를 차면서 혼잣말로 이렇게 중얼거렸다.

"참 안됐군, 안됐어."

주인 임씨는 그런 노승의 말을 그냥 넘기면 안 될 듯하여 노승을 붙잡고 그렇게 말한 연유를 물었다. 그러자 노승이 이렇게 말했다.

"이 집터를 보면 자손은 귀하지 않으나 방종한 사람이 많이 나올 자리입니다. 방종한 기운을 누르고자 하거든 정자 한 채를 지으시오."

실제로 임씨의 아들들은 모두 하나같이 방탕하게 생활하던 터여서 임씨는 꼭 정자를 지어야겠다고 결심했다. 하지만 임씨가 연로하여 직접 정자 건축을 추진하지는 못했다. 노승의 말을 잊지 않은 임씨는 작고할

탁사정 전경

즈음이 되자 자식들을 불러 연유를 설명하고 정자 한 채를 꼭 지으라고 유언했다. 그러나 임씨의 아들들은 아버지의 유언을 말도 안 되는 미신으로 여기고 대수롭지 않게 생각하면서 아무도 정자를 지으려고 하지 않았다. 세월은 또 다시 흘러 임씨 아들들의 자식들도 모두 장성했다. 그런 임씨의 손자들 중의 하나가 다시 여러 아들을 두었는데 장성한 그들도 모두 극심하게 방탕했다.

그제야 문득 부친의 유언을 떠올린 아들은 늦게나마 임씨의 유언대로 정자를 지었다. 그때부터 임씨 일가의 방탕한 자식들의 버릇은 깨끗이 사라지고 일가도 번성해졌다고 한다. 그리하여 탁사정은 임씨 일가의 정자뿐 아니라 그 정자 아래로 펼쳐진 계곡까지 아우르는 지명이 되었다. 그런 탁사정의 풍치는 뛰어나게 아름다워 관광지로도 유명해졌다.

제 6장

괴산시 지역
지명들의 유래

괴산군 새재
병자호란 때 최명길이 화의를 주장한 이유

새재 제1관문 안에 있는 새재 성황당의 건립연대나 건립자들은 알려지지 않았지만 여러 차례 중수重修했다는 기록은 남아있다. 그 성황당에는 병자호란 당시 최명길崔鳴吉이 청나라와의 화의를 주장한 이유가 전해진다.

약관弱冠의 최명길이 안동安東부사로 재직하던 외숙을 찾아가는 길에 새재를 넘게 되었다. 구절양장九折羊腸의 험한 산길을 얼마간 걷던 최명길이 인기척에 뒤를 돌아보니 그를 따라오는 소복단장한 아름다운 여인이 보였다. 여인의 걸음걸이가 어찌나 빠른지 잠깐 사이에 최명길을 앞질렀다. 그것을 무엄하게 여긴 최명길은 걸음을 재촉하여 여인의 뒤를 쫓아갔다. 하지만 여인의 걸음걸이는 일정할 뿐 아니라 최명길의 걸음걸이보다 훨씬 빠르기마저 하여 도저히 따를 수가 없었다. 그래서 최명길이 걸음을 가일층 재촉했고, 그 순간에 여인의 비명소리가 들려 달려가 보니 발을 헛디딘 여인이 비탈을 구르고 있었다. 최명길은 황급히 달려가 여인을 붙잡아 구해주었고, 그런 인연으로 두 사람은 동행하게 되었다. 최명길은 여인이 남자인 자신보다도 빠른 걸음걸이로 새재를 급히 넘으려던 사연들을 하나하나 물어보기 시작했다. 최명길을 한참 쳐다보던 여인이 말했다.

"나는 새재의 성황신입니다. 며칠 전에 이

최명길 묘소(충북 청원군)

재를 자주 왕래하는 대상大商이 중국산 비단치마저고리 한 벌을 나에게 바치고 갔는데, 어제 안동에 사는 좌수座首가 성황당 앞을 지나다가 가지고 가서 자신의 딸에게 입혔습니다. 하기에 내 지금 그 옷을 찾고 좌수의 딸을 죽일 심산으로 안동으로 가는 길입니다.”

최명길은 깜짝 놀랐지만 차분한 태도를 견지하면서 ‘그 좌수의 소행은 괘씸하나 사람을 함부로 죽이면 천리天理가 아니라’면서 여인에게 선처를 부탁했다. 안동에 도착하여 여인과 헤어진 최명길은 안동부사인 외숙을 뵙고 문안을 드리자마자 좌수의 안부를 물었다. 외숙에게서 좌수의 집 위치를 알아낸 최명길이 급히 그곳으로 달려가 보니 과연 아침까지도 아무 탈 없이 건강하던 좌수의 딸이 갑자기 죽어 곡성이 진동하고 있었다. 최명길은 황급히 안동 좌수를 찾아 간단히 수인사를 하고는 딸을 살려낼 수가 있으니 자신에게 딸을 보여 달라고 요청했다. 좌수는 딸의 목숨을 살릴 수 있다는 말에 지푸라기라도 잡는 심정으로 최명길을 딸이 누워있는 방으로 안내했다. 최명길의 예상대로 새재에서 동행했던 성황신이 좌수 딸의 목을 누르고 있었다. 최명길과 눈이 마주친 성황신은 그대로 일어나 방 밖으로 급히 나갔고, 잠시 후 좌수의 딸은 거짓말처럼 혼수상태에서 깨어났다.

최명길이 한양으로 돌아가는 길에 새재 성황당을 들러보니 성황신은 길 떠날 채비를 하고 있었다. 또 어디를 가려느냐고 최명길이 묻자 성황신은 그를 지긋이 바라보며 이렇게 당부했다.

“지금 천자天子가 만주에서 탄생하여, 상제上帝께서 하늘 아래 모든 신령에게 천자를 호위하라는 명을 내렸기에 만주로 가려는 참이었습니다. 당신은 훗날 큰 벼슬을 얻어 일인지하만인지상一人之下萬人之上의 자리에 오를 것이니, 그때 천자가 우리나라를 쳐들어오면 백성을 살리고 종묘

사직을 보전하는 데 앞장서야 할 것입니다. 그리하려면 화의和議하는 수밖에 없으니 명심하십시오."

그리고 성황신은 사라져버렸다. 훗날 최명길은 실제로 영의정에 올랐다. 성황신의 예언대로 병자호란이 발생하고 인조가 남한산성으로 피신했다. 그때 청나라군대에 끝까지 항전해야 한다는 척화파斥和派의 완강한 반대를 물리친 최명길은 화의를 성립시켰다. 최명길이 화의를 끝까지 관철시킨 이유는 새재에서 만난 성황신이 그에게 했던 당부의 말 때문이었다고 한다. 최명길의 본관은 전주全州이고 호는 지천遲川이며 인조 때 정사원훈靖社元勳으로 완성完城 부원군에 올랐다.

🪦 괴산군 불정면 외령리
정인지 묘가 있는 능현마을

괴산군 불정면 외령리外嶺里에 있는 조선 초기의 학자 정인지鄭麟趾의 묘소는 충청북도 기념물 제33호로 지정되어있다.

정인지는 1414년(태종 14) 과거에 급제했고, 세종 때에는 집현전 직제학과 부제학 등을 지내면서 훈민정음을 창제하는 데 공을 세웠으며, 김종서金宗瑞 등과 『고려사高麗史』를 찬수했다. 또한 그는 계유정난癸酉靖難이 벌어진 1453년(단종 1) 때에는 세조를 도와 정난공신 일등으로 책봉되어 하동河東 부원군이라는 칭호를 받았고 벼슬은 영의정까지 올랐다.

1396년(태조 5) 태어나 1478년(성종 9) 하세한 정인지의 묘소는 왕릉과 비슷한 모양으로 웅장하게 조성되었다. 부인의 묘와는 따로 조성된 정인지의 묘 바로 앞에는 높이 2.5미터의 대리석 묘비가 서있는데 비의 갓은 만들지 않았다.

정인지 묘의 비면에는 강희맹이 지은 비문이 새겨져 있는데 앞면은 식별 가능하나 뒷면 글씨는 세월의 풍화작용으로 읽기가 곤란하다. 묘소 아래에는 원래 서거정徐居正이 지은 신도비가 있었는데 본래의 신도비는 없어졌고 지금의 비는 1958년에 다시 건립한 것이다. 비석 앞

정인지 초상(충북 괴산)

에는 혼유석魂遊石과 장명등이 있고 좌우로 문인석과 망주석이 서있다.

능현마을 자랑비문에는 이렇게 적혀있다.

"(정인지는) 우리나라 역사상 요순시대에 비교되는 가장 살기 좋은 시대이자 문화의 흥륭기인 세종대왕 문치시대에 세종을 도와 오늘날의 한글인 훈민정음을 창제하는 데 지대한 공을 세우고『고려사』등을 편찬했다. 학자가 누릴 수 있는 최고의 영예인 대제학과 최고의 벼슬인 영의정을 지낸 문성공文成公 학역재學易齋 정인지 선생의 묘소가 있어 마을 이름이 능현이 되었다."

정인지는 분명 존경할 만한 업적을 남겼으나 '능陵'자는 왕이나 왕비의 묘소가 있는 마을의 이름에만 쓰일 수 있으므로 능현마을이라는 이름은 수정되어야 마땅할 것이다.

괴산군 불정면 삼방리

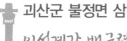
이성계가 배극렴을 찾아온 어래산

삼방리三訪里는 조선개국공신이자 초대 영의정을 지낸 필암筆菴 배극

렴裹克廉이 은거할 때 태조 이성계가 국사를 논의하기 위해 세 번 찾았다고 하여 불리기 시작한 지명이다. 괴산군 불정면 삼방리, 충주시 주덕읍周德邑, 음성군 소이면蘇伊面이 만나는 경계지역에 위치한 해발396미터의 어래산御來山도 임금이 거둥한 산이라고 하여 갖게 된 이름이다.

고려 공민왕의 각별한 총애를 받던 배극렴은 공민왕이 시해되자 정치에 뜻을 잃고 부인과 함께 충주로 낙향하여 다시는 세상에 나오지 않기로 작정하고 마을에 있는 산의 동굴로 들어갔다. 왕실을 장악한 이성계는 정권안정과 대외명분을 위해 고려 중신들을 등용하고자 힘을 쏟았다. 이성계가 절실히 필요로 하던 고려 중신들에는 배극렴도 포함되었다. 수소문하여 충주의 어느 산중에 배극렴이 은거한다는 소문을 들은 이성계는 직접 세 번에 걸쳐 찾아간 끝에야 배극렴을 만날 수 있었다.

삼방리

그렇듯 이성계가 배극렴을 찾아왔다는 이름을 가진데다가 뛰어난 경관마저 자랑하는 어래산에는 배극렴과 유관한 다른 지명들도 여전히 남아있다. 배극렴이 땔나무를 하던 골짜기는 배나무골, 그의 부인이 베틀을 놓고 베를 짜던 굴은 베틀굴, 태조가 배극렴과 처음 만나서 국사를 의논했던 산의 정상은 국사봉國師峰으로 불린다. 삼방리 어래산 입구 관전冠錢(갓돈) 마을에는 태조의 덕을 흠모하여 조성한 것으로 추정되는 마애불좌상이 있어서 삼방리가 역사적으로 유서 깊은 곳임을 말해주고 있다. 마애불좌상은 충청북도 유형문화재 제128호로 지정되었다.

배극렴은 이성계가 자신을 세 번씩이나 힘들게 찾아와 집권계획 등을 솔직하게 밝히고 개국공신이 되어 함께 새 나라를 잘 이끌어가자고 간청하자 그 뜻을 받아들여 다시 정계에 나섰다고 한다.

태조가 꼭 동행하려던 배극렴은 어떤 사람이었나?

배극렴은 고려 말기 1325년(충숙 12) 위위시소윤衛尉寺少尹 배현보裵玄甫의 아들로 태어났다. 문음門蔭으로 과거를 통하지 않고 관직에 들어선 그는 진주晋州목사, 상주목사, 계림윤鷄林尹, 화령윤和寧尹 등 외직을 담당하며 선정을 베풀고 민심을 돌보았다. 배극렴은 공민왕이 시해당한 뒤 잠시 정계를 떠나기도 했지만 이성계의 설득에 다시 정계로 복귀했다.

배극렴은 1376년(우왕 2) 진주에 왜구가 침략하자 진주도원수로서 반성현班城縣에서 왜구를 크게 격파했다. 이듬해 그는 우인열禹仁烈을 대신하여 경상도도순문사가 되어 왜구를 방어하는 데 공을 세웠다. 그때 배극렴은 왜구를 방어할 목적으로 병영이 있는 창원 인근의 합포合浦에 경상우도병마절도사영의 번성藩城 축성을 주관하고 완성했다.

배극렴은 1378년(우왕 4)에는 경상도원수로서 욕지도欲知島에서 왜구를 대파했고, 같은 해 겨울에는 경상도도순문사가 되어 하동과 진주에

▼충북 증평 배극렴 묘소　▶우인열 단비(경기 파주)

▲ 정도전묘-경기 평택

▼ 앞 세자빈 심씨,뒤 세자 이방석 묘

침략한 왜구를 추격하여 사주泗州(경남사천)에서 대승을 거두었다. 배극렴은 이듬해까지 이어진 진주 반성현전투, 울주전투, 청도전투, 사주전투 등에서도 크게 활약하여 정치적 입지를 굳건히 다졌고, 그간의 공들에 힘입어 1380년에는 밀직부사에 올랐다.

1388년(우왕 14) 우왕이 요동정벌을 명하자 배극렴은 조전원수助戰元帥가 되어 우군도통사 이성계의 휘하에 참여했다. 요동정벌에 반대하던 이성계는 위화도威化島에서 회군하기로 결정했고, 배극렴도 이성계와 뜻을 같이하여 그를 도왔다. 위화도회군에 성공한 이성계 일파는 우왕을 폐위하고 창왕을 추대했다. 회군 당시의 공을 인정받은 배극렴은 1389년(창왕 1) 7월 판개성부사라는 요직을 맡았다. 그해 10월에 배극렴은 문하찬성사로 승진하고 하정사賀正使로서 명나라에 다녀왔다. 1390년(공양 2)에 배극렴은 평리를 역임하고 회군공신에 추록되었다. 같은 해 그는 양광도 찰리사가 되어 한양 궁궐의 조성을 감수했고, 이어 3군도총제부의 중군총제사가 되어 도총제사 이성계가 병권을 장악하는 데 일역을 담당했다. 배극렴은 역시 같은 해에 판삼사사가 되어 개경의 내성內城을 축성하는 총책을 맡았고, 1392년에는 수문하시중에 올랐다. 그해 7월 배극렴은 문하우시중으로서 조준趙浚, 정도전鄭道傳과 함께 공양왕恭讓王을 폐하고 이성계를 추대하여 조선건국에 중요한 역할을 담당했다. 배극렴은 조선개국 뒤 개국공신 일등이 되고 성산백星山伯에 봉해졌으며, 문하좌시중을 역임하다가 1392년(태조 1) 11월 하세했다.

배극렴에게는 아들이 없었으므로 누이의 외손 안순安純이 주상主喪이 되었다. 고려와 조선 두 왕조에 걸쳐 정승을 지낸 배극렴의 본관은 경산京山(현 성주星州), 자는 양가量可, 시호는 정절貞節이다.

배극렴은 이후 태조의 계비 신덕神德왕후 강康씨의 소생인 이방석李芳碩이 1392년 8월에 세자로 책봉되는 데 관여했다 하여 훗날 태종에 의하여 폄하되기도 했다.

조선건국에 이바지하며
이성계에게 날개를 달아준 개국공신들

책록된 해와 공적	등 급			비 고
	1등	2등	3등	
1392(태조 1) 조선개국의 공	배극렴裵克廉 조준趙浚 김사형金士衡 이제李濟 이화李和 정희계鄭熙啓 이지란李之蘭 남은南誾 장사길張思吉 정총鄭摠 조인옥趙仁沃 남재南在 조박趙璞 오몽을吳蒙乙 정탁鄭擢 김인찬金仁贊 정도전鄭道傳	윤호尹虎 이민도李敏道 박포朴苞 조영규趙英珪 조반趙胖 조온趙溫 조기趙琦 홍길문洪吉旼 유경劉敬 정용수鄭龍壽 장잠張湛 황희석黃希碩	안경공安景恭 김균金稇 유원정柳爰廷 이직李稷 이근李懃 오사충吳思忠 이서李舒 조영무趙英茂 이백유李伯由 이부李敷 김로金輅 손흥종孫興宗 심효생沈孝生 고여高呂 장지화張至和 함부림咸傅林	·김인찬과 황희석은 추록 ·오몽을, 박포, 이근 1398년(태조 7) 추탈 ·정도전과 남은은 1398년 추탈되었다가 뒤에 복작됨.

괴산군 장연면 오가리
선행하여 복 받은 우씨 가족

　옛날 장연면의 산 좋고 물 좋은 한 마을에 다른 성姓을 가진 다섯 가구가 살았으므로 사람들은 오가伍家마을이라고 불렀다. 오가마을 다섯 가구의 직업은 각기 달랐는데 우씨는 그물을 만들어 형각강에서 물고기를 잡았고, 송씨는 과수업에 종사하여 과실을 땄으며, 선鮮씨는 전답을 경작하는 농업에, 만萬씨는 채석업에, 송松씨는 땔감채집에 종사했다.

　여느 때보다 극심한 한파에 눈도 많이 내리던 어느 해 겨울이었다. 오가마을은 강변마을이라서 추위는 더 심했다. 허기에 지치고 병색이 완연해 보이는 노파 하나가 쓰러질 듯한 몸을 겨우 가누며 마을의 송씨 집 문을 두들겼다. 송씨가 문을 열어보니 마을사람이 아니라 처음 보는 노파가 몸을 버들버들 떨며 서있었다. 노파의 머리는 언제 감았는지도 모르게 엉겨 붙어 냄새가 심했으며 얼굴은 곪고 눈썹도 거의 없어 추악해보일 지경이었다. 송씨는 그런 노파를 집에 들일 마음이 조금도 생기지 않았고 기분까지 언짢아져 아무 말없이 문을 닫아 버렸다. 슬픔에 잠긴 노파는 다음 집으로 가서 문을 두들겼으나 선씨, 만씨, 송씨 가족 모두 노파를 불러들이지 않았다. 마을의 마지막 집 앞으로 다가가 머뭇거리던 노파는 추위를 견디지 못하고 조심스레 문을 두드렸다. 거절당할까봐 무척 두려워하던 노파를 우씨 가족은 따뜻한 아랫목에 들여 몸을 녹이게 하고 밥도 정성껏 지어주었다. 우씨 가족은 솥단지에 물까지 따뜻하게 데워 노파의 몸을 씻게 하고는 두터운 솜이불을 꺼내어 잠자리를 마련해주었다. 편히 쉬시라며 인사하고 방을 나오려던 우씨 부부는 노파의 얼굴이 영락없는 관음보살의 얼굴이라는 것을 깨달았다.

놀란 우씨 내외가 황망히 몸을 바로 하여 합장하니 관음보살의 후광이 서서히 밝아지면서 아름다운 향기가 방안에 가득 찼다. 관음보살은 입가에 조용한 미소를 띠며 말했다.

"내 그대들의 은혜에 보은하리라. 그대들의 무엇이 소원인가? 소원을 말하라."

우씨의 소원은 참으로 소박했다.

"소인이 베푼 것은 미미할 따름인데 어찌 감히 소원을 빌 수 있겠습니까? 다만 강여울에 허물어지지 않는 둑을 쌓아 평생 물고기 잡는 데 어려움이 없도록 해주십시오."

우씨의 질박한 마음을 알아차린 관음보살은 입가에 다시 미소를 머금으며 손바닥을 가볍게 울렸다. 그 소리를 들은 도깨비가 대령하자 관음보살이 명했다.

"어떤 급류가 들이치더라도 절대 무너지지 않는 견고한 둑을 쌓도록 하라!"

그러자 도깨비가 대답했다.

"암수로 짝지은 돌로 둑을 견고하게 쌓도록 하겠습니다."

도깨비자 방을 나서자 관음보살은 우씨 내외가 앞으로도 이 마을에서 일하며 가업을 이어갈 것이라는 예언을 남기고는 서천西天으로 비상飛翔했다. 이튿날 새벽이 되자 우씨는 매서운 추위도 아랑곳하지 않고 평소처럼 그물을 치러 강으로 나갔다. 그런데 강여울에는 밤사이 보기 좋게 둑이 쌓였다. 그 둑은 전날 도깨비가 대답한대로 암돌과 수돌을 하나같이 이어 붙여서 만든 것이었다. 오늘날에도 오가리伍家里에는 우씨 문중의 후손들이 남아 어업에 종사한다고 한다.

제 7장
증평군 지역
지명들의 유래

증평군 증평읍 사곡리
국난의 징후를 알리는 말세우물

　사곡리射谷里 동쪽에 있는 한적한 장소는 관청의 활쏘기 연습장인 활터로 이용되었고, 그 옆에는 활터에 세운 정자라는 뜻의 사정射亭으로 불리는 정자가 세워져있다. 그 활터와 사정射亭이 있는 작은 마을을 가리켜 사람들이 사청射廳 또는 사청이라고 불렀는데, 그 지명이 와전되어 지금의 사곡리射谷里로 바뀌었다. 사곡리는 조선시대에는 충청북도 괴산군 청안현淸安縣(지금의 청안면) 근서면近西面에 속했다가 1789년(정조 13) 행정구역이 조정되면서 증평군 사곡리에 속하게 되었다.

　사곡리에는 오랜 세월 계승된 전설의 그늘에 가려 세인世人들에게 잘 알려지지 않던 실화實話가 전해진다. 원래 사곡리에는 우물이 없어 마을 사람들이 인근의 질벌에서 물을 길어다 먹는 불편을 감수해야 했다. 그래서 가뭄이 들면 물 때문에 겪는 고생은 배가될 수밖에 없었다.

　어느 해 여름 심한 가뭄이 들어 고생하던 사곡리로 한 노승이 탁발을 왔다. 가뭄 때문에 인심이 흉흉한 와중에도 주민들은 부처님에게 기도하는 마음으로 질벌까지 가서 정성껏 물을 길어 노승에게 주었다. 노승은 가뭄이 심한 데다 부촌도 아닌 마을의 주민들이 보이는 따뜻한 인심에 의아함을 느낄 정도였다.

　뜨겁게 내리쬐는 햇볕에 땅마저 갈라지는 마을을 지나던 노승은 다시 목을 축이고자 한 집에 들러 물 한 모금을 청했다. 그러자 집의 안주인은 노승의 부탁에 미안해하며 집에 길어 놓은 물이 없으니 마루에 잠시만 앉아 계시면 물을 길어다 드리겠다며 동이를 머리에 이고 급하게 집을 나섰다. 노승은 그때까지는 이웃마을에서 물을 길어 와야 하는 사곡리의 실정을 몰랐으므로 꽤 오랜 시간이 흐를 때까지 안주인이 돌아오지 않자 이상한 생각이 들었다. 한참 후에야 숨이 차 돌아온 안주인이 쟁반에 물을 공손히 바치며 우물이 멀어 스님을 오래 기다리게 했다며 양해를 구했다. 마을의 사정을 짐작한 노승은 어려운 와중에도 자신에게 인정을 베푼 마을사람들에게 감동받아 안주인에게 마을의 물길을 찾아주겠다고 약속했다. 안주인과 함께 마을곳곳을 지팡이로 두드리며 한참을 헤매던 노승은 한 자리에 이르러 수원水原을 점지해주며 말했다.

"이곳의 바위를 치우고 우물을 파면 좋은 물이 나올 것입니다. 그 우물은 가뭄에도 마르지 않을 것이고 장마에도 넘치지 않을 것입니다. 그러나 나라에 난리가 나면 물이 넘쳐버릴 것입니다. 물이 세 번 넘쳐흐르면 말세가 도래할 것이나, 이 사실은 절대 발설하면 안 됩니다."

노승은 이런 예언과 금기를 동시에 남기고 유유히 사라졌다.

이튿날 마을사람들에게 노승이 수원을 찾아주었다고 밝힌 안주인은 사람들과 함께 노승이 점지한 장소를 파보았다. 그랬더니 신기하게도 맛좋은 물이 펑펑 솟았다. 물 때문에 더는 고생하지 않아도 된다는 생각에 들뜬 마을사람들은 잔치를 벌였다.

그러던 어느 날 마을사람들이 모여 이렇게 수군대기 시작했다.

"우물의 물이 넘쳐흐른다."

안주인은 나라에 난리가 날 징조라는 생각에 불안했다. 하지만 노승의 예언과 금기가 떠올라 섣불리 마을 사람들에게 사실을 알릴 수 없었다. 한참을 고민하던 안주인은 마을사람들이 희생당할지 모른다는 생각에 모든 사실을 주민들에게 알리기로 결심했다. 실제로 나라에는 난리가 일어났으나 사곡리 사람들은 그 전에 모두 피난하여 한 사람의 희생자도 없이 무사히 난리를 극복할 수 있었다.

1910년 일제가 조선의 국권을 강탈했을 때도 1950년 한국전쟁이 일어났을 때도 사곡리의 우물물은 넘쳐흘렀다고 한다.

⚐ 증평군 도암면 화성리
국가대란이 일어나면 큰 소리로 우는 명암

명암鳴岩마을은 화성리花城里에 속한 마을들 중 남쪽 끝에 위치한 마을로 남촌, 북촌, 행화정 3개 마을과 이웃한다. 명암마을사람들은 남촌에서 길모퉁이를 지나 진모랭이고개를 넘어 증평으로 장을 보러 다녔다고 한다.

명암이라는 지명은 1789년(정조 13)에 간행된 『호구총수戶口總數』에도 기록되어있다. 그 당시 명암리는 명암상리鳴岩上里와 명암하리鳴岩下里로 나뉘어있었다. 그러다 1912년 조선총독부가 고시한 『구한국 지방 행정구역 명칭 일람』에 명암리만 기록된 것으로 보아 그해에 두 마을이 통합된 것으로 보인다. 1914년 행정구역이 다시 통폐합되는 과정에서 명암리는 화성리에 속하게 되었고 그때의 행정구역이 오늘날까지 그대로 이어져왔다.

마을의 이성산尼城山 왼쪽에 있는 안산安山 아래에 놓인 넓고 웅장한 바위를 일컬어 명암이라고 하는데 거기에는 사연이 있다. 어느 날 이성산 앞을 지나던 승려가 커다란 바위를 보고 탄복하면서 그 위에 '명암鳴巖'이라는 글자를 새겼다. 그러면서 승려가 말했다.

"국가대란이 일어나면 이 바위가 황소처럼 울 것입니다."

그때부터 마을사람들은 바위를 명암이라고 부르기 시작했고 마을도 명암마을로 불리게 되었다. 그리고 임진왜란이 일어나자 전설대로 정말 그 바위가 울었다고 한다.

명암마을주민들 말로는 '명암'이라는 글자가 새겨진 바위는 세 곳에 있었다고 한다. 첫 번째 바위는 마을입구 빨래터에, 두 번째 바위는 북촌에, 세 번째 바위는 남촌 꼭대기에 있었다. 남촌의 바위는 1910년 국권피탈 당시 울었다고 전한다.

이 바위들은 지금으로부터 90여 년 전 일제강점기에 마을 앞을 가로지르는 청주충주 간 도로와 철도가 부설되면서 땅속에 묻혔다.

명암은 울어바위, 우르배, 울어바우, 우레바우 등으로도 불린다. 그리고 이성산에서 동남쪽으로 뻗어 내린 줄기는 명암마을 뒤의 상산봉上山峯을 이루며 그 산꼭대기에서 오른쪽으로는 칠곡산七谷山과 주실산珠實山이 뻗어있다.

증평군 두타산
단군시대에 백성들이 홍수를 피한 산

중국 최고의 지리서 『산해경山海經』의 「해외동경海外東經편」에는 이런 기록이 있다.

"칠년홍수 치산치수 단군신팽우"
七年洪水 治山治水 檀君臣彭虞

지금으로부터 4,300여 년 전 단군檀君이 고조선古朝鮮을 다스리던 시대에 큰비가 오랫동안 쉬지 않고 내려 나라가 너른 바다로 변해버렸다.

그러자 단군은 백성들을 이끌고 가장 높은 산으로 올라가 수난을 피했다. 육지가 모조리 잠기는 대홍수에 그 산의 봉우리 아래도 물에 잠겨 산이 섬같이 보였다고 하여 '머리 두頭'자에 '섬 타陀'자를 써서 그 산을 두타산이라고 불렀다. 두타산은 당시 많은 백성들의 생명을 살려준 산이라 하여 가리도加利島로 불리기도 했다.

두타산頭陀山은 백두대간에서 뻗어 내린 노령산맥의 한 줄기로 해발 448미터, 해발598.3미터, 해발509미터, 해발551미터, 해발520.5미터의 산봉우리들이 군락을 이루면서 진천군과 증평군의 경계를 이룬다. 조선시대 관찬기록들인 『신증동국여지승람』, 『대동지지』, 『여지도서輿地圖書』, 『충청도 읍지』, 『호서읍지湖西邑誌』에는 두타산이 "청안현청安縣廳 서쪽 20리에 위치하며, 진천군과 경계를 이룬다"고 기록되어있다.

두타산에서는 증평평야와 진천평야뿐만 아니라 충청남도 조치원에 이르는 미호천평야까지 한눈에 내려다보인다. 두타산은 금강의 발원지들 중에서 도안면 노암리老岩里 벼루재에서 발원하는 연암천硯巖川, 미암리彌岩里 대지랭이에서 발원하는 자양천紫陽川, 보광산寶光山에서 발원하는 부석천浮石川, 율리栗里의 좌구산座龜山에서 발원하는 삼기천三岐川과 청안천淸安川 등이 합류한 보강천寶崗川을 끼고 있다. 또한 과거에는 배가 진천과 증평 쪽을 넘나들던 고개를 '배넘어고개'로 불렀는데, 오늘날까지도 그렇게 불린다.

두타산 정상에는 돌로 축성된 두타산성이 있다. 산성의 둘레는 913미터, 높이는 1.2미터, 폭은 2.7미터로 남문과 동문지東門址, 남문지南門址를 거느린다. 남문지의 왼쪽에는 적이 침투할 방향을 감안하여 축성한 토루土壘 2기가 있다. 성내에서는 삼국시대의 경질 토기파편들과 고구려 및 통일신라의 토기파편들도 발견되었고, 두 개의 우물터가 지금도 남

삼년산성

아있다.

두타산성은 신라의 장군 실죽實竹이 486년 이찬伊飡에 임명되어 백제 군대를 막기 위해 쌓은 성이라는 전설이 전해진다. 실죽은 보은의 삼년 산성三年山城과 굴산성屈山城을 개축하고 살수지원薩水之原과 우산성牛山城 전투에서 공을 세운 장군이다.

한편 풍수지리설에 따르면 두타산 정상 부근에는 남녀를 합해주는 기氣가 있다고 하여 정상 부근과 그곳에서 뻗어 내린 산줄기의 대봉산 을 비롯한 곳곳에 명당을 찾아 쓴 묘소들이 산재한다.

제 8장

진천군 지역
지명들의 유래

진천군 진천읍 연곡리
삼국통일을 이룬 김유신 탄생지

　진천군 연곡리蓮谷里에 있는 만뇌산萬賴山은 진천군에서 가장 큰 산이다. 충청남도와 충청북도의 도계에 해당하는 이 산은 만노산萬弩山, 금물노산今勿奴山, 금노산今奴山, 금노산今弩山 등 여러 이름으로 불린다. 진천에서 청주 쪽으로 가는 길에는 토석土石마을이 있고 그곳에서 약 10킬로미터가량 떨어진 곳에 유서 깊은 계곡인 연곡이 있다.

　연곡리 일대에는 연곡을 비롯한 많은 유적들이 산재한다. 천안으로 가는 길에는 사충문四忠門이 있고, 진천성암초등학교 앞을 지나서 보이는 산을 오르면 준엄한 바위가 깎아지른 듯이 솟아 병풍처럼 둘러있으며, 다른 한편으로는 병사들이 장창長槍을 들고 서있는 모양을 한 휴암산이 바라보인다.

　연곡을 따라 올라가면 삼국통일을 이룬 김유신이 탄생한 계양桂陽마을이 나온다. 그 마을의 뒷산은 김유신의 태胎를 묻은 곳이라 하여 태령산胎靈山으로 불린다. 태령산 밑에 있는 담안밭으로 불리는 곳은 김유신의 부친 김서현金舒玄이 만노군萬弩郡(지금의 진천)태수로 재직할 당시의 관저로 추측된다. 담안밭 일대에는 관저건물의 흔적으로 보이는 커다란 주춧돌들이 남아있다. 연곡리 주민들은 담안밭을 장군터 혹은 장사터라고도 한다.

　담안밭 근처에는 투구같이 생긴 투구바위가 있고, 그 뒤로 올라가면 연보정蓮寶井이라는 우물터가 보인다. 연보정은 아무리 가물어도 마르는 일이 없고, 근처에는 암벽 사이에서 나오는 약수가 있다. 담안밭에서 조금 올라가면 조그마한 봉우리가 있는데 김유신이 말을 달리던 곳이라

김유신 사당

고 하여 '달릴 치馳'자에 '말 마馬'자를 써서 치마대馳馬臺라고 한다. 옆의 계곡을 따라 올라가면 김유신이 군사들을 모아 훈련시켰던 군자軍資터가 보이고, 조금 더 올라가면 김유신의 효성을 기리는 효자동孝子洞 비석이 서있다. 그곳의 상류는 보련골인데, 그 유역에 연곡분교가 있었지만 지금은 폐교되었다. 그곳은 한때 『정감록鄭鑑錄』을 추종하는 무리들이 피난지로 여겨 찾아들어 화전민생활을 한 적도 있었다. 『정감록』은 나라의 운명과 앞날을 예언한 책으로 그것이 조선시대 조정에 대해 실망을 느끼던 민중들에게 끼친 영향은 지대했다.

실개천을 따라 남쪽으로 형성된 계곡에는 전의全義 이李씨 집성촌인 비선골이 있다. 그곳에는 보물 404호로 지정된 백비白碑가 있다. 아무 글자가 쓰여있지 않은 그 비석 주위로는 도덕봉道德峰, 약수봉藥水峰, 옥녀봉玉女峰, 망해봉望海峰, 국사봉國師峰, 동고봉瞳高峰, 노은봉老隱峰, 수령봉壽齡峰, 서운봉瑞雲峰의 아홉 개의 산봉우리가 있다. 비선골 가운데에는 삼층석탑이 있다.

연곡리의 뒷산 만뢰산은 병자호란 당시 유창국柳昌國과 조감趙瑊 등이 주민들을 지휘하여 청나라군대를 격퇴한 곳으로 지금도 성터가 남아있다. 이운해李運海는 만뢰산에서 오랑캐들을 격퇴한 유창국 등 의병들을 기리는 시를 지었다.

만뢰산萬賴山 _ 이운해

옛 자취 전해주는 의젓한 칠 ㄴ리 성이며
김유신 장군 이후에는 병란 당시 봉기한
유 공(유창국)의 의병이로다.
높고 가파른 만뢰산은 천 길이나 되는데
그 당시 적군을 섬멸한 용맹 길이길이 빛나리.
비바람 따라 멀리 옛 산성을 찾아드니
눈앞에 서린 군봉 병정들이 열을 지은 듯
병란 당시 호성을 섬멸했던 이 고장.
초동들까지도 유 공의 용명을 가리고 있네.

생거진천 사거용인

'생거진천 사거용인生居鎭川 死居龍仁'은 '살아서는 진천, 죽어서는 용인'이라는 뜻을 가진 설화이다. 옛날에 진천 어느 생원의 딸이 용인으로 시집을 가서 아들을 낳고 유복하게 살았지만 남편이 일찍 죽는 바람에 청상과부가 되었다. 생원의 딸의 나이는 한창이었으므로 어린 아들은 시집에 두고 자신은 진천으로 개가했다. 그녀는 새로운 남편과의 사이에서 다시 아들을 낳고 남부럽지 않게 살았으나 용인에 두고 온 아들이 늘 마음에 걸렸다. 용인의 아들도 장성하자 이제나마 어머니를 모시고 곁에서 함께 살려는 마음에 진천으로 찾아와 어머니에게 자신의 소원을 말씀드렸다. 생원의 딸은 내심 기뻤지만 진천에서 태어난 아들은 용인에서 온 아들의 소원을 거절했다. 그러나 용인에서 온 아들은 포기하지 않고 진천원님에게 소장을 내어 문제를 해결해주기를 청했다. 고심을 거듭하던 진천원님은 이렇게 판결을 내렸다.

"무릇 생거진천 사거용인이니, 생전에는 진천에서 모시고 죽어서는 용인에서 제사를 모셔라."

어머니가 살아서는 진천에서 태어난 아들과 함께했으므로 어머니가 죽으면 제사나마 용인에서 온 아들에게 지내라고 한 것이다.

또 다른 일설로는 진천지방은 넓고 비옥한 평야를 가져서 가뭄도 들지 않고 농사도 순조로우므로 살기 좋은 곳이라는 뜻의 '생거진천'으로 불렸고, 용인은 산세가 순후하고 아름다워 사대부가의 산소가 많아서 '사거용인'으로 불렸다고 한다.

예로부터 중국인들은 '생재소항 장우망산生在蘇杭 葬于芒山'이라는 말을 즐겨했다. 이것은 경관이 수려하고 비옥한 소주蘇洲(쑤저우)와 항주杭洲(항저우)에서 살다가 낙양洛陽(뤄양)의 북망산北邙山에 묻히는 것이 제일의 복이라는 말이었다. 이것이 한반도로 들어오면서 생거진천 사거용인이라는 말로 변모했다는 것이다.

진천군은 물산이 풍부했던 진천을 상징하는 '생거'라는 말을 상표로 등록했고 매년 10월이면 생거진천 문화축제를 열고 있다.

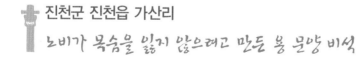

진천군 진천읍 가산리
노비가 목숨을 잃지 않으려고 만든 용 문양 비석

옛날 가산리佳山里의 턱골마을에는 으리으리한 기와집에 너른 땅을 가진 고성固城 이李씨 대감이 살았다. 이 대감이 칠십 노령에 접어든 무렵 열일곱 살 된 집안의 노비는 장가를 들어 신혼의 단꿈에 젖어있었다. 그 어린 노비가 장가든 지 얼마 지나지 않아 이 대감이 시름시름 앓더니 소생하기 어려운 지경에 이르렀다.

그 당시 풍습에는 상전이 죽으면 노비도 같이 순장하는 풍습이 있었으므로 노비는 겁에 질렸다. 대감이 죽으면 자신도 목숨을 잃을 것이 분명했기 때문이다. 그러자 신혼의 노비 부부는 대감마님을 위해서라면 무엇이든 다 하겠으니 목숨만 살려달라고 이 대감에게 애원했다. 노비 부부는 식음을 전폐하며 3일이 넘도록 빌며 이 대감을 지극히 간호했다. 이 대감은 한창의 젊은이들을 풍습 때문에 목숨을 잃게 만들고 싶지 않았다. 이 대감은 노비 부부에게 말했다.

"너희가 나의 묘 앞에 세울 비석을 6개월 안에 만들어오면 너희들을 노비에서 풀어 자유롭게 해주겠다. 그러나 그 비석이 내 마음에 들어야 할 것이다."

노비 부부는 그 즉시 간단한 짐만 꾸려 강원도로 떠나 비석 만드는 데 온 마음과 정성을 쏟았다. 그렇게 6개월 지나고 드디어 귀수와 비신을 지게에 진 남자 노비와 이수를 머리에 인 여자 노비가 이 대감의 집에 돌아왔다. 이 대감이 비석을 보니 너무도 훌륭했다. 그래서 이 대감은 같은 모양의 비석을 하나 더 만들게 하여 묘 양쪽에 세우고 싶은 욕심이 생겼다. 그렇게 용 문양이 새겨진 비석을 한참 바라보던 이 대감은 비석의 머리에 새겨진 용이 물고 있던 여의주를 돌려보니 여의주가 돌지 않았다. 그러자 대감은 노비에게 여의주를 돌게 하라고 명령했다. 그런 주인의 억지스러운 명령에 충격을 받은 노비는 그 자리에서 피를 토하며 죽어버렸다.

자신의 욕심으로 노비가 목숨을 잃었다는 생각에 마음이 편치 않던 이 대감은 자신이 죽고 나서 자신의 묘 앞에 노비의 무덤을 쓰도록 유언했다. 지금도 대감의 묘와 비석 아래쪽에 노비의 묘가 있다.

🪦 진천군 덕산면 두촌리
자신이 재취라는 사실을 알고 운명한 처녀

덕산면 두촌리斗村里 방골마을에 사는 '큰애기'라는 별명을 가진 경주慶州 정鄭씨 처녀가 초평에 사는 경주慶州 이李씨 총각과 결혼하게 되었다. 과거에는 혼인날까지 배우자의 얼굴을 보지 못했던 것이 일반적이었으므로 처녀는 신랑에 대해 정확히 아는 사실이 없었다.

결혼식 날 초례청에 들어선 신부는 떨리는 마음으로 눈을 살며시 들어 신랑의 모습을 훔쳐보았다. 신랑의 얼굴을 수줍은 듯 바라보는 처녀의 시선이 사모로 향하는 순간 신부는 갑자기 졸도하고 말았다. 당연히 사모에 달려있어야 할 뿔이 보이지 않았던 것이다. 자신이 재취로 들어가게 되었다는 사실에 충격을 받은 신부는 결국 건강을 회복하지 못하고 숨을 거두고 말았다.

아름다운 용모에 단정한 행동거지와 착한 마음씨마저 겸비하여 인근 마을에까지 소문이 자자하던 처녀가 숨을 거두었다는 소식을 사람들은 큰애기의 기구한 운명을 안타까워했다. 기쁨으로 가득해야 할 잔칫집은 상갓집으로 변했고 가족들의 울음소리가 담장 밖으로 흘러나왔다. 처녀의 상여가 떠나는 장면을 바라보던 사람들은 너나할 것 없는 탄식이었고 그런 탄식들은 구슬픈 가락이 되어 상여를 좇았다.

진천 방골 큰애기 납채納采를 받고서 죽었다네.

납채 받아 염습하고 잔치 술로 군정軍丁 주네.

진천 방골 큰애기 대사를 지내다 죽었다네.

대사 꽃 보러 왔던 손님 장례 보고 눈물짓네.

진천 방골 큰애기 연지곤지 분 바르고

꽃가마 타고 시집가지 상여 타고 떠나가네.

방골 큰애기를 슬퍼하던 구슬픈 가락은 4백여 년이 지나는 동안 농요農謠를 비롯한 여러 형태의 가락으로 엮어져 전해졌다. 큰애기의 무덤을 방골 앞산 꼭대기에 만들었다고 하여 그 산을 큰애기봉이라고 부르게 되었지만 무덤의 흔적은 찾아볼 수 없다.

제 9장

보은군 지역
지명들의 유래

은혜에 보답한다는 뜻을 가진 보은군
동생들을 죽였다는 죄의식을 벗어난 태종

신라 제20대 왕인 자비왕은 470년(자비 13) 보은읍 동쪽 4킬로미터 지점에 백제의 침략을 막기 위한 산성을 쌓으라고 명했다. 그 산성이 3년 만에 완공되었다고 하여 삼년산성三年山城으로 칭해졌다고 한다. 그 산성이 완공된 470년부터 인근 마을의 이름도 삼년산군三年山郡으로 불렸다는 기록도 전해진다.

보은군報恩郡은 삼국시대 신라의 자비왕 때는 삼년산군, 신라 제35대 왕 경덕왕 때는 삼년군三年郡으로 불렸다. 고려가 건국된 후인 928년(태조 11)에는 보령保齡으로 지명이 바뀌었고 1018년(현종 9)에는 상주에 소속되었다. 보령은 조선시대 제3대 왕 태종이 즉위한 다음인 1406년(태종 6)부터는 보령현保寧縣과 음이 비슷하다 하여 지금의 지명인 보은報恩으로 변경되고 현감이 목민관으로 임명되었다. 1413년(태종 13)에 보은은 경상도에서 충청도 소속으로 바뀌었고 1547년(명종 2)에는 감무監務가 목민관으로 임명되었다.

익안대군 이방의 초상

삼년산군이 '갚을 보報'자와 '은혜 은恩'자로 이루어진 지명을 갖게 된 사연은 정치적인 것이었다. 1392년 조선을 건국하고 왕위에 오른 태조는 슬하에 여덟 왕자를 두었다. 진안鎭安대군 이방우李芳雨, 영안永安대군 이방과李芳果(정종定宗), 익안益安대군 이방의李芳毅, 회안懷安대군 이방간李芳幹, 정안定安대군 이방원李芳遠(태종), 덕안德安대군 이방연李芳衍 여섯 왕자는 신의神懿왕후 한

무안대군 이방번의 묘

韓씨 소생이었고, 무안撫安대군 이방번 李芳蕃과 의안宜安대군 이방석李芳碩은 신덕神德왕후 강康씨의 소생이었다. 태조는 자신이 나라를 건국하고 왕위에 오르기까지 신의왕후 한씨와 그 소생들이 큰 역할을 했다는 것을 잘 알았다. 따라서 그의 왕위를 물려받을 세자를 책봉할 때도 적장자인 맏아들을 선택해야 하는 편이 무리가 없었을 것이다. 그러나 태조는 1391년 신의왕후가 사망하자 자신의 곁을 지키던 지혜로운 신덕왕후 강씨를 매우 총애했고 또 신덕왕후가 그 소생들 중 한 명을 세자로 책봉되기를 바란다는 사실도 잘 알았다. 결국 신덕왕후의 바람대로 태조는 여덟째 아들 의안대군 방석을 세자로 책봉하기로 마음먹었다. 정황이 그렇게 무르익자 개국공신 정도전 일파도 방석을 세자로 옹립하는 데 동조하면서 비밀리에 모의하여 신의왕후의 왕자들을 제거할 계책을 꾸미기 시작했다. 특히 조선건국에 지대하게 이바지했고 문무에도 뛰어났던 다섯째 아들 방원은 정도전 일파가 숙청하고자 하는 제일표적이 되었다. 그러나 1398년(태조 7) 7월 그들의 거사계획을 눈치 챈 방원 편의 무사들이 거사를 미연에 방지함으로써 정도전 일파는 도리어 반란죄로 처형당했고, 유배된 방석은 불행히도 방원의 심복에게 암살당했다.

이 사건이 이른바 제1차 왕자의 난이다. 형제의 목숨을 빼앗은 이 참사 이후 조선의 제2대 왕위는 태조의 둘째 아들 방과에게로 넘어갔다. 그리고 제3대 왕위에 즉위한 태조의 다섯째 왕자 방원 즉 태종은 왕위를 둘러싸고 형제들이 벌인 권력다툼의 참담한 기억이 가슴 속에 뼈저리게 남아 잊지 못했다. 태종은 특히 조신朝臣세력들이 저마다 다른 왕자를 지지하는 와중에 유배지로 가던 신덕왕후 강씨의 두 왕자가 자신을 지지하는 무리들에 의해 무참히 살해되었다는 사실에 대한 죄의식 때문에 괴로워했다. 그러던 태종은 왕위에 등극한 지 3년이 되던 해 시자侍者를 시켜서, 신라 때부터 명찰로 이름난 속리산 법주사에서 억울하게 살해된 방번과 방석의 원혼을 달래는 천도불사를 크게 벌여 위로했다. 그 후 항상 마음속에 도사리던 죄의식과 두려움이 말끔히 가시자 태종의 크게 감탄하며 기이하게 생각했다. 그러다가 1406년(태종 6) 지방행정 구역을 대대적으로 조정하면서 충청도에 보령이라는 지명이 두 개가 있어서 중복되므로 둘 중 하나를 개명할 필요성이 지적되자 '갚을 보報'자와 '은혜 은恩'자로 이루어진 보은으로 칭하라고 하명했다는 것이다.

풍진세상을 뒤로하고 속리산을 찾은 사람들

속리산俗離山은 예로부터 조선팔경朝鮮八景에 꼽힐 만큼 수려한 경치를 자랑하는 명산이다. 해발1057미터의 영봉靈峰과 영봉이 잇닿는 속리산의 경치에 감탄한 고운孤雲 최치원崔致遠은 통일신라 말기인 886년(헌강 12) 속리산 묘덕암에서 시 한 수를 지었다.

도는 사람을 멀리하지 않는데 사람은 진리를 멀리하려 하는구나.
道不遠人 人遠道 도불원인 인원도

산은 세속을 여의지 않았는데 세속이 산을 여의려 하는구나.
山非離俗 俗離山 산비리속 속리산

일연一然이 저술한 『삼국유사三國遺事』의 「관동풍악발연수석기關東風岳鉢淵藪石記」에는 원래는 아홉 개의 봉우리를 가졌다 하여 구봉산九峰山으로 불리다가 지금의 속리산으로 불리게 된 연유가 기록되어있다.

속리산

　신라시대의 고승 진표眞表율사가 776년(혜공 2) 전라북도 김제군 금산
사金山寺에서 높이 1장6척에 달하는 미륵장륙상彌勒丈六像을 주조하여
봉안하고 구봉산으로 가는 길이었다. 진표율사는 도중에 소달구지를
타고 지나던 사람을 보았다. 달구기를 끌던 소들이 갑자기 주인의 말을
듣지 않고 진표율사 앞으로 와서 무릎을 꿇고 울기 시작했다. 이해할
수 없는 상황에 소의 주인은 달구지에서 내려 진표율사에게 까닭을 물
었다.

　"이 소들이 어째서 스님을 보고 우는 것입니까? 스님은 어디에서 오
신 분입니까?"

그러자 율사가 답했다.

"나는 금산사의 진표라는 승려이오. 내가 변산邊山의 사찰 불사의방 不辭議房에 들어가 미륵과 지장 두 보살 앞에서 친히 계법과 진생眞栍을 받아 절을 짓고 오래 수도할 곳을 찾아서 오는 길입니다. 이 소들은 겉으로는 어리석으나 속으로는 현명하여 내가 계법을 받은 것을 알고 꿇어앉아 우는 것입니다."

진표율사의 말을 듣고 큰 깨달음을 얻은 소의 주인은 낫을 들더니 스스로 머리카락을 자르고 제자가 되기를 청했다. 진표율사는 그의 마음을 받아들여 그의 산발이 된 머리카락을 단정히 깎아주고 계법을 전수했다. 그렇게 함께 길을 떠난 그들이 속리산 골짜기에 이르러 길상초吉祥草를 발견하자 그 자리를 표시해두고 다시 명주溟州(지금의 강릉江陵)를 거쳐 금강산에 가서 발연사鉢淵寺를 창건했다. 발연사는 발연암鉢淵庵 또는 발연수鉢淵藪로도 칭해진다.

그렇듯 소달구지 탄 사람이 진표율사 덕분에 세속을 여의고 지극한 불심佛心을 지니고 입산한 곳이 바로 '세속 속俗'자와 '여일 리離'자로 이루어진 속리산이라는 지명을 얻었던 것이다. 속리산은 구봉산이라는 지명 외에도 광명산光明山, 지명산智明山, 미지산彌智山, 형제산兄弟山, 소금강산小金剛山, 자하산紫霞山으로도 불려왔다.

한편 진표율사는 영심永深 등의 제자들에게 속리산으로 들어가 길상초가 난 자리를 택하여 가람을 지어 교법을 펼치라고 일렀다. 제자들은 스승의 말대로 속리산으로 들어가 길상초가 난 곳을 찾아 길상사吉祥寺를 세웠다. 또한 법주사法住寺도 자리한 속리산은 태백산太白山에서 뻗어 나온 소백산맥에 속한 큰 산으로서 보은군, 괴산군, 상주시의 접경지역에 걸쳐있다. 속리산을 구봉산으로도 부르게 만든 아홉 봉우리들은 천황봉天皇峰, 비로봉毘盧峯, 길상봉吉祥峰, 문수봉文殊峰, 보현봉普賢峰, 관음봉觀音峰, 묘봉妙峰, 수정봉水晶峰, 문장대文藏臺이다. 또한 속리산에 있는 여덟 석문들은 내석문內石門, 외석문外石門, 상환석문上歡石門, 상고석문上

庫石門, 상고외석문上庫外石門, 비로석문毘盧石門, 금강석문金剛石門, 추래석문墜來石門이고, 여덟 대臺들은 입석대立石臺, 문장대文藏臺, 경업대慶業臺, 배석대拜石臺, 학소대鶴巢臺, 은선대隱仙臺, 봉황대鳳凰臺, 산호대珊瑚臺이다.

마야부인과 선덕여왕이 피난한 입석대

보은군 내속리면 사내리寺內里 법주사에서 동쪽으로 약 5.5킬로미터 떨어진 지점에는 해발1,000미터 산정에 입석대가 있다. 그곳은 608년(진평 30)에 신라 진평왕의 왕비 마야摩耶(또는 麻耶)부인과 왕녀 덕만德蔓, 왕자 법승法昇이 피난하여 매일 아침 부왕이 있는 서라벌을 향해 예를 올린 곳이라고 한다.

입석대는 그 밑에 쇳조각이 깔려있어 사람이 세운 듯이 보인다. 하지만 그것의 둘레가 길고 높이도 높아서 수백 명이 한꺼번에 움직이려 해도 움직이지 않으므로 입석이 세워진 방법은 확인할 수 없다.

신라 진평왕의 첫 왕비 마야부인 김金씨의 이름은 복힐구福肹口로 복승갈문왕福勝葛文王의 딸이다. 진평왕은 승만僧滿부인 손孫씨를 후비로 두었으나 왕자를 낳지 못했다. 그래서 신하들은 진평왕이 마야부인과의 사이에서 낳은 맏딸 덕만을 신라 제27대 왕위에 옹립했는데, 그렇게 왕위에 오른 덕만이 바로 선덕善德여왕이었다.

선덕여왕은 635년(선덕 4) 당나라에 사신을 보내 주국낙랑군공신라왕柱國樂浪郡公新羅王에 책봉되었다. 선덕여왕은 638년 칠중성七重城을 공격한 고구려군대는 성공적으로 격퇴했지만, 642년(선덕 11) 신라를 공격한 백제의 의자왕에게는 서부지역 40여 성을 빼앗겼다. 이어서 백제가 고구려와 모의하여 당항성唐項城을 빼앗아 신라와 당나라의 교역로를 두절시키자 선덕여왕은 당나라에 도움을 호소했다. 급기야 백제에게 대야성大耶城마저 빼앗긴 선덕여왕은 고구려에 원군을 요청했지만 거절당했다. 이듬해에도 고구려와 백제의 침공이 계속되자 선덕여왕은 당태종에게 다시 원병을 간청했다. 하지만 당나라의 원군이 신라에 도착했을 때는 신라가 백제에게 서부지역 7성을 이미 빼앗긴 뒤였다.

647년(선덕 16) 비담毗曇과 염종廉宗 일파가 선덕여왕의 무능을 빌미로 모반을 일으켰으나 곧 진압되었다. 그해 하세한 선덕여왕의 능은 낭산狼山에 있다.

선덕여왕은 외적을 막는데는 실패했을지 모르나 내정에서는 선정을 베풀고 민생구휼사업에 힘썼다. 또한 당나라문화를 수입하여 자장慈藏율사를 통해 신라에 불법佛法을 도입하고 황룡사皇龍寺 구층탑九層塔과 첨성대를 건립하는 등의 업적을 남겼다.

명장 임경업의 땀 냄새가 밴 경업대

입석대 좌측 아래쪽에 있는 경업대는 조선 인조 때 임경업林慶業 장군이 독보獨步대사를 모시고 무술을 연마하는 수련도장으로 삼았던 곳이다. 경업대 바로 옆에는 뜀금바위가 있는데 그 명칭은 임경업이 그 바위를 뛰어넘는 훈련을 했다고 하여 붙여진 것이다. 임경업이 수련하며 머물던 토굴 아래 흐르는 냇물은 장군이 마시던 물이라 하여 장군수將軍

水라고 불린다. 장군수가 몸에 효험이 있다고 알려져서 찾는 관광객들도 많다.

독보대사는 명나라 출신으로 어려서부터 매우 영민했고 묘향산妙香山에서 승려가 되어 불법을 닦았다. 그는 청나라가 일어나 명나라에 대적할 때 강동을 지키던 명나라 도독都督 심세괴沈世魁 휘하에 있었다. 심세괴가 사망하자 그는 강남으로 가서 좌도독 홍승주洪承疇 휘하에 있었다. 청나라군대가 북경을 침범하려 하자 적정을 정탐하던 독보는 압록강 근처에서 조선군대에 붙잡혀 절도사 임경업에게 이송되면서 인연을 맺게 되었다. 얼마 지나지 않아 독보는 최명길에게 압송되었다. 그러나 때마침 병자호란이 일어났고 조선조정은 명나라에 소식을 전할 사람을 찾았고 독보가 천거되었다. 1639년(인조 17) 독보는 사신자격으로 명나라로 가서 청나라군대가 한양을 함락했다는 소식을 알렸다. 그때 독보는 명나라 황제로부터 여충麗忠이라는 호를 받았다.

1642년(인조 20) 명나라로 귀국한 독보는 다량의 상품을 받았고 명나라 홍승주 휘하로 다시 들어갔다. 홍승주가 청나라에 항복하자 독보는 임경업 휘하에서 명나라를 왕래하며 연락책을 맡았고, 명나라가 멸망한 뒤에는 임경업과 함께 북경으로 잡혀가 옥살이를 했다. 그 후 조선으로

▶ 임경업 장군묘소
▼ 임경업 장군 초상

돌아온 독보는 간신의 모함을 받아 울산蔚山에 유배되었다. 독보의 속명은 중헐中歇이다.

생김새대로 이름을 얻은 속리산 걸방바위

임경업이 속리산에서 7년간 수도할 때의 일이다. 임경업은 바위를 질빵(걸빵)으로 져서 옮기는 수련을 했다고 한다. 그 바위에는 걸빵자국이 남아있다. 걸빵의 발음이 순화되면서 지금의 걸방바위가 되었다.

걸방바위라는 이름이 생긴 또 다른 사연도 전한다. 옛날 금강산에 일만이천 봉우리가 모일 때 그 바위도 금강산으로 가는 길에 지금의 자리에서 휴식하며 속리산 경치를 구경하다가 늦어져서 속리산에 머물게 되었다고 한다. 마치 금강산으로 가다가 강원도 설악산 경치에 매료되어 설악산에 머물고 말았다는 울산바위처럼 속리산 걸방바위도 먼 곳에서 보면 곧장 아래로 굴러 내릴 것처럼 보인다.

걸방바위는 지금의 보은군 내속리면 사내리 수정동 속리산에 있다.

풍수지리설의 오묘함을 보여주는 수정봉 거북바위

법주사 서편에 가장 근접한 수정봉水晶峰 정상에는 넓고 편편한 큰 바위가 상하 두 계단으로 잇대어있다. 100여 명이 동시에 앉아 즐길 수 있을 만큼 커다란 이 바위에서는 법주사 일원의 전경을 한눈에 편안히 즐길 수 있다. 바위 위쪽에는 거북 모양의 자연석이 있는데, 그 바위의 거북머리가 중국 쪽을 향하고 있다는 데서 비롯된 전설이 전해진다.

어느 날 당태종이 세수를 하려는데 세숫물에 큰 거북의 그림자가 비쳤다. 이상히 여긴 당태종은 신통하기로 유명한 도사를 불러 자신이 아침에 겪은 기이한 일에 관해서 물었고, 도사가 대답했다.

"신라 삼년산군(지금의 보은)의 명산에 거북 모양의 큰 바위가 있습니다. 그 바위의 생김새 때문에 중원中原(당나라)의 재화가 동국으로 가고 있으니 거북 모양의 바위를 없애도록 하십시오."

당태종은 곧 신라의 속리산으로 사람을 보내어 거북 모양의 바위를 없애라고 명했다. 신라로 들어와 속리산의 곳곳을 헤매다 수정봉에서 거북바위를 발견한 당나라첩자는 거북바위의 목을 잘라버렸다. 그러고도 안심하지 못한 첩자는 거북바위의 등에 해당하는 자리에 10층 석탑을 쌓아 거북의 정기를 눌렀다고 한다. 그리하여 목이 끊기고 탑에 짓눌린 거북바위가 되고 말았다.

조선 중기 1653년(효종 4) 옥천沃川군수 이두양李斗陽은 승려 충섭에게 명하여 거북의 머리를 다시 붙이도록 일렀다. 1665년(현종 2)에는 충청도 병마절도사 민진익閔辰益이 승려로부터 거북바위에 얽힌 이야기를 전해 들었다. 속리산 수정봉에 올라 탑을 본 민진익은 당나라첩자가 세웠던 탑을 헐어버리라고 수하들에게 명했다. 지금도 거북바위의 등에는 탑을 세웠던 흔적이 남아있고, 법주사 방향의 수정봉 중턱에는 파손된 탑신들이 보인다.

수정봉이라는 지명도 풍수지리설에서 비롯되었다고 한다. 모든 건물이 목재로 지어진 법주의 남쪽에 있는 남산南山은 화기火氣가 있는 곳이다. 남산의 화기 때문에 화재가 발생할 것을 우려한 법주사는 뒷산의 이름에 수성水性을 가진 '수정'을 붙여서 남산의 화기를 눌렀다고 한다.

세조가 말을 바꿔 탄 말티고개

보은을 지나 속리산으로 가는 해발800m의 꼬불꼬불 열두 굽이나 되는 가파른 고갯길은 말티고개 또는 마치馬峙라고 불린다. 말티고개는

속리산의 관문이라고 할 수 있는 고개
이다. 고려의 태조가 속리산으로 행차
할 때 처음 닦은 길이라고 하며, 조선
의 세조가 행차할 때 얇은 돌을 깔았
다고 하여 박석薄石재라고도 불린다.
1966년 박석재의 포장공사가 이루어

말티재

졌는데 옛 도로의 흔적이 보였다고 한다.

  말티고개라는 지명은 속리산으로 행차하려면 고갯길들을 연달아 넘
어야 했기 때문에 말을 바꿔 타는 고개라 하여 붙여졌다. 세조가 속리
산으로 행차할 때도 장안면 장재리壯才里에서 먼저 말을 바꿔 타고 고개
를 넘었고 이어서 속리산면 갈목리葛目里 고개 아래 마을에서 다시 말을
바꾸어 탔다고 전해진다.

보은군 피발령
어질고 지혜로운 오리대감 이원익

  오리梧里대감으로 유명한 이원익李元翼이 경주부윤으로 부임했을 때
의 일이다. 경주로 가려면 한양을 떠나 청주에서 회인을 경유하여 보은
을 지나쳐야 했다. 이원익이 한양을 떠나 청주에 도착하니 경주의 호장
이 네 사람이 메는 가마 사인교四人轎를 가지고 마중을 나와 있었다. 그
때는 음력 6월로 더운 한여름이라서 가마를 메고 걷는 가마꾼들도, 가
만히 따라 걷는 호장도, 가마를 타고 가는 이원익도 대단히 고역이었다.
모두가 땀에 젖어 불볕더위를 참으며 힘겹게 행차를 하고 있었다. 그런

경기도 광명시 이원익 신도비

데 청주를 떠난 지 한나절쯤 지났을 무렵 그들 앞에 높고 험한 고개가 나타났다. 더위에 지친 호장은 키마저 매우 작은 신임 사또를 보자 더욱 심술이 났다. 난쟁이를 면할 만한 작은 키의 사또가 가마 위에서 여유 있게 부채질하면서 좌우의 산천을 둘러보는 모양이 괜히 거드름 피우는 듯이 느껴진 것이다. 그런 이원익을 시험해보고 싶어진 호장은 고개 밑에 이르자 가마를 멈추게 하고 이원익 앞으로 나아가 허리를 굽히며 말했다.

"사또, 이 고개는 삼남지방에서 제일 높은 고개로, 가마를 타시고 고개를 넘는다면 가마꾼들이 피곤하여 회인에 도달해서는 삼사 일은 유숙해야 할 것입니다."

부임지에 도착하는 날짜가 늦어지는 만큼 처리해야 할 업무도 밀릴 것이니 이원익에게는 하루속히 경주에 당도해야 한다는 마음밖에 없었다. 그렇게 바쁜 마음에 지체할 수 없으니 걸어서라도 고개를 넘기로 결심한 이원익은 성큼성큼 걸어서 고개를 넘기 시작했다. 그런데 호장과 가마꾼들의 낌새를 이상하게 여긴 이원익이 슬쩍 돌아본 호장의 얼굴은 슬며시 히죽거리며 웃고 있었다. 호장이 장난친다는 사실을 알아차린 이원익은 괘씸하여 걸음을 멈추고 따라오는 호장에게 말했다.

"너와 나는 신분이 다르거늘! 내가 걷는데 어찌 너도 걷는단 말이냐? 너는 마땅히 고개를 기어서 넘어야 할 것이라."

이원익의 지엄한 호령을 들은 호장과 가마꾼들은 꼼짝없이 손과 무릎을 발로 삼아 험한 고개를 오를 수밖에 없었다. 고갯마루에 오르고 보니 그들의 손과 무릎이 온통 피투성이가 되었다. 그렇듯 고개를 피발

血足이 될 정도로 힘겹게 넘었다고 하여 피발령이라는 지명이 생겼다고 한다. 피발령은 청주에서 회인을 경유하여 보은으로 오는 국도의 청원군과 보은군 경계에 있는 고개이다. 피발령은 그 지명을 한자로 표기하면서 피반령皮盤嶺이 되었다.

그토록 어렵사리 회인에 도착한 이원익 일행이 하루를 쉬고 이튿날 보은으로 오는 길에 다시 험한 고개를 만났다. 호장은 전날처럼 이원익이 고개를 기어서 넘으라고 할까봐 무서워 나무를 베어 만든 수레 위에 사인교를 올려 이원익을 앉히고는 고개를 넘었다고 한다. 그 고개는 회북면과 수한면의 경계에 있는데, 이원익이 수레로 넘은 고개라 하여 수리티재라고 불렸고 한자로는 차령車嶺으로 표기되었다.

오리대감 이원익은 조선시대 선조宣祖, 광해군光海君, 인조 세 임금을 보필하면서 영의정을 역임했다. 대쪽 같은 천성을 타고난 이원익은 자신의 할일에만 집중할 뿐 자신을 남에게 알리려고 애쓰지 않았고 남들과 번잡스럽게 어울리기도 좋아하지 않았다. 그는 공무에 관한 모임을 제외한 어떤 모임에도 나오지 않았으므로 그를 아는 이가 극히 드물었으나 유성룡柳成龍만은 이원익의 비범함을 알고 존경했다. 이원익은 또한 천성만큼이나 검소해서 태종의 왕자 익녕군益寧君 이이李袘의 4세손에다가 오랫동안 정승을 지냈어도 비바람마저 피하기 힘들 정도로 쓰러져가는 초가집에서 끼니도 변변히 잇지 못했고 병들었을 때도 약 한 첩 쓸 여유가 없었다고 한다.

이원익은 1547년(명종 2) 태어나서 1569년(선조 2) 문과에 급제하여 승문원에 재직하다가 1573년(선조 6) 성균관전적으로 성절사 질정관이 되

유성룡 초상

어 하사 권덕여權德輿를 따라 명나라에도 다녀왔다. 이듬해에는 예조랑에서 천거되어 황해도사가 되어 인망을 얻었다.

이원익 초상

율곡栗谷 이이李珥가 황해감사로 부임했을 때 이원익이 일을 분명하게 처리하는 모습을 본 이이는 한양으로 돌아간 뒤 그를 천거했다. 그리하여 이원익은 1576년 정언에 임명되었고 1578년에는 옥당에 들어갔으며 1583년(선조 16)에는 승지가 되었다. 그러던 어느 날 왕자사부 하낙河洛이 승정원에서 왕의 총명을 흐리게 한다고 상소하자 이원익이 그 책임을 지고 파면되었다. 그 후 대사헌에 임명된 이원익은 1592년(선조 25) 임진왜란이 일어나자 이조판서로서 평안도도순찰사를 겸임하며 선행하여 선조를 맞이했다. 평양수비에 실패하자 이원익은 정주定州로 가서 흩어진 군사를 규합하여 정헌대부 겸 관찰사 겸 순찰사가 되어 대동강 서편 방어에 성공했고, 이듬해에는 명나라제독 이여송을 도와 평양을 회복했다. 그해 우의정에 오른 이원익은 사도도체찰사를 겸했다. 그러나 이이첨李爾瞻 일파의 공격을 당하던 유성룡을 변호하다가 병을 이유로 사직했다. 이원익은 1600년(선조 33) 다시 소환되었고 1604년(선조 37)에는 비로소 호성공신扈聖功臣에 책록되었고 완평完平부원군에 책봉되었다.

이원익은 광해군이 즉위한 뒤에는 영의정에 올랐다. 그러나 왕대비의 폐위를 반대하다가 홍천洪川으로 귀양을 갔다. 그러다가 1623년의 인조반정仁祖反正 이후 영의정으로 다시 복권되었다. 선조의 계비 인목仁穆대비는 한사코 광해군을 죽이고자 했고 모든 공신도 찬성했으나 이원익은 인목대비에게 끝까지 간청하여 광해군의 목숨을 구했다. 이원익은 또한 공물을 쌀로 통일하는 대동법大同法을 시행하는 데 일역을 담당했다.

1634년(인조 12) 하세한 이원익의 자는 공려功勵, 호는 오리梧里, 시호는 문충文忠, 본관은 전주全州이고 인조의 사당에 함께 모셔졌다.

한편 피발령에는 또 다른 전설이 전해진다. 피발령을 넘어 회인으로 가는 고개 아래에는 오동梧桐마을이 있고, 그 마을을 지나 2리쯤 가면 고석리高石里로 가는 갈림길이 부근에 있는 '사근다리'의 이름도 피발령 전설에서 유래했다.

임진왜란 때 원군으로 조선에 온 명나라장군 여송은 풍수지리에 밝은 사람이었다. 그가 조선의 산천을 보니 정기가 빼어나므로 훌륭한 인물이 많이 배출되리라고 예상되었다. 만일 조선에 많은 인재가 나면 명나라에 좋을 것이 없었으므로 이여송은 조선의 산맥들을 잘라 지맥의 흐름을 끊고자 했다. 전쟁이 끝나고 명나라로 귀국하는 길에 다시 피발령을 넘게 된 이여송은 정기가 특출한 맥을 골라 군사들에게 산허리를 끊도록 명했다. 명나라군사들이 산허리를 자르자 시뻘건 피가 쏟아져 나왔다. 그 피는 내를 이루어 지혈이 끊긴 곳에서 10리나 되는 지점까지 흘러갔다고 한다. 이여송이 끊은 지맥에서 피가 쏟아진 고개가 피반령이라고 불리게 되었고, 피가 삭아 없어진 곳은 사근다리라고 불리게 되었다.

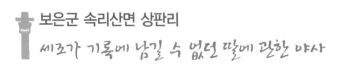

보은군 속리산면 상판리
세조가 기록에 남길 수 없던 딸에 관한 야사

야사의 기록을 보면 조선 제7대 왕 세조에게는 하성河城 부원군 정현조鄭顯祖에게 하가한 의숙懿淑공주 외에 딸 한 명이 더 있었다고 한다. 그 딸은 어려서부터 매우 슬기롭고 영리하여 사람들의 귀여움을 독차지하며 자랐다. 1455년 세조가 김종서 등 여러 대신을 죽이고 마침내 단종까지 몰아낸 뒤 왕위에 오르자 공주는 몹시 마음 아파하면서 세조에게 여쭈었다.

"부왕마마, 어린 임금이 가엽지 않으십니까? 또 어찌 어진 신하들을 모두 죽이시나이까?"

그러나 왕권강화와 자신의 야망을 위해 신하들을 처단한 세조에게 한낱 어린 딸의 말이 의미 있게 들릴 리가 없었다. 이듬해 일어난 단종 복위운동의 여파로 1457년(세조 3) 세조가 성삼문成三問 등 충신들을 죽이고 어린 단종까지 영월寧越로 내쫓아 시해하자 공주는 비통한 마음을 금치 못하며 재차 간했다.

"아바마마, 어쩌자고 충신들을 참혹하게 죽이시고 죄 없는 어린 상왕마저 살해하시나이까? 후세 사람들이 아바마마를 어떻다 하겠사옵니까?"

아버지의 잘못을 탓하며 하염없이 눈물을 흘리는 공주의 모습을 보고 분노한 세조는 딸에게 사약을 내리라고 명했다. 그 사실을 알게 된 정희貞熹왕후 윤尹씨는 세조에게 달려가 어찌 어린 자식의 말 한마디에 죽이라고 명할 수 있느냐며 살려달라고 애원했다. 그러나 이미 마음이 돌아선 세조의 고집을 꺾을 수는 없었다. 생각다 못한 정희왕후는 금은 패물들을 싸서 유모에게 전하며 공주를 데리고 조정에서 찾을 수 없을 곳으로 가서 숨어 살라고 부탁했다.

공주와 유모는 남자의복으로 변장하고 몰래 대궐을 빠져나왔다. 하지만 구중궁궐 안에서만 살던 그들에게 세상은 너무 낯선 장소였다. 그들은 앞이 막막했으나 낮에는 숨고 밤이면 발길 닿는 대로 걷기를 멈추지 않고 보은까지 이르렀다. 지친 발을 끌다시피 하며 걷던 두 사람은 걸음을 더는 옮기지 못하고 큰 소나무 아래 주저앉았다. 그때 마침 나무를 한 짐 지고 오던 나무꾼 한 명도 얼마 떨어지지 않은 그늘에 짐을 받쳐놓고 쉬었다. 그들은 대화를 나누면서 서로를 유심히 바라보았다. 공주 일행은 분명 남자옷차림이었지만, 공주가 변장한 젊은 나그네의 작은 체구와 아름다운 얼굴선이나 유모가 변장한 중년 나그네의 음성은 여성의 것들과 흡사했기 때문이다. 나무꾼은 무슨 생각을 했던지 두 나그네에게 오늘은 날도 저무는데 인가가 있는 곳까지는 한참을 걸어야 하므로 가까운 자신의 집에서 하루 묵고 떠나라고 청했다. 두 나그네는 지칠대로 지쳤고, 또 나무꾼의 말씨와 믿음직스러운 태도를 보며 예사인물이 아니라는 생각도 들었다. 더구나 그 나무꾼이 깊은 산 속 외딴집에서 혼자 사는 남자라고 생각하니 두 나그네는 겁도 나고 의심도 생겼다. 그래도 나무꾼은 공손한데다가 따뜻함이 느껴졌고 두 나그네는 남장까지 했으니 나무꾼의 말을 따르기로 했다. 두 나그네를 깊은 산중 바위 밑에 자리한 움집으로 안내한 나무꾼은 두 나그네에게 밥을 지어 먹이고 피로에 지친 몸을 쉬게 했다. 두 나그네는 하루만 묵고 길을 떠날 예정이었으나 이튿날 아침 피로가 겹친 공주가 병이 나자 떠나지 못하고 며칠을 더 묵게 되었다. 하루 이틀 시간이 지나는 동안 두 나그네의 모습을 지켜보던 나무꾼은 그들이 여인들이라는 것을 눈치 챘다. 나무꾼을 신뢰하던 유모는 어느 날 나무꾼에게 말했다.

"우리는 본시 한양의 대갓집 아녀자들이온데 큰 화를 당해 변장하고 숨어 다니는 중입니다. 다행히 당신같이 좋은 분을 만나 사실을 밝히오니 제발 숨겨주시고 목숨만 살게 하여주시기 바랍니다."

목 메인 소리로 호소하는 유모의 말을 듣는 나무꾼도 눈물을 글썽이더니 말했다.

"저 역시 두 분과 같은 처지입니다. 화를 피하여 이 외딴곳에 들어와 사는 중인데, 저와 같은 두 분을 만난 것을 어찌 인연이라 하지 않겠습니다. 두 사람은 일이 해결될 때까지 걱정 말고 이곳에서 지내도록 하십시오."

그렇게 세 사람은 한 집에서 기거하게 되었고 젊은 남녀는 자연스럽게 정이 들었다. 드디어 여생을 함께하기로 약속한 남녀는 날을 택하여 맑은 냉수를 떠놓고 성례를 올리고 부부의 연을 맺었다. 부부가 된 남녀는 서로의 신분을 더는 숨기지 말고 그간에 차마 서로에게 말하지 못했던 사연을 털어놓자고 했다. 한숨과 눈물 속에 공주의 이야기를 다 듣고 난 남편은 갑자기 일어나 아내에게 두 번 절을 하고는 목 메인 소리로 자신의 신분을 밝혔다.

"처음부터 귀인이신 줄은 짐작했습니다만 참으로 이럴 줄 몰랐습니다. 이 사람은 바로 절재節齋 김종서 대감의 둘째 손자올시다. 집안이 온통 망하고 가족이 모두 살해될 때 하인의 도움으로 도망쳐 이곳으로 숨어들 수 있었습니다."

공주는 깜짝 놀랐다. 비록 원수의 자녀들로서 맺어진 부부였으나 사랑하는 그들의 마음은 변함이 없었다. 그들이 실로 꿈같은 현실에서 단란한 시간을 보내는 동안 세월은 꿈같이 흘러갔다. 몇 년이 흐르는 동안 그들은 귀여운 아들딸을 낳았다. 세상의 경계심이 차츰 누그러지자 그들은 공주가 궁에서 가져온 보물을 팔아 마을로 내려갔다. 그들은 집과 땅도 사고 뒷산 골짜기에는 숯 굽는

김종서 집터(서울 중구 순화동)

가마를 만들어 구운 숯을 보은읍내에 가져가 팔아서 생활을 영위했다.

한편 세조는 왕위에 오른 뒤 원인 모를 피부병으로 괴로움을 겪어야 했다. 피부병을 치료하기 위해 전국의 명산대찰을 찾아 기도를 올리던 세조의 행차는 속리산까지 이어졌다. 공주 가족이 사는 집은 속리산 초입 길목의 정이품송 근처 마을이었는데, 왕이 행차한다는 소문은 금세 온 마을에 퍼졌다. 공주 가족의 집은 마을 초입에 있었으니 세조가 행차하는 길목이었다. 공주 내외는 여섯 살 아들과 네 살짜리 딸에게 꼼짝하지 말라고 일렀다. 그러나 세조가 마을 앞 큰 소나무 아래 행차를 멈추고 휴식할 때 동네아이들이 일제히 몰려가서 구경하며 웅성거리자 어린 두 남매도 호기심을 못 이겨 밖으로 나와 세조를 구경하기 시작했다. 무심히 아이들을 둘러보던 세조는 맨 앞줄에 서있는 어린 두 남매를 발견하자 흠칫했다. 그 생김새가 다른 아이들보다 훨씬 돋보이는데다 옛날에 사라져버린 딸의 얼굴과 흡사했기 때문이다. 세조는 혹시나 하는 마음에 측근의 신하를 불러 두 아이의 집을 알아보도록 지시했다. 그리하여 두 남매의 집을 알게 된 세조는 이튿날 평복을 하고 두 명의 신하만 거느린 채 그 집 앞에 당도하여 물을 얻어오게 했다. 물을 청하는 소리에 문틈으로 밖을 내다본 공주는 아버지가 문 앞에 서있는 모습을 보고 깜짝 놀랐다. 공주는 뒷문을 통해 숯 굽던 남편을 찾아가 사실을 알리고 아이들과 함께 산을 넘어 도망하고 말았다.

조금 전까지만 해도 인기척이 있었는데 신하가 아무리 물을 청해도 대답이 없으므로 의심스러운 마음에 문을 열어보니 뒷문이 열려있고 사람의 흔적은 보이지 않았다. 사라진 가족을 분명한 역적의 무리로 생각한 신하는 세조를 급히 모시고 돌아갔다. 그리고 곧장 군사를 이끌고 마을에 진을 친 뒤 군사를 풀어 수색했다. 세조는 자신의 딸이 숨어 살

앉음을 알았으나 차마 발설하지 못했고, 다행히 군사들은 그 가족을 붙잡을 수 없었다.

그 후로 군사가 진陳을 친 마을은 그 사연대로 '진터'라고 불렸고, 숯 굽던 가마가 있던 산골짜기는 가마골이라 불렸다. 진터는 보은군 속리산면 상판리上板里 천연기념물인 정이품송이 있는 곳 인근 마을이고 가마골은 그 마을에서 동쪽으로 들어간 산골짜기를 일컫는다.

돌이키지 못할 죄인 세조가 온양 가는 길에 만난 소나무

세조가 어린 조카 단종을 영월로 유배시키고 무참히 살해한 후 어느 날 용상에서 낮잠을 잘 때였다. 세조의 꿈에 단종의 어머니이자 자신의 형수인 현덕賢德왕후가 나타나 노기 띤 얼굴로 세조를 한참 노려보더니 말했다.

"네가 내 아들을 죽였으니 나는 네 아들을 잡아가겠다."

그리고 왕후는 사라졌다. 가위에 눌리던 세조가 겨우 꿈에서 깨어 몸을 일으키니 온몸은 땀에 흥건히 젖어있었다. 세조가 언짢은 마음에 가만히 앉아있는데 맏아들 도원挑源대군이 죽었다는 전갈이 왔다.

도원대군은 세조가 왕위에 오른 뒤 세자로 책봉된 아들이었다. 도원대군은 서원西源부원군 한학韓鶴의 딸 소혜昭惠왕후와 혼인하여 월산月山대군과 성종成宗을 낳았으나 불과 20세의 나이로 요절한 것이다. 도원대군의 초위는 숭崇, 휘는 장暲, 자는 원명原明, 시호는 의경懿敬이다. 성종은 왕위에 오른 뒤 아버지 도원대군을 덕종德宗에 추존했다.

도원대군의 요절을 현덕왕후의 복수라고 믿은 세조는 즉시 현덕왕후의 능을 파헤치라고 명했고 왕후의 능을 평민의 무덤처럼 만들어버렸다. 그날 저녁 잠자리에 든 세조의 꿈에 다시 나타난 현덕왕후는 가만히

▲ 한확묘소(경기 남양주)
▶ 한확선생 신도비(경기 남양주)

노려보더니 세조에게 침을 뱉으며 사라졌다고 한다.

그 이튿날부터 세조의 몸에는 종기가 나서 곪기 시작하더니 날이 갈수록 온몸으로 퍼져 나갔다. 세조는 의원을 총동원하고 전의감을 통해 온갖 좋다는 약으로 갖가지 치료를 다했으나 허사였다. 자신의 병을 약으로는 치료가 어렵다고 판단한 세조는 부처에게 의탁해 병을 고치는 방법밖에 없다는 절박한 심정으로 명산대찰을 찾기 시작했다. 여러 산과 사찰을 찾아 요양하던 세조는 1464년(세조 10) 청주에서 피반령을 넘어 회인을 지나고 차령車嶺(수리티재)을 넘어 보은의 속리산으로 행차했다.

지금의 수한면 교암리 앞을 통과하던 세조는 지루함을 달래고자 어가 안에서 눈을 돌려 길옆의 냇가를 바라보았다. 푸르스름한 냇물에 서 있는 수려하면서도 장엄한 바위를 본 세조는 지난날 왕위를 찬탈하면서 많은 충신을 참혹하게 처단한 일과 어린 조카를 살해한 일들이 주마등처럼 떠올라 자책감을 견딜 수 없었다. 세조는 행차를 멈추게 하고 곧장 냇가로 나아가 참회의 눈물을 흘리며 바위를 어루만졌다. 세조가 느끼기에는 바위가 자신의 모든 죄를 너그러이 용서해주고 부드럽게 감싸

안아주는 것만 같았다. 얼마를 그렇게 바위 곁에 머물던 세조는 바위를 가리키며 말했다.

"이 바위는 하늘의 이치를 가르쳐주는 바위다."

그때부터 사람들은 그 바위를 가르침바위 또는 교암敎岩이라 부르게 되었고, 그 바위가 있는 마을도 교암리라는 지명을 얻었다. 1939년 청주 진해 간 국도를 개설하던 일제가 그 바위를 폭파시켜버리는 참으로 안타까운 일이 벌어졌다.

가르침바위를 떠난 세조의 행차가 보은읍을 거쳐 누저리樓底里(지금 의 누청리樓淸里) 앞을 지나 속리산으로 들어서는 나지막한 고개로 올라 섰다. 그런데 행차 앞에 늙은 승려가 나타나 세조 앞에 합장배례하면서 말했다.

"대왕마마. 이 고개 너머에는 오봉산이 있사온데 그 산 아래 행궁을 지으시고 오가실 때 쉬어가소서."

그리고 노승은 구름처럼 사라졌다. 노승의 말을 부처님의 뜻으로 받아들인 세조는 그 자리에 행궁을 짓고 행궁 앞산에는 북을 달아 아침저녁으로 쳐서 백성들에게 시간을 알려주도록 했다. 누저리 앞 고개는 그렇게 미륵불이 노승으로 변하여 나타난 고개라 하여 미륵댕이고개, 오봉산 아래 행궁을 지었던 자리는 대궐터, 북을 달았던 바위는 북바위라고 불리게 되었다. 미륵댕이고개는 현재 통일탑이 서있는 곳에서 속리산 쪽으로 가는 작은 고개이고 대궐터는 장재 저수지 아래 한옥마을의 지명이다.

속리산으로 행차를 계속하던 세조 일행은 말티재를 넘어 내속리면(지금의 속리산면) 상판리에 당도했다. 세조는 길가에 우뚝 서있는 커다란 소나무 한 그루를 보고 일행에게 소나무 아래에서 잠시 쉬어가자고 명했다. 어가를 멘 가마꾼들이 소나무 쪽으로 다가가는데 세조가 보기에 소나뭇가지가 아래로 늘어져서 가마가 걸릴 듯하여 말했다.

"연輦(가마) 걸린다."

그렇게 세조가 주의를 주자 우연인 듯 축 늘어졌던 소나뭇가지가 하늘로 치켜오르는 것이었다. 세조에게는 참으로 신기한 일을 겪은 셈이었다. 이윽고 속리산의 법주사에 도착한 세조는 그곳에 머물며 국운의 번창을 기원하는 법회도 열면서 약수로 목욕도 하며 병을 낫기 위해 힘썼다.

법주사에서 복천암福泉庵으로 올라가는 중간에는 좌우로 울창한 노송이 즐비하게 서 있고 절벽과 괴석이 솟아 있는 사이로는 맑은 물이 잔잔히 흘렀다. 냇물 옆에는 10여 명 정도가 편히 쉴 정도의 넓고 평평한 바위가 있고 그 아래는 알맞은 깊이의 웅덩이가 있어 세조는 이 장소에서 자주 몸을 씻었다. 특히 세조가 대규모 법회를 열던 복천암에는 당시의 유명한 학조學祖대사와 신미信眉법사, 학열學悅법사 등이 모여들었다. 학조대사는 세조 때 여러 고승들과 함께 불경을 우리말로 번역하여 간행하고 해인사海印寺를 중수했으며, 연산군 때는 왕비 신愼씨의 명을 받아 대장경大藏經 3부를 간인하고 그 발문을 썼다. 또한 학조대사는『남명집南明集』을 언해하는 등 학문의 발전에도 기여했다. 학조대사의 호는 등곡燈谷과 황악산인黃岳山人이다.

학열법사도 학조대사와 함께 불경을 우리말로 번역하여 간행하는 일에 동참했다. 또한 학열법사는 세조의 명을 받아 1465년(세조 11) 오대산 상원사 중창공사의 감독이 되어 이듬해에 준공했다. 세조는 상원사 낙성식에 친히 참여했다. 그때 학열법사는 개당식을 개최했을 뿐 아니라 오대산에 있는 고적들과 사찰들의 역사를 자세히 기록하여 세조에게 바치는 대신 삼베와 비단을 하사받았다.

　신미법사는 함허당涵虛堂의 『금강경설의金剛經說義』를 교정하여 『오가해伍家解』로 편찬하여 1책을 만들었다. 그는 『선문영가집禪門永嘉集』을 교정하고 후일 「증도가언기주證道歌彦琪註」와 「조정록祖庭錄」을 모아 1책으로 간행하는 등 불교의 학문적 발전을 위해서도 노력했다. 또한 그는 1456년(세조 2)에 도갑사道甲寺를 중수했고 승려 수미守眉와 함께 선도禪道를 널리 선양하는 일에도 앞장섰다. 승려 신미는 세조가 왕위에 오르기 전부터 여러 일을 상의할 만큼 매우 두터운 신임을 받았다. 신미의 시호는 혜

상원사

각존자慧覺尊者이고 법주사에 그의 부도浮屠가 있다.

한편 세조는 법회 중에 휴식시간을 이용하여 여러 신하를 물리치고 홀로 산책을 하다가 법주사와 복천암 사이의 개울에 이르자 갑자기 목욕을 하고 싶어졌다. 세조는 자신의 모습이 비치는 발이 시리도록 차갑고 맑은 물에 들어가 눈을 지그시 감았다. 그때였다.

"마마, 소생은 월광보살月光菩薩이옵니다."

뜻밖의 소리에 세조가 눈을 번쩍 뜨자 세조 앞에는 고운 소년이 서 있었다. 소년은 세조의 눈을 바라보며 말했다.

"소생은 약사여래藥師如來의 명을 받고 왔습니다. 대왕의 병은 곧 완쾌될 것이니 너무 고심하지 마옵소서."

그리고 소년은 사라졌다. 그것은 도무지 형언할 수 없을 만큼 신비스러운 현상이었다. 그래도 세조는 질병에서 중생을 구해주는 약사여래의 말을 들었다고 생각하니 마음은 가벼워졌다. 실제로 목욕을 마친 세조가 옷을 입으면서 자신의 몸을 보니 그토록 자신을 괴롭히던 종기가 깨끗이 사라졌다고 한다. 그렇게 세조가 목욕을 하고 병을 고친 웅덩이는 목욕소라는 이름을 얻었다.

세조는 피부병이 완치되자 속리산 법주사 요양을 마치고 왕궁으로 돌아가는 행차에 나섰다. 세조가 상판리 소나무 아래 이르렀을 무렵 갑자기 소나기가 쏟아졌다. 세조 일행은 소나무 아래에서 소나기를 피했다. 세조는 요양을 가던 길에도 무사히 지날 수 있게 도움을 받았던 소나무로부터 요양을 마치고 돌아가는 길에도 다시 도움을 받았다고 생각하니 그 소나무가 참으로 기특하게 보였다. 그 결과 세조는 그 소나무에게 정2품의 품계를 하사했다. 그때부터 그 소나무는 정이품송 또는 '연거랑이'소나무, 연괘송輦掛松 등으로 불렸다. 정이품송은 현재 천연기

넘물 제103호로 지정되어 보호를 받는다.

세조의 쾌차를 기념하는 은구석

은구석恩救石은 본래 복천암에 있던 돌이다. 지병을 치료하고자 속리산 법주사와 복천암에 머물던 세조는 병이 완쾌되자 부처님의 공덕을 기리기 위해 사찰에 땅을 하사하려고 했다. 세조는 1464년(세조10) 환궁하는 길에 속리산의 승려들과 헤어지는 자리에서 이렇게 선언했다.

"내 속리산에 와서 병을 쾌차하니 기쁘기 그지없다. 이 모든 것은 부처님의 은공이니 내 이 사찰에 토지를 하사하고자 하노라. 이 돌에 줄을 메어 끌고 가다가 힘이 빠져 멈춘 곳까지의 산과 돌은 물론 전답과 집터까지 모두 절의 소유가 되도록 허락할 것이다."

속리산의 사찰을 크게 번창시킬 수 있는 기회를 놓치지 않으려는 승

은구석공원

려들은 복천암에서 법주사를 거쳐 보은의 신작로까지 2리가량(약 6킬로미터)을 전력으로 돌을 끌어갔다. 승려들이 지쳤기 때문인지 아니면 물욕을 부리지 말라는 부처님의 뜻인지, 하여간 돌은 그곳에 딱 멈춰 서서 요지부동했다. 세조는 그만하면 사찰에 필요한 공양미와 식량을 공급하는 데 충분하리라 생각하여 승려들이 끌던 돌이 멈춘 자리에 그 돌을 비석처럼 세웠다. 그리고 그 돌을 세운 자리부터 속리산 방면에 있는 모든 토지를 사찰의 소유지로 인가해주었다. 그때부터 그 돌은 세조가 부처님의 은덕을 입고 구원받았다 하여 '은혜 은恩'자와 '구원(치료) 구救'자로 이루어진 '은구석'으로, 은구석이 있는 산모퉁이는 '은구모퉁'으로 불렸다. 세조는 도무지 낫지 않던 자신이 지병이 속리산에서 완쾌되자 지난날 왕권을 찬탈하기 위해 조카를 죽인 자신의 죄를 부처님이 용서했다고 믿고 싶었을 것이다. 은구석이 세워진 자리는 오늘날 보은군 속리산면 사내리에 조성된 '은구석'공원에 해당한다.

부모의 은혜를 기리고자 심은 칠송정

보은군 속리산면 상판리 앞산에는 지금으로부터 약 210년 전에 심어진 소나무 한 그루가 자란다. 원래는 일곱 그루가 심어졌으나 오랜 세월이 흐르는 동안 여섯 그루는 사라지고 한 그루만 살아남았다.

상판리의 안정安定 나羅씨 일곱 형제는 선산 묘소에 떼를 입히고 집으로 돌아가던 길에 각자 소나무 한 그루씩 일곱 그루를 심었다. 같은 어머니 슬하의 일곱 형제가 한날한시에 소나무를 심어서 부모님의 은혜를 기리기 위함이었다.

안정 나씨의 후손들은 선조가 심은 소나무 일곱 그루를 선조를 추모하는 의미에서 칠송정七松亭이라고 부르기 시작했다. 지금도 칠송정이라

칠송정(충북 보은)

는 명칭은 남았으나 소나무는 한 그루만 남아있어 아쉽다.

🪧 보은군 마로면 적암리
숙곳바위에 담긴 하나의 큰 뜻

보은현감으로 재임하던 여헌旅軒 장현광張顯光은 1595년(선조 28) 퇴임하여 고향인 경상북도 인동仁同으로 돌아가는 길이었다. 장현광은 비록 현감으로 장기간 재임하지는 않았지만 학문과 덕이 높고 바른 행실을 보였을 뿐 아니라 고을도 잘 다스려서 백성들로부터 존경과 신망을 얻었다.

장현광은 청빈한 현감이라서 모든 선물도 물리치고 부임할 때와 다

속곳바위

름없는 초라한 모습으로 보은을 떠났다. 퇴임행차는 보은군의 마지막 마을인 적암리赤岩里에 도착했다. 그곳에서 조금만 더 가면 충청도를 지나 경상도 상주로 들어설 수 있었다. 장현광은 보은을 완전히 벗어나기 전에 행차를 멈추게 하고 길가 나무그늘에 앉아 보은 쪽 하늘을 물끄러미 바라보았다. 만감이 교차하던 장현광의 아련한 눈길이 가난한 자신과 결혼한 이후 고생만 한 아내의 무릎 밑에 멈추었다. 그런데 아내의 치마 밑으로 삐죽이 나온 속곳이 그가 처음 보는 황홀한 비단이라는 데 놀라서 그의 눈이 크게 떠졌다.

"부인, 내 가난하여 당신에게 옷 한 벌 제대로 해주질 못했는데 지금 부인의 속곳을 보니 처음 보는 비단이구려."

장현광이 부인에게 비단치마가 생긴 사연을 묻자 부인은 자랑이나 하듯 치마를 조금 더 걷어 올리며 말했다.

"우리 형편에 제가 어떻게 이런 비단옷을 구할 수 있겠습니까? 당신께서 고향에 돌아가신다는 사실을 섭섭하게 여긴 고을 백성이 어제 저녁 저에게 선물로 가져온 것인데 처음 입어보는 비단옷이 참으로 부드럽습니다."

부인의 말을 듣고 한참 말을 잇지 못하던 장현광이 입을 열었다.

"평생 고생한 부인에게는 미안한 일이오. 그러나 가난하다는 것이 자랑은 못 되어도 부끄러운 일은 아닙니다. 나는 남에게 폐가 되는 일은 삼가고 청빈을 낙으로 여기며 살아왔는데, 비록 속곳치마지만 남에게 폐를 주고 선물로 받았으니 참으로 애석한 일이구려."

말을 마친 그는 눈을 하늘로 돌렸다. 남편 장현광의 말에 아내는 눈물을 글썽이며 말했다.

"제가 부덕하여 지아비의 마음을 헤아리지 못했습니다. 다행이 아직은 보은 땅이니 저 앞에 보이는 바위에 치마를 놓고 가면 보은에서 받은 물건을 보은에 돌려주는 셈이 될 터이니 그리하겠습니다."

그리고 아내는 속곳을 벗어 바위에 걸쳐놓았다.

자신들이 선물한 비단치마가 바위에 놓여있는 것을 발견한 보은 사람들은 그 바위를 속곳바위 또는 치마바위라 부르기 시작했다. 속곳바위는 충청북도 보은군 마로면 적암리赤岩里와 경상북도 상주군이 만나는 도계에 위치한다.

천수 84세까지 느슨해짐을 경계한 장현광

장현광은 1554년(명종 9) 증이조판서 장열張烈과 경산京山 이씨 제릉참봉 이팽석李彭錫의 딸 사이에서 태어나 경상북도 인동仁同(지금의 구미시)에서 성장했다. 장현광은 14세 때인 1567년(명종 22)부터 진사 장순張峋에게 학문을 배우기 시작하여 침식을 잊으며 학문에 정진했고, 겨우 18세에 우주와 인생의 진리를 담은 『우주요괄첩1』을 지어 천재적 면모를 드러내기 시작했다. 1576년(선조 9)에는 그의 재능과 행실이 조정에까지 알려져 23세의 나이로 천거되었다. 장현광은 1591년(선조 24) 겨울에는 전옥서참봉에 임명되었으나 어머니 상중이라는 이유로 관직에 나가지 않았다. 이듬해 임진왜란이 일어나자 금오산金烏山으로 피난했다. 그는 1594년에도 예빈시참봉과 제릉참봉 등의 관직에 임명되었으나 부임하지 않고 성리학에 관한 평론집 『평설平說』을 지었다.

그는 이듬해 가을 보은현감에 임명되어 부임했으나 12월이 되자 관찰사에게 세 번이나 사직을 청했고 1593년 2월 또다시 세 번 사직을 청했다. 장현광은 마지막 세 번째 사직서를 제출한 다음에는 허가를 기다리지 않고 향리로 돌아갔다가 의금부에 잡혀가기도 했다.

장현광 초상

장현광은 1597년(선조 30)에는 여러 차례 자신을 조정에 추천했던 유성룡을 직접 만났고 유성룡은 그의 학식에 감복하여 아들을 그의 문하에 보냈다.

장현광은 1601년(선조 34) 경서교정청낭청에 임명되는 등 여러 번 조정의 부름을 받았지만 나가지 않았다. 그는 이듬해에도 거창居昌현감과 경서언해교정낭청에 임명되었으나 나가지 않다가 그해 11월 공조좌랑에 부임하여 『주역周易』 교정에 참가했고, 지금의 법무부 계장급에 해당하는 형조좌랑에 임명되었지만 이듬해 2월 사임했다. 그는 1603년(선조 36)에는 용담현령에 임명되었으나 나가지 않았고, 이어 의성현령에 임명되어 부임했으나 역시 몇 달 만에 사임했다. 또한 그는 1604년 순천군수, 1605년 합천군수, 1607년(선조 40) 사헌부지평에 임명되었으나 모두 사임하고 부임하지 않았다. 뿐만 아니라 그는 오늘날 국토해양부장관에 해당하는 공조판서 등 20여 차례나 관직에 임명되었으나 그때마다 사임하고 학문연구에만 전념했다.

그 결과 장현광은 55세 때 『주역도설周易圖說』을 완성했고, 68세 때에는 『경위설經緯說』을 지어 이체기용理體氣用(이경기위설理經氣緯說)을 제창했다. 그는 『경위설』에서 이理를 경經에 기氣를 위緯에 비유하여 이理와 기氣가 둘이 아닌 근간(체體)과 작용(용用)의 관계에 있다고 주장하며 이理와

기氣를 하나에서 비롯된 양면적인 것 또는 통일적인 것으로 파악했다. 또한 그는 심성론心性論을 설파하면서 도심道心을 아직 발현되지 않은 심성(미발지성未發之性)으로, 인심을 이미 발현된 심성(이발지정已發之情)으로 파악했고, 이미 발현된 심성도 역시 도심으로 이해할 수 있다고 주장했다. 즉 도심이 인심 가운데 있고 인심이 도심 가운데 있어 별개로 분리된 것이 아니라고 본 것이다.

장현광은 퇴계退溪 이황李滉의 수제자인 한강寒岡 정구鄭逑의 제자이자 조카사위였다. 그런 장현광은 이황의 성리학을 전수받았다고 하여 퇴계학파로 분류되어왔다. 그러나 장현광의 이기설理氣說과 심성론心性論 등은 이황의 학설들과 상이한 점이 많고 명나라의 나흠순羅欽順과 율곡 이이의 이기심성론에 크게 영향을 받았다. 그런 점을 감안하면 장현광은 남인南人 계열의 학자로서는 매우 다른 행보를 걸었던 것으로 보인다. 특히 장현광은 사람의 본성에서 나오는 사단四端은 칠정七情에서도 발현되고 칠정의 본성을 따라 발현되는 다만 올바른 것들일 뿐이라고 주장하면서 사단 자체가 순수하게 발현된다는 주장을 인정하지 않았다.

그는 1623년 인조반정이 발생한 후 김장생金長生, 박지계朴知戒와 함께 여러 차례 인조의 극진한 부름을 받고 사헌부지평, 성균관사업 등에 제수되었으나 역시 사양하고 나가지 않았다. 장현광은 이듬해 사헌부장령으로 부름을 받아 왕을 알현하고 사헌부집의를 거쳐 공조참의로 승진되어 경연經筵과 서연書筵에 참석해달라고 부탁받았지만 역시 사양하고 인동으로 돌아갔다. 인조는 장현광에 대한 기대와 기다림을 포기하지 않고 그를

퇴계 이황 선생 초상

이조참의, 승정원동부승지, 용양위부호군 등에 임명했지만 그는 역시 모두 사양했다. 그러다가 1626년(인조 4) 형조참판에 특제되자 그는 어쩔 수 없이 사은했지만, 이후 사헌부대사헌과 부호군, 1628년 이조참판, 1630년(인조 8) 대사헌, 이어서 지중추부사, 의정부우참찬 등에 임명되었을 때는 사양하고 부임하지 않았다.

그러나 1636년(인조 14) 12월 병자호란이 일어나자 장현광은 여러 군현에 통문을 보내 의병을 일으키게 하고 군량미를 모아 보내는 충의를 드러냈다. 그러던 이듬해 2월 삼전도三田渡에서 인조가 청나라에 항복했다는 소식을 듣자 세상을 버리기로 결심하고 동해의 입암산立喦山에 들어가서 반년이 지난 1637년(인조 15)에 하세했다.

장현광의 본관은 인동, 자는 덕회德晦, 호는 여헌旅軒, 시호는 문강文康이다. 그는 경상북도 성주의 천곡서원川谷書院, 서산의 여헌영당旅軒影堂, 인동의 동락同洛서원, 청송의 송학松鶴서원, 영천의 임고臨皐서원, 의성의

임고서원

빙계氷溪서원 등에 제향되었으며 1655년(효종 6)에는 의정부좌찬성, 1657년에는 영의정에 추증되었다.

장현광은 일생을 학문과 교육에 종사하기를 원하며 정치에 뜻을 두지 않았으나 그의 능력을 인정한 조정에서는 평생에 걸쳐 그에게 관직을 제수하며 나라를 도울 것을 원했다. 장현광은 정치일선에 나서지 않을 때도 왕과 대신들이 도덕정치를 구현해줄 것을 강조했고, 인조반정 직후에는 공신들의 횡포를 비판하며 함정수사를 하지 못하도록 하는 등의 영향력도 행사했다.

장현광의 저서로는 앞서 밝힌 것들 외에 『여헌집旅軒集』11권, 『여헌 속집』5권, 『성리설性理說』6권, 『역학도설易學圖說』9권, 『용사일기龍蛇日記』2권 등이 있다.

보은군 마로면 관기리
공민왕이 머물면서 생겨난 지명들

1361년(공민 10) 공민왕은 고려를 두 번째 침입한 홍건적紅巾賊을 피하여 11월 18일 서울인 개경을 버리고 경상도 복주福州(지금의 안동)로 피난했다. 이듬해 고려의 장군 정세운鄭世雲과 이방실李芳實 등이 분전한 끝에 홍건적을 몰아내고 개경을 되찾았다. 그러나 정세운의 전공을 시기한 무인 김용金鏞은 정세운과 이방실 등을 차례로 죽이고 반란을 일으켰다. 정세운과 김용은 공민왕이 세자로 원나라에 갔을 때 시종한 공으로 대호군에 승진한 인물들이었다. 공민왕이 즉위한 뒤 정세운은 1등공신이 되었고, 김용은 밀직부사가 되어 수충분의공신輸忠奮義功臣의 호를 받으

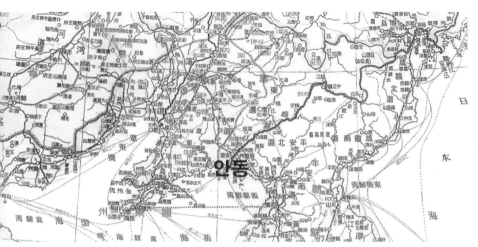
복주(지금의 안동)

며 왕의 총애를 다투었다. 조일신趙日新이라는 인물도 공민왕 즉위 후 1
등공신에 책록되었지만 이듬해 충신들을 제거하고 행궁을 습격하여 왕
을 위협한 다음 우정승에 올랐다. 조일신은 공민왕의 밀지를 받은 삼사
좌사 이인복李仁復과 김첨수金添壽에게 참살되었는데 김용도 행궁습격사
건에 연좌되어 유배되었다.

　김용은 1354년(공민 3) 원나라에서 반란을 주동한 원나라장군 장사
성張士誠을 토벌하려는 원나라 황군을 지원하도록 안성군安城君에 봉해
져서 원나라로 파견되기도 했다. 그 후 김용은 지도첨의사사知都僉議司事,
첨의평리僉議評理, 중서문하시랑평장사中書門下侍郎平章事 등을 역임했다.

　1359년(공민 8) 홍건적이 고려를 쳐들어와 개경을 함락하자 상장군 정
세운은 공민왕을 따라 피난했다. 천성이 충직하고 청백하여 울분을 참
지 못하던 정세운은 홍건적을 소탕하겠다는 뜻을 공민왕에게 밝혔다.
그리고 비탄에 잠긴 민심을 위로하는 교서를 내려달라고 공민왕에게 청
하면서 고려 각 도의 군사들을 독려하여 적을 물리치자고 주청했다.

이방실은 충목왕忠穆王이 세자이던 시절 원나라를 왕래하며 모신 공로를 인정받아 충목왕이 즉위하자 중낭장에 보직되었다. 그는 공민왕 재위기간에는 대호군을 거쳐 편장이 되어 안주安州만호 안우安佑 등과 압록강과 서경에서 홍건적을 격파하는 전공을 세워 추성협보공신推誠協輔功臣에 봉해졌고, 추밀원부사에까지 승진했다. 그 후 이방실은 풍주豊州에서 다시 홍건적 30여 명을 죽이고 잔당을 국외로 추방함으로써 옥대玉帶를 하사받았다.

홍건적이 고려를 두 번째 침입한 1361년에 이방실은 도지휘사로 임명되어 상원수 안우, 병마사 김득배金得培 등과 함께 20만 대군의 홍건적을 상대로 싸웠지만 병력수의 열세를 극복하지 못하고 패하여 개경이 함락되었다.

이듬해인 1362년(공민 11) 드디어 공민왕의 허락을 받은 정세운은 총병관(총사령관)에 임명되어 안우, 이방실, 김득배 등과 함께 20만 대군을 거느리고 출두하여 홍건적을 압록강 밖으로 물리치고 개경을 수복했다.

사이가 좋지 않던 정세운과 안우 등이 홍건적을 격퇴해 훈공을 세우자 그것을 시기한 김용은 거짓 책략을 써서 안우로 하여금 정세운을 죽이게 하고 총사령관을 죽였다는 죄를 씌워 안우도 죽여버렸다.

그해 피난지인 복주에서 돌아온 공민왕이 흥왕사興王寺의 행궁에 머물자 김용은 공민왕과 충선왕의 서자 덕흥군德興君마저 없애버리고자 부하들을 시켜 흥왕사를 습격했다. 김용의 부하들은 우정승 홍언박洪彦博, 상장군 김장수金長壽 등을 죽였으나 환관 안도적安都赤을 공민왕으로 잘못 알고 살해함으로써 다행히 왕은 목숨을 구할 수 있었다.

역모가 탄로남으로써 김용은 밀성密城에 유배되었다가 1363년(공민 12) 계림부鷄林府로 이송되어 사형당했다. 김용의 본관은 안성安城이다. 정세운의 본관은 광주光州이고 사후 첨의정승僉議政丞에 추증되었으며, 이방실의 본관은 함안咸安이다.

김용이 반란을 일으켰을 때 공민왕은 안동에서 상주로 상주에서 청주로 전전하면서 환도할 시기를 기다려야 했다. 상주에서 청주로 몸을 피신하는 길에 공민왕이 보은군 마로면 관기리官基里에서 약 3개월을 묵은 사실이 있다. 현재 마로면 소재지를 관기官基라고 하는 연유는 그곳이 객사가 있는 자리라 하여 공민이 관기館基라고 부르도록 했는데, 그것이 와전된 지명이라 한다.

현재 마로면 송현리松峴里 건너편 동쪽의 고개는 공민왕이 상주에서 넘어 관기리로 도달한 고개라 하여 왕래王來재라고 한다. 공민왕은 관기리에 머물면서 앞산에 곡식을 저장할 창고도 짓고 왕래재에 성을 쌓게 했고 그곳을 다스릴 감독직도 만들게 했다. 마로면 원앙골은 곡식을 저장하던 사창社倉이 있었던 곳이며 옥갈머리는 감옥이 있던 곳이라 하여 그렇게 부르게 되었다고 한다.

공민왕은 관기를 떠나 청주로 가는 길에 비가 내리자 삼승면 원남리

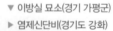
▼ 이방실 묘소(경기 가평군)
▶ 염제신단비(경기도 강화)

元南里에서 하루를 머물고 갔다. 원남리에서 공민왕은 함께 피난 다니던 염제신廉悌臣(사진 69)과 이암李嵒 등 일곱 원로대신들과 모여앉아 오랜만에 쉴 수 있었다. 긴장이 풀린 공민왕과 대신들은 시를 짓고 화답하며 회포를 나누었다. 대장군 김하적金何赤은 피리를 불었고 장군 김사혁金斯革은 비파를 탔으며 황석기黃石奇는 시를 읊었다.

> 푸른 옥잔은 깊고 술맛은 아름답구나.
> 거문고소리는 느린데 피리소리 길다.
> 그중에 가느다란 노랫소리 들리니
> 일곱 늙은이 서로 즐기는데 수염은 서리와 같네.

황석기의 시에 모두 화답시를 지었다고 한다.

염제신은 1304년(충렬 30) 태어난 고려 말기의 재상으로서 어린 나이에 아버지 감문위대호군監門衛大護軍 염세충廉世忠을 여의고, 원나라에서 평장사로 있던 고모부 말길末吉의 집에서 자랐다. 그를 기특하게 여긴 원나라 제6대 황제 태정제泰定帝는 그를 대궐로 불러서 가까이 있도록 했다. 염제신은 그렇게 몇 년간 원나라 황제를 모시다가 어머니를 만나고자 고려로 돌아왔다.

그 후 염제신이 다시 원나라로 돌아가니 태정제는 그를 상의사로 임명했다. 그렇게 상의사로 근무하던 염제신이 어느 날 고려로 돌아가 어머니를 봉양하려는 뜻을 밝히니 고려왕은 그에게 정동성征東省낭중의 벼슬을 주었다. 원나라에서 벼슬을 지내다 고려로 돌아온 신하들 중에는 원나라의 벼슬을 믿고 과시하는 자가 많았는데, 염제신은 그런 자들과 달랐으므로 충숙왕忠肅王의 신임을 받았다. 염제신은 얼마 뒤 재차 원나라에 불려가서 벼슬을 했으나 어머니가 병환으로 몸이 안 좋아지자 고려로 돌아왔다.

염제신은 충숙왕 때 삼사우사, 도첨의평리, 찬성사를 역임했고, 공민왕 즉위 뒤에는 좌정승이 되었다. 원나라를 배척하려던 공민왕은 친원파이던 기철奇轍 등을 죽였으나 그 후환을 염려하여 염제신을 서북면도원수로 삼아 대비했다.

공민왕의 명을 받은 염제신은 군량과 마초를 장만하고 성을 수축하며 병기를 정비하는 등 만일의 사태에 대비했다. 그 후 염제신은 조정으로 돌아와 수문하시중이 되었다. 공민왕 대신에 정권을 장악하던 신돈辛旽은 염제신이 뜻대로 움직이지 않자 갖은 중상모략을 일삼았지만 염제신은 변함이 없었다. 또한 간신 김흥경金興慶이 모함할 때도 공민왕은 염제신을 끝까지 신임했다.

염제신은 우왕이 즉위한 뒤에는 영삼사사와 영문하부사를 지냈고, 늙어 퇴직한 후에도 우왕은 나라에 큰일이 생기면 반드시 염제신을 불러 의논했다. 염제신이 약 29년간 몸담은 관직을 마무리할 무렵 병에 들자 우왕은 염제신에게 궁중의 약과 먹을 것을 보냈고 염제신을 병중에도 의관을 정제하고 그것들을 받았다. 염제신은 1382년(우왕 8) 79세로 하세했다. 그의 자는 개숙愷叔이고, 아명은 불노佛奴이다.

한편으로 이암은 1297년(충렬 23) 태어난 서화가로서 판밀직사사 이존비李尊庇의 손자이다. 이암은 1313년(충선 5) 17세 때 문과에 급제하여 충정왕 때 찬성사와 우정승을 지내고 공민왕 초기에는 철원군鐵原君에 책봉되었다. 그는 홍건적이 침입했을 때는 공민왕을 모시고 남행한 공 덕분에 1등공신이 되고 철원鐵城부원군에 책봉되었다. 서도에 뛰어났던 이암은 원나라의 조맹부趙孟頫에 비유되면서 '동국東國의 조자앙趙子昻(조맹부의 호)'으로 불렸고 묵죽墨竹에도 뛰어났다. 또한 조류그림을 그리고 설명을 덧붙인 대갑편大甲編을 옮겨 써서 공민왕에게 바쳤다.

1364년(공민 13) 하세한 이암의 초명은 군해君俟, 자는 고운古雲, 호는 행촌杏村, 시호는 문정文貞, 본관은 고성固城이고 1375년(우왕 1) 충정왕의 사당에 함께 봉안되었다. 춘천 청평산淸平山의 「문수원장경비文殊院藏經碑」에 이암의 필적이 남아있다.

김사혁은 1362년(공민 11) 홍건적을 물리친 공으로 2등공신에 올라 공민왕을 보좌했다. 그는 우왕 초기에 공주公州목사에 재임했는데, 그때 고려를 침입한 왜구와 대적하여 패했지만 그 후 충청도와 전라도 일대를 침입한 왜구를 무찌르는 전공을 세우기도 했다. 김사혁은 1381년(우왕 7)에는 양광도도순문사와 양광도상원수를 지내고 1385년(우왕 11) 지문하사까지 승진했다가 하세했다. 김사혁의 시호는 충절忠節이다.

황석기는 1342년(충혜 복위 3) 지신사로서 1등공신이 되었고 1344년(충목 즉위) 지밀직사사를 지냈으며 1349년(충정 1) 도첨의참리에 올랐고 회산군檜山君에 봉해졌다. 1356년(공민 5)에는 찬성사, 1358년에는 문하시랑동중서문하평장사門下侍郎同中書門下平章事가 되었다. 황석기는 1364년(공민 13) 하세했고 그의 아들은 문하찬성사 황상黃裳이다.

✝ 보은군 회인면 중앙리
신선들이 머물 만한 회인팔경

보은군 회인면 중앙리中央里 일대는 백제시대부터 팔경八景으로 불리면서 사람들의 사랑을 받아온 경승지景勝地이다. 회인팔경은 계절과 시각에 따라 변하는 자연과 사람들의 모습이 어우러졌을 때 펼쳐지는 여덟 가지 경승의 총칭인데 각각은 다음과 같다.

첫째는 '아미반월蛾眉半月'로서 아미산 위에 조각달이 걸려있는 광경이다.

둘째는 '남계어화南溪漁火'로서 칠흑같이 어두운 밤에 사람들이 '남쪽의 밤새'라는 시냇가에서 횃불을 여기저기 밝히고 물고기를 잡는 광경이다.

셋째는 '북수청풍北藪淸風'으로서 여름철 북쪽 숲속에서 맑은 바람이 불어올 때와 장소이다. 그곳은 여름철이면 사람들이 몰려들어 더위를 피했다는 곳으로 '웃수머리'라고도 불렸다. 그곳은 지금의 회인면사무소가 있는 곳인데 느티나무가 남아있지만 옛날에는 지금과 비교되지 않을 정도로 큰 숲이 있었다고 한다.

넷째는 '옥녀탄금玉女彈琴'으로서 신선들이 옥녀봉에서 거문고를 타며 즐기는 듯한 광경이다.

다섯째는 '금수단풍錦繡丹楓'으로서 가을철 금수봉이 단풍으로 물든 광경이다.

여섯째는 '송정백학松亭白鶴'으로서 송정봉 소나무가지에 백학(두루미)이 날아와 앉은 광경이다.

일곱째는 '사직취송社稷翠松'으로서 사직단 봉우리에 푸르게 우거진 소나무숲이다.

여덟째는 '부수단하富壽丹霞'로서 부수봉에 비치는 아침햇살이다.

보은군 산외면 대원리
신선이 된 최치원과 검단이 백 년간 머문 신선봉

보은군 산외면 대원리大元里 여동골 뒤편에는 해발 767미터의 검단산이 있다. 이 산은 백제 때 승려 검단儉丹이 살았으므로 검단산이라고 불리게 되었다. 산에 있는 작은 암자 고운암孤雲庵은 최치원崔致遠이 공부하며 머물던 곳이다. 이 산줄기에 있는 봉우리에 신선이 된 검단과 최치원이 내려와 놀다 갔다는 전설이 전해진다. 그 결과 이 산봉우리는 신선봉神仙峰이라는 지명을 얻었다.

대원리의 젊은 나무꾼 한 명이 어느 날 도끼를 가지고 검단산으로 나무를 하러갔다. 그런데 한참 나무를 하던 나무꾼의 눈에 두 노인이 바둑을 두는 모습이 들어왔다. 나무꾼은 바둑에 푹 빠져 재미있게 두는 노인들의 정경에 홀려 도끼를 옆에 내려두고는 두 노인이 두는 바둑을 정신없이 구경했다. 해가 서산마루에 걸리자 바둑을 끝낸 두 노인은 나무꾼이 말을 붙여볼 틈도 주지 않은 채 서로 손을 잡고 연기처럼 하늘로 사라져버렸다. 퍼뜩 정신을 차린 나무꾼이 집으로 돌아가려고 옆에 놓아둔 도끼를 집어 들자 도낏자루가 썩어 도끼날이 땅으로 툭 떨어지고 말았다. 나무꾼은 참 이상한 일이라고 생각하며 집으로 돌아왔다. 그러나 집에는 아내가 온데간데없고 완전히 처음 보는 사람들이 살고 있었다. 나무꾼이 "당신들은 뉘길래 남의 집에 들어와 마음대로 집안을 뒤바꾸

최치원 초상

어 놓았냐?"고 따졌다. 그렇게 나무꾼은 그 사람들과 이야기를 나누는 동안 자신의 아내는 이미 50년 전에 죽었고 그 사람들은 자신의 손자내 외라는 사실을 알았다. 그러니까 나무꾼이 나무하러 가서 두 노인이 두 는 바둑을 구경하는 사이에 무려 100년이 지나가버렸던 것이었다.

바둑을 두던 두 노인이 바로 신선이 된 검단과 최치원이었다. 그렇게 두 신선이 바둑을 두며 놀던 봉우리가 신선봉神仙峰으로 불리게 되었고, 이후로 "신선놀음에 도낏자루 썩는지 모른다"는 속담도 생겼다는 것이 다. 신선봉은 지금의 보은군 산외면 대원리 뒷산인데 청원군, 보은군, 괴 산군의 경계지역에 있다.

최치원이 검단산 신선이 되었다는 전설과 관련된 또 다른 전설이 있다.

통일신라시대 대원리에 호주湖州라는 마을이 있었고 검단산에는 금 돼지 한 마리가 살았다. 몇 천 살을 묵었는지 모를 금돼지는 온갖 조화 를 부릴 수 있었을 뿐 아니라 마을까지 내려와 갖은 만행도 저질렀다. 금돼지는 호주에 사또가 새로 부임할 때면 사람으로 변신하여 마을로 내려와 사또 부인을 납치해 가버렸다. 그때마다 마을군졸들을 동원하 여 곳곳에 방을 써붙이고 현상금을 내걸어도 금돼지의 행방은 오리무 중이었다. 그 소문은 어느새 한양까지 퍼져 벼슬아치들은 호주로 부임 하기를 꺼려했고 임명된 자들도 병환이나 집안일을 핑계로 들며 아무도 그곳에 가려고 하지 않았다. 호주에 주민들이 거주하니 마을을 없앨 수 도 없었다. 그렇게 조정에서도 골치를 앓는 와중에 때마침 담력이 세고 힘이 장사인 장군 한 명이 호주로 부임하기를 자청하고 나섰다. 그 신임 사또는 호주에 도착하자마자 관속들을 불러 금돼지의 행패에 대해 물 어보았으나 속 시원히 대답하는 자가 없었다. 여러 모로 궁리하던 사또 는 관속들에게 명했다.

"너희들은 지금부터 오늘 해지기 전까지 명주실 오천 발을 구해오도록 하라."

관속들은 도무지 영문을 몰랐지만 신임 사또가 어떤 비책을 갖고 내리는 명령인 것 같아 모두가 나서서 명주실을 구해왔다. 명주실을 타래로 만들어 안방으로 가지고 들어간 사또는 명주실 한쪽 끝부분으로 아내의 치마 끝단에 단단히 묶어놓고 잠자리에 누웠다. 그리고 사또는 아내 곁에 누워 눈만 감은 채 동정을 살폈다. 그런데 자정 무렵 곤히 자던 아내가 부스스 일어나더니 밖으로 나서는 것이었다. 사또는 긴장되었지만 곧 정신을 바짝 차리고는 옆에 끼고 있던 명주실타래를 슬슬 풀었다. 명주실은 계속 풀려나가다가 다행히 오천 발이 다 풀리기 전에 풀리기를 멈추었다. 이튿날이 밝자 사또는 명주실을 따라 걷기 시작했다. 명주실은 검단산 깊은 골짜기를 지나 어느 작은 굴 안으로 이어졌다. 사또가 약간 컴컴한 굴 안으로 조심조심 걸어가자 인기척이 들려왔다. 사또가 그 방향으로 가니 촛불이 보였다. 거기에는 얼굴에 수심을 가득 머금은 여인 수십 명이 앉아있었다. 그 여인들 가운데서 아내를 발견한 사또는 달려가서 아내의 손을 붙잡았다. 사연을 들어보니 검단산의 굴로 끌려온 여인들은 모두 호주로 부임해왔던 사또들의 아내들이었다. 금돼지로부터 여인들을 구해낼 방도를 고심하던 사또가 여인들에게 당부했다.

"오늘 금돼지가 돌아오거든 세상에서 제일 무서운 것이 무엇인지를 알아보십시오."

그리고 마을로 돌아가기 위해 사또가 굴을 나서려는 순간에 입구로 금돼지가 들어오고 있었다. 사또는 즉시 여인들 뒤로 몸을 피하여 숨었다. 여인들은 일제히 일어나 금돼지를 맞아들였다. 만족한 금돼지는 코를 벌름거리며 신임 사또 아내의 무릎에 드러누웠다. 나머지 여인들도 몰려들어 금돼지의 팔다리를 주무르는 등 비위를 맞추었다. 그때 한 여인이 금돼지에게 물었다.

"혹시 당신에게도 무서운 것이 있습니까?"

그 물음을 듣고 벌떡 일어난 금돼지는 그렇게 묻는 까닭이 뭐냐고 벌컥 성을 냈다. 여인은 속으로는 겁에 질려 식은땀을 흘렸으나 겉으로는 생글거리며 다시 물었다.

"이제 우리가 당신을 평생토록 모셔야 할 터인데 당신이 싫어하거나 무서워하는 것이 있다면 멀리하여야 될 것이 아니겠습니까?"

그렇게 위기를 모면한 여인의 말을 곧이곧대로 믿은 금돼지는 금세 껄껄 웃으며 대답했다.

"내가 세상에서 무서워하는 단 한 가지는 사슴가죽이야."

여인들 뒤에 숨어있던 사또는 이제 금돼지가 무서워하는 것을 알았다. 그 순간 사또의 머리를 퍼뜩 스치는 것이 있었다. 그것은 사또가 항상 허리끈에 차고 다니는 사또직인이 담긴 주머니였다. 그 주머니가 바로 사슴가죽으로 만들어졌다는 사실을 알던 사또는 직인이 담긴 주머니를 들고 뛰어 나가면서 소리쳤다.

"네가 무서워하는 사슴가죽이 여기 있다."

금돼지는 사슴가죽을 보자 정말로 벌벌 떨다가 정신을 잃고 쓰러졌다. 마침내 금돼지를 처치한 사또는 자신의 아내는 물론 전임 사또들의 아내들까지 구해 마을로 돌아왔다.

그로부터 얼마 지나지 않아 사또의 아내에게 태기가 있었다. 사또의 아내는 그것이 금돼지의 아이라는 것을 알았다. 그녀는 몇 번이나 죽으려 했지만 사또는 아내를 만류하면서 어쨌건 그 아이도 귀중한 생명이니 나아서 잘 기르자며 위로하고 설득했다. 그렇게 태어난 옥동자가 바로 신라의 유명한 학자이자 문장가인 최치원이라고 한다.

보은군 회인면 부수리
홍윤성이 수양대군의 하수인으로서 얻은 권력

홍윤성洪允成은 조선왕조 500년간 세속적 틀에 구속받지 않고 파격적으로 살다간 사람들 중 한 명이다. 홍윤성이 그렇게 살 수 있었던 것은 임금 덕분이었다. 홍윤성의 파격적 면모는 그가 권세를 잡기 이전부터 드러났다. 1425년(세종 7) 회인현懷仁縣 교동校洞(지금의 부수리富壽里)에서 태어난 홍윤성은 어려서 부모를 잃었고 집도 가난하여 숙부 슬하에서 자랐다.

그렇게 성장한 홍윤성이 과거를 보기 위해 한양을 왕래하려면 한강을 건너야 했다. 어느 날 홍윤성이 과거를 보러 가다가 한강에 이르렀을 때 수양首陽대군(세조)이 제천정濟川亭에 나와 노닐고 있었다. 수양대군의 수하들 수십 명은 그렇게 궁궐 밖에 나와 놀던 왕자를 경호하기 위해 선박들과 사람들의 통행을 단속하느라 요란을 떨었다. 홍윤성이 타고 있던 배에도 수양대군의 수하들이 올라와서 요란을 떨었다. 홍윤성은 삿대를 꺾어 그들을 닥치는 대로 내리쳐서 물속에 풍덩풍덩 던져버렸다. 그들이 더는 홍윤성에게 덤벼들지 못하자 그는 유유히 배를 저어 한강을 건넜다.

수양대군은 강변 정자에서 홍윤성의 엄청난 완력과 비범한 용모를 눈여겨보았다. 잠시 후 수양대군은 그 시골 선비를 불러 이야기를 나눴다. 그렇게 홍윤성과 처음 만난 수양대군은 홍윤성의 얼굴과 이름을 잊지 않았다. 그 후 과거를 보고 1450년(세종 32/ 문종 즉위) 문과에 급제한 홍윤성은 승문원부정자에 임명되었고 그의 남다른 무재武才가 알려지면서 사복시도 겸했다. 홍윤성은 이어 한성참군을 거쳐 통례문봉례랑과 사복주부를 역임했다.

문종에 이어 단종이 즉위하자 수양대군은 어린 단종을 얕보는 대신들의 권한이 강화되고 왕권이 약화될 것을 우려했다. 수양대군과 그 일파는 계유정난癸酉靖難을 일으켜 단종의 측근들을 제거하는 과정에서 이미 눈여겨 봐둔 홍윤성의 무인기질을 최대한 이용했다.

김종서를 죽이던 날 저녁 훈련주부로 재임하던 홍윤성은 공사를 보고한다는 구실로 김종서의 집으로 먼저 가서 동정을 살폈다. 김종서는 홍윤성과 이야기를 나누다가 완력이 세기로 소문난 그로 하여금 자신의 활들 중 튼튼한 활을 골라 당겨보도록 했다. 홍윤성이 김종서의 강궁强弓을 당겨 연달아 두 개를 부러뜨려버리자 김종서는 아낌없이 칭찬하며 자신의 첩을 시켜 큰 사발에 술을 부어주도록 했고 홍윤성은 그 술을 세 사발이나 들이켰다고 한다.

1455년(세조 1) 왕위에 오른 세조가 신하들에게 술마시기 시합을 시킬 때도 홍윤성이 으뜸이었다. 세조는 홍윤성이 고래같이 마신다고 하여 그에게 경음당鯨飮堂이라는 호를 지어주고 별호를 새긴 도장도 만들어주었다. 홍윤성은 경음당이라는 호를 평생토록 즐겨썼다고 한다.

김종서를 제거하고 계유정난을 성공시키는 데 공을 세운 홍윤성은 수충협책정난공신輸忠協策靖難功臣 2등에 봉해졌고 본시판관을 포함한 여러 관직을 거쳐 판사복시에 임명되었다. 홍윤성은 세조가 왕위에 오른 뒤에는 예조참의에 보직되었고 좌익공신左翼功臣 3등에 봉해졌으며 참판으로 승진하여 인산군仁山君에 봉해졌다. 이어서 홍윤성은 예조판서, 경상우도도절제사를 역임했다. 1460년(세조 6) 북방 모린위毛燐衛의 여진족이 조선의 변경지역을 침입하여 어지럽히자 홍윤성은 신숙주의 부장으로서 출전하여 여진족을 토벌했다. 전공을 세우고 돌아온 홍윤성은 숭정대부崇政大夫에 올랐고, 1467년(세조 13)에는 우의정이 되었으며, 이어 좌의정에 올라 사은사로 명나라에 다녀와 영의정이 되었다.

홍윤성은 재물을 모으는 데도 거침없었다. 다른 고관들은 비리를 저질러도 남들이 알까봐 무서워 몰래 저질렀지만 홍윤성은 노골적으로 뇌물을 받았다. 홍윤성은 집으로 뇌물을 가져오는 심부름꾼이나 가마꾼들이 말과 수레를 보관하며 묵을 수 있도록 문짝에다 솥을 걸어둔 건물을 수십 채나 지어두었다고 한다. 그의 저택이 어찌나 호화스러운지 세조는 바닷물이 기울어들겠다는 뜻으로 경해傾海라는 택명宅名을 지어주었다. 홍윤성은 그렇게 세조가 감싸주자 더욱 으쓱하여 스스로를 "경해 속의 경음당"이라고 일컬으며 무척 자랑스러워했다고 한다.

그렇듯 용맹하고 공격적인 성격 덕분에 세조의 신임을 얻고 정승의 자리에까지 오른 홍윤성이었지만 그만큼 그의 성격은 난폭했고 재물도 심하게 탐했다. 온양溫陽에 많은 땅을 장만한 홍윤성은 수많은 노비를 부리면서 학대하고 함부로 죽이기 일쑤여서 그에 대한 백성들의 원성은 매우 높았다. 세조도 그 사실을 알고 크게 노했으나 지난날 자신이 왕위에 오르는 데 공을 세운 홍윤성을 차마 내치지 못하고 홍윤성의 부하 10여 명만 죽이는 데 그쳤다.

1468년 세조가 승하하자 홍윤성은 신숙주, 한명회 등과 원상院相이 되어 다음 임금인 예종이 즉위할 때까지 국사를 처리했다.

홍윤성은 1469년(예종 1) 좌의정이 되어 명나라에 사신으로 다녀온 뒤 마침내 영의정에 올랐고 1470년(성종 1)에는 인산仁山부원군에 봉해졌으며 이듬해 성종이 왕위에 오르는 과정에서 세운 공으로 좌리공신佐理功臣 1등에 봉해졌다. 그렇듯 평생 거침없고 화려하게 생활한 홍윤성은 1475년(성종 6) 하세했다. 그의 처음 이름은 우성禹成, 자는 수옹守翁, 시호는 위평威平, 본관은 회인懷仁이다.

홍윤성이 태어난 교동校洞은 향교골 또는 행교말로도 불린다. 또한 보은군 회인면 부수리 향교골 탑사리들은 홍윤성이 태어나서 자란 옛집이 있었던 터라고 전해진다. 문헌에는 홍윤성의 후손들은 끊겨서 폐족되었다는 기록이 남아있다.

보은군 회남면 조곡리
세조가 빨래와 사슴사냥을 한 마전사

보은군 회남면 조곡리鳥谷里 2구 마을은 조선시대부터 마전사麻田寺 또는 마록사馬鹿寺라 불렸다. 절터에는 마을이 생겨서 지금은 옛 지명만 남았을 뿐이다.

속리산에 행차했던 세조가 한양으로 돌아가던 길에 조곡리의 한 절에서 며칠간 머물게 되었다. 세조가 그 절에서 베옷을 빨아 말리거나 말을 타고 사슴사냥을 했다고 하여 사람들은 그 절을 '베옷 마麻'자와 '사냥 전田'자로 이루어진 마전사로 부르거나 '말 마馬'자와 '사슴 록鹿'자로 이루어진 마록사로 부르기 시작했다.

마전사가 있는 마을 앞 길가에는 거의 절반가량 갈라진 거대한 벼락바위가 있다. 그 바위가 벼락바위로 불리기 시작한 일화도 세조 재위기간에 생겼다고 한다. 평소 열심히 도를 닦던 마록사 주지승은 자신의 탁월한 도술에 대한 자부심이 대단하여 감히 세상 누구도 자신의 도술은 당해낼 사람이 없다고 자신했다. 그러던 어느 날 마록사에 허름한 옷차림의 도승 한 명이 찾아왔다. 고수는 고수를 알아본다고 주지승이 도승의 눈빛을 보니 광채가 깃들어 있고 몸은 서기가 발하여 한눈에 봐도 보통이 아님을 알 수 있었다. 주지승은 도승의 도력이 우세한 것만 같아 자신도 모르게 주눅이 들고 불쾌해지기까지 했다. 주지승은 도승의 재주를 시험하여 우위를 확인하고 싶었다. 주지승은 도승과 함께 저녁을 먹고 나서 도승을 밖으로 이끌었다. 그리고 자신의 도술을 선보인 다음 도승에게 자신처럼 해보라고 청했다. 그러자 도승은 스스로를 탁발승에 불과하다고 낮추면서 어찌 대사와 도술을 견줄 수 있겠느냐고 사양했다. 그러나 주지승의 귀에 도승의 말이 들릴 리가 없었다. 주지승은 어느새 말 한 마리를 끌어와서 사뿐히 등에 올라타고 말했다.

"내 저 앞에 보이는 바위에 말을 타고 올라가서 재주를 부릴 터이니 객승도 한 번 해보시구려."

그런데 주지승이 가리키는 바위는 용궁의 용왕이 매년 정월대보름날 한 번씩 육지로 나왔을 때 앉아 쉰다는 용왕바위였다. 그것을 알아차린 도승은 크게 놀라며 주지승의 말고삐를 잡고 만류했다. 도승이 그 바위가 매우 신성한 바위로 보인다며 만류해도 주지승은 아니꼬운 생각에 도승의 손을 뿌리쳤다. 도승은 주지승이 자신의 말을 절대 듣지 않으리라는 사실을 알자 황급히 절 안으로 도망치듯 숨었다. 주지승은 도승이 자신의 생각과 달리 겁을 낸다는 생각에 괜스레 우쭐해져서 단숨에 바위 위로 뛰어올라가서 묘기를 부리기 시작했다. 그때였다. 갑자기 하늘이 시커메지고 번개가 치며 귀청을 찢을 듯한 천둥소리가 울렸다가 이내 아무 일 없었다는 듯이 조용해졌다. 하늘은 다시 쾌청해졌고 서쪽 하늘의 샛별은 평소보다 더 밝게 빛났다. 절로 숨어들었던 도승은 하늘이 고요해지자 비로소 밖으로 나와 바위 있는 곳을 바라보았다. 참으로 처참하고 끔찍한 장면이 펼쳐져있었다. 주지승과 말이 바위와 함께 벼락을 맞아 새카맣게 타버린 채 두 동강 나있었던 것이다. 도승은 두 손을 합장하여 주지승의 극락왕생을 빌고 조용히 절을 떠났다.

그 후부터 마록사에 있었던 그 사건에 관한 소문이 퍼졌고, 사람들은 마록사의 바위를 주지승이 말을 타고 오르다가 벼락을 맞은 바위라 하여 벼락바위라고 부르기 시작했다.

주지승이 베어버린 마전사 은행나무

마전사에는 암수의 두 은행나무가 있었는데 암은행나무는 절 경내에 있고 수은행나무는 동구 밖에 있었다. 두 은행나무의 몸은 떨어져있었지만 때가 되면 열매를 풍성히 맺어 절에 큰 소득을 안겨주었다. 그러나 가을에 떨어지는 은행나무낙엽들을 아침저녁으로 청소하기는 여간 귀찮은 일이 아니었다. 결국 주지승은 절 경내의 암은행나무를 베어버리기로 생각하고 행자들에게 나무를 베라고 일렀다. 그런데 행자들은 의외로 완강하게 반대하며 주지승에게 협조하지 않았다. 행자들은 가을이 되면 은행나무낙엽들이 사찰 경내를 뒤덮어 지저분해보일 수는 있지만 경내의 큰 은행나무가 경관에 어울린다고 생각했던 것이다. 그래서 주지승은 큰톱으로 직접 암은행나무를 베기 시작했다. 나무가 어찌나 큰지 쓰러뜨리는 데 사흘이나 걸렸다. 그런데 암은행나무가 쓰러짐과 동시에 나무밑동에서 우윳빛 수액이 솟아나더니 옆에 있던 주지승이 톱을 쥔 채 그 자리에서 피를 쏟으며 목숨을 잃었다.

그런 변고가 생긴 이후로 마전사는 쇠퇴했고 절터에는 마을이 생기기 시작했다. 그때부터 동구 밖에서 홀로 서있게 된 수은행나무는 나라에 변고가 있을 때마다 울기 시작했다고 한다. 임진왜란 때는 한 달 전부터, 한국전쟁 때는 약 1주일 전부터 온 마을이 울리도록 크게 울었다고 한다.

지금도 이 수은행나무는 나라의 변고를 미리 예고하는 나무로 여겨지고 있으며 보은군의 보호수로 지정되어 보살핌을 받고 있다.

보은군 회남면 남대문리
일월의 정성에 감복하며 대감의 목숨을 살린 샘물

보은군 회남면 남대문리南大門里 뒷산에는 약 15미터 길이의 용굴龍窟이 있다. 남대문리는 '거구리'라고도 불린다. 그 지명은 마을에 아홉 명의 부자가 살았다고 하여 붙여진 것이다. 용굴이라는 이름은 옛날 그 굴에 용이 살았다고 하여 붙여진 것이다. 용굴 안에는 인천仁泉이라는 옹달샘이 있는데 인천의 샘물은 동쪽으로 흘러내린다.

한편 거구리에는 조정의 당파싸움에 밀려 쫓겨 온 벼슬아치가 있었다. 그는 숨어사는 처지에 무엇이라도 해야 했으나 어려서부터 글만 가까이했으니 농사일과는 거리가 멀었다. 그랬기에 벼슬아치가 거구리로 내려올 때 한양에서 데려온 기생첩 일월이 손수 술을 빚고 주막을 차려 연명했다. 벼슬아치가 아끼던 일월도 험한 일을 해본 적이 없었다. 하지만 그녀는 생계유지를 위해 주막일 외에도 산에서 나무도 해오고 이웃집 농사일도 거들면서 사랑하는 남자를 편안하게 해주고자 애썼다. 그러나 마을사람들은 나이 많은 영감이 젊은 아내에 의지하여 살아간다고 수군거렸다. 젊은 장정들은 일월이 동네를 지나칠 때면 길목에 서서 은근히 빈정대고 추파를 던졌다. 여인네들은 아내를 부려먹으면서 방안에 틀어박혀 책만 보는 대감을 대놓고 빈정거렸다.

신분을 감추고 살아갈 수밖에 없던 대감은 사람들에게 어떤 변명도 할 수 없다는 사실과 자신의 처지 때문에 자괴감을 느끼기 시작했고 일월에게는 미안하다는 말조차 꺼내기 힘들 정도로 괴로워졌다. 일월의 곱던 얼굴은 어느새 거칠고 까맣게 변해버렸고 하얗던 손은 거북등처럼 갈라졌으며 손가락 마디마디에는 굳은살이 박혔다. 그런데도 일월은 대감을 조금도 원망하지 않았다. 대감은 자신이 죽으면 일월이 더는 고생하지 않으리라고 생각했다. 어느 날 일월이 나무하러 간 사이에 대감은 새끼줄을 가지고 뒷산에 올랐다. 그는 용굴 앞에 서있는 소나무가지에 새끼줄을 걸고 자신의 목을 매달았다.

그동안 나라에는 정변이 일어나 다시 대감이 속한 당파가 정권을 잡았고 동지들이 대감을 찾아 거구리에 도착했다. 일월이 나무를 해서 집으로 돌아올 즈음 동지들은 이미 도착하여 대감을 찾았지만 그의 모습은 보이지 않았다. 비로소 일월과 대감의 신분을 알게 된 마을사람들은 자신들이 함부로 내뱉은 말들을 후회하며 함께 대감을 찾는 일을 도왔으나 대감은 이미 싸늘한 시신으로 변한 뒤였다.

마을사람들이 나무에 매달린 대감을 집으로 데려오자 일월은 충격을 받고 말을 잇지 못했다. 일월은 통곡하면서도 대감이 혹시나 살아날까봐 용굴에서 샘물을 떠와서 대감의 입에 넣어주었다. 그리고 일월이 대감의 사지를 쉼 없이 주물렀다. 그러자 얼마 후 대감의 얼굴에는 핏기가 돌았고 입에서는 가느다란 한숨이 새어나왔다.

일월의 정성으로 겨우 목숨을 구한 대감은 이튿날 일월과 함께 한양으로 떠나면서 자신을 목숨을 살려준 용굴의 샘물에 고마움을 표하기 위해 '어질 인仁'자가 담긴 인천仁泉이라는 이름을 지어 붙였다. 그 소문이 퍼지자 사람들은 인천을 기적의 샘물로 여기며 그것을 구하기 위해 용굴로 몰려들었다. 인천은 위장병환자에게 특효가 있다고 알려졌다. 또 가뭄이 심할 때면 회인현감이 천연동굴인 용굴에 와서 기우제를 지냈는데, 그리하면 현감이 회인으로 돌아가기 전에 하늘에서 비가 내렸다고 한다.

인천의 물빛은 마치 우윳빛과 같으며 차고 매웠다. 인천에서 나오는 물의 양은 일정하지 않아서 흘러나오는 수량이 갑자기 많아졌다가 적어지기를 반복한다고 한다.

인조반정에 가담한 이괄의 죽음을 알린 바위

회남면 남대문리 188번지 논에는 가로 약 7미터, 세로 약 5미터의 이괄李适바위가 있다.

이괄은 1587년(선조 20) 경기도 여주에서 태어나 1624년(인조 2) 반란에 가담했다가 실패하고 부하의 손에 죽은 인물이다. 무관 출신으로 문장과 필법에도 능했던 이괄은 무과에 합격하여 형조좌랑과 태안泰安군수를 지냈고 1623년(광해 15) 북병사에 보직되어 부임하기 직전 인조반정에 가담했다. 작전지휘를 맡아 광해군을 몰아내고 인조를 옹립하는 데 큰 공을 세운 이괄은 정사공신靖祀功臣 2등이 되고 한성부윤에 올랐다.

그해 후금後金과 조선의 국경분쟁이 잦아지자 이괄은 평안도병마절도사 겸 부원사로 발탁되어 영변寧邊에 군사를 주둔시키고 성을 쌓으며 군사훈련을 실시하고 압록강변의 국경수비에 힘을 쏟았다. 그때 지식인층과 어울리게 된 이괄의 아들 이전李旃은 인조반정공신들의 횡포로 정치가 문란해졌다고 개탄한 일이 있었다. 그것이 과장되어 이괄이 반역을 꾀한다는 무고로 비화했다. 이괄은 인조반정 당시 공로가 으뜸이었는데도 무신이라는 이유로 이등공신에 책봉된 일에 불만을 품고 있었다. 그러던 차에 조정은 반역여부를 조사한다는 빌미로 그를 의심하여 수사관을 파견했다. 그런 조정의 처사에 분노가 폭발한 그는 마침내 반란을 일으키고 말았다. 이괄은 처음에는 휘하의 막강한 군사와 탁월한 작전으로 희생 없이 단번에 한양 인근까지 점령했다. 그러나 이튿날 팔도도원수로서 평양에 머물던 도원수 장만張晩이 돌아와 지휘하는 관군에 참패를 당했다.

이괄바위는 원래 산에 있던 바위였다. 이괄은 회남면을 떠나 이천으로 도망하는 길에 그 바위를 가리키면서 말했다.

"만약 이 바위가 절벽에서 굴러 떨어지면 내가 죽은 줄 알라."

그가 이천에서 부하장군 기익헌奇益獻, 이수일李守一 등에게 죽던 날에 뇌성벽력이 일면서 커다란 바위가 절벽에서 무너져 내려 논으로 떨어졌다고 한다. 1624년(인조 2) 죽게된 이괄의 자는 백규白圭이고 본관은 고성固城이며 참판 이육李陸의 후손이다.

장만은 이괄의 난을 평정한 공을 인정받아 인조로부터 원훈元勳을 책록받고 진무振武공신의 호를 받았으며 보국숭록輔國崇祿의 위계에 올랐고 옥성玉城부원군에 책봉되었다. 이어 의정부우찬성을 거쳐 병조판서가 된 장만은 1627년(인조 5) 정묘호란丁卯胡亂에서 적을 물리치지 못한 책임을

장만 장군 초상

지고 부여로 유배되었지만 곧 사면을 받아 복직하여 집에 있다가 1629년(인조 7) 사망했다.

1566년(명종 21) 군수 장기정張麒禎의 아들로 태어난 장만은 문무재략을 겸비한 무장으로써 부하들을 잘 다룰 줄 알았다. 장만의 자는 호고好古, 호는 낙서洛西, 시호는 충정忠定, 본관은 인동仁同이고 사후 영의정에 추증되었다. 장만은 1589년(선조 22) 생원시와 진사시에 합격했고 1591년 문과에 급제하면서 관직에 들어섰다. 그는 성균관과 괴원槐院에 있다가 예문관검열, 전생주부, 형조좌랑과 예조좌랑, 지평 등의 관직들을 거쳐 봉산鳳山군수가 되었는데, 그때 고을을 잘 다스린 공으로 승지에 올랐다. 장만은 영남안찰사, 호조참판, 형조판서도 지냈고 병조판서로 재임할 때는 광해군의 정치가 문란함을 보고 대책을 건의했다가 광해군이 진노하자 병을 핑계로 통진通津의 별저에 머물기도 했다.

보은군 장안면 개안리와 봉비리
진사시에 합격한 정가묵의 공을 기리는 보

보은군 장안면 개안리(옛 외속리면 하개리下開里)와 봉비리鳳飛里 앞들에는 농사에 크게 일조하는 진사래보洑가 있다.

조선 정조 때 봉비리에 살던 선비 정가묵鄭可默은 일찍이 성균관진사시에 1등으로 합격하여 이름을 알렸다. 그러나 벼슬길에 뜻이 없던 정가묵은 귀향하여 학문에만 전념했다.

봉비리 앞에는 수만 평에 달하는 토지가 있었는데 황무지로 방치되어 있었고 부근 전답들의 관개시설도 형편없었다. 마을사람들에게 "달

밤에도 가뭄이 탄다"는 속담은 너무나 익숙한 말이 된 지 오래였다. 그런 상황을 늘 안타깝게 여기던 정가묵은 주민들을 위해 마을 앞을 흐르는 냇물 삼가천三街川을 이용하여 황무지를 개간하기로 마음먹었다. 속리산 천황봉에서 발원하여 금강으로 흘러드는 삼가천은, 저수지를 만들어 수리시설을 갖춘 지금과 다르게, 당시에는 하개리에 이르면 물이 모두 자갈밭으로 스며들어버렸다. 장마 때가 아니면 좀처럼 물 구경하기가 어려웠던 사람들은 삼가천에 보를 만들어 물을 보관하겠다는 생각도 아예 하지 않았다. 정가묵은 물이 자갈밭으로 사라져버리는 삼가천에서 약 10리가량 상류로 올라가 외속리면(현 장안면) 서원리書院里에 있는 냇물 북두무니에서부터 하천바닥을 파서 하류로 물길을 잡아오기 시작했다. 마을사람들은 모두 하나같이 부질없는 일에 시간을 낭비한다며 떨떠름하게 여겼다. 그러나 정가묵은 주민들과 하인들을 독려하며 하천바닥 파내기를 멈추지 않았다. 정가묵은 주민들과 함께 새로운 물길도 찾아가면서 하류까지 계속하여 내려갔다. 이윽고 하개리에 도달한 그들이 돌제방을 쌓아 보를 완성하니 엄청난 양의 물이 모였다. 그 물을 이용하여 황무지를 전답으로 개간하고 농사를 지었다. 마을은 드디어 빈촌에서 부촌으로 탈바꿈하는 엄청난 변화를 맞이할 수 있었다. 마을사람들은 그제야 정가묵의 공덕을 입이 마르게 칭찬했다. 그렇게 만들어진 보의 이름도 정 진사가 기울인 노력의 결실이라고 하여 '진사의 보'로 지어졌다. 진사의 보는 오랜 세월이 흐르는 동안 충청도 사투리 때문에 '진사래보'라는 이름으로 와전되었다.

정가묵은 1762년 정수동鄭壽東의 아들로 태어났고 자는 시여時汝, 호는 난간, 본관은 동래東萊이다.

제 10장

충주시 지역
지명들의 유래

충주의 옛 지명 예성

몽골과 치른 40년 전쟁을 이겨낸 승장 김윤후와 시민들

우리나라 반만년 역사에서 외침을 받은 횟수가 931회라고 한다. 역사학자들은 그렇게 발생한 많은 전란 중에서도 가장 길고 가장 험난했던 전란이 고려시대 몽골과 치른 40년 전쟁이라고 말한다. 그토록 지루했던 대몽항전의 와중에 몽골제국의 장군 살리타(살례탑撒禮塔)가 지휘하던 정예군대가 삽시간에 충주忠州를 함락해버렸다.

충주성내의 주민들은 충주산성으로 피난했다. 그때 피난민들과 함께 산성으로 들어온 승장僧將 김윤후金允後가 주변을 둘러보니 어찌 된 일인지 관아의 벼슬아치들이나 병졸들은 눈을 씻고 보아도 없었다. 백성을 지켜야 할 장군들과 군사들이 없으니 불쌍한 중생들은 오랑캐에게 짓밟히고 유린당할 것이 뻔했다. 김윤후가 아무리 골똘히 생각해도 충주의 백성들을 지켜낼 묘안은 떠오르지 않았고 의논할 상대도 없었다. 김윤후는 '내 비록 출가하여 살생을 금하는 불제자가 되었으나 도탄에 빠질 중생을 구하는 것 또한 불자가 할 일이다'고 생각하여 장삼과 바랑을 벗어던지고 죽장 대신 칼을 들었다. 김윤후는 피난민들 사이에 의연히 나서서 장정들을 모으기 시작했다. 하나둘 모여드는 장정들 가운데는 여전히 양반들의 모습은 보이지 않았다. 그렇게 의병장군이 된 김윤후는 자신을 믿고 모인 천민들에게 고했다.

"나라를 구하는 데는 반상班常도 귀천도 따로 없으며 아낙들도 저 무지막지한 오랑캐를 무찌르는 일에 함께 나서야 할 것이오. 만약 이 전쟁에서 혼신을 다해 적을 무찌르면 관노官奴든 사노私奴든 모든 천민을 면천해줄 것이오. 이를 증명하기 위해 여러분이 보는 앞에서 노비문서를 불사르겠소!"

김윤후가 받아든 모든 노비문서를 불사르는 모습을 본 천민들의 사기는 더욱 충천해졌다. 김윤후는 충주산성의 문을 굳게 닫고 적병이 진입하는 길목을 막아 활을 쏘고 돌을 굴리며 신출귀몰한 작전을 전개했다. 김윤후 휘하에 모인 병졸들의 집념은 천하무적으로 도저히 넘보지 못할 것 같았던 몽골군대를 퇴각하게 만들었고 적군에게 유린당할 뻔했던 충주 이남의 땅도 지켜낼 수 있었다.

충주산성

전란은 끝났으나 이제 적군의 분탕질로 깨지고 무너진 산성을 수축할 일이 남아있었다. 충주산성전투의 승전 소식에 크게 감명한 고려의 고종은 왕명으로 충주산성을 수축하게 했다. 충주산성 수축에 동원된 전국의 석공들도 충주 주민들이 힘을 모아 외적을 몰아냈다는 사실에 큰 자극을 받았다. 그들은 위대한 승리의 땅 충주산성을 수축하면서 각자 가진 기량들을 총동원하여 성벽에 꽃을 아로새겨 넣었다.

그리하여 충주산성의 이름은 '꽃술 예蘂'자로 이루어진 예성蘂城이 되었다. 예성은 위대한 승리의 땅 충주를 기리는 별호로도 쓰였다. 예성의 초석에 조각된 연화문은 말로만 전해져오다가 1978년 충주시내 모 음식점에서 예성동호회 회원들이 연화문이 새겨진 장대석長臺石을 발견하면서 세상에 모습을 드러냈다. 중앙에는 태극무늬가, 그 주위에는 연화문이 조각된 것으로 미루어 그 장대석은 고려시대 예성의 신방석으로 추측된다.

충주산성에 전해지는 마고할미와 오누이의 전설

옛날 금단산錦丹山(지금의 괴산군에 있는 산) 수정봉水晶峯에 은거하던 신선 마고할미는 하늘의 율법을 어기고 살생을 범하여 천제의 노여움을 사서 하천산下天山 융위봉으로 쫓겨나 험한 일을 하게 되었다. 그때부터 500년 간 죗값을 치르던 마고할미는 잘못을 뉘우치고 천제에게 참회하면서 금단산으로 되돌아가게 해달라고 간곡히 청했다. 마고할미가 진심으로 참회했다고 느낀 천제는 마고할미에게 명을 내렸다.

"금봉산金鳳山에 들어가 성채를 쌓고 그곳을 네 처소로 삼도록 하라. 성은 반드시 북두칠성을 따라 하루에 별 하나씩 하여 7일 동안 쌓도록 하거라."

천제의 명을 받은 마고할미가 금봉산(지금의 충주시에 있는 산)으로 와보니 그 경치가 이루 말할 수 없이 아름다웠다. 마고할미는 몹시 행복한 마음으로 성을 쌓기 시작하여 천제의 명대로 꼭 이레 만에 완성할 수 있었다. 축성을 마무리했다는 마고할미의 말을 들은 천제는 도감都監을 보내어 성을 살펴보도록 했다. 그런데 도랑의 입구가 천제가 거처하는 서천西天을 향해 뚫려있자 도감은 그 사실을 천제에게 보고했다. 진노한 천제는 마고할미를 성지기로 삼아버렸다.

천제는 마고할미가 내쫓겼다는 앙심을 품고 수구水口를 서쪽으로 냈다고 판단했다. 그러나 마고할미는 그것이 아니라 다만 지형을 감안하여 편리한 서향으로 물을 흘러가도록 한 것이었다. 그 시절 축성할 때는 서천숭배사상에 의거하여 큰문은 반드시 남향으로, 암문暗門은 동향으로, 수구문은 동남으로 내야하고 서문은 누각을 세워 위엄과 화려함을 표해야 한다는 전통이 있었다. 그럴지라도 마고할미는 수구문을 동남쪽이 아닌 서쪽으로 낸 것은 고의가 아니라 지형 때문이라고 아무리 호소해도 천제는 끝내 노여움을 풀지 않았다. 마고할미는 결국 금봉산성에서 성지기 노릇을 하다가 천명을 다했고 사람들은 그 산성을 마고성이라고 부르게 되었다. 마고성은 서향에 수구문水口門을 가진 유일한 성이라고 한다.

마고할미는 건강한 오누이를 자녀로 두었다. 오라비와 누이 모두 힘이 장사여서 우열을 가리고자 해도 승부가 나지 않았다. 한 나라에 대장군은 둘일 수가 없다고 생각한 마고할미는 오라비에게는 나막신을 신고 신라의 서울로 가서 무과에 장원급제하여 오라고 했고 누이에게는 산성을 쌓으라고 하여 그 결과로 둘의 승부를 가리기로 했다.

마고할미가 자식들에게 허여한 기한도 7일이었다. 그것은 오누이의 목숨을 건 내기여서 그만큼 잔인한 결정이었다. 6일이 지나도록 아들로부터는 소식이 없었다. 딸이 쌓는 성은 거의 마무리되어 성가퀴(여장女牆)만 둘러쌓으면 완성될 상황이었다. 마음이 조급해진 마고할미는 펄펄 끓는 팥죽을 한 동이 쑤어서는 딸에게 가서 말했다.

"네가 이기겠구나. 너무 서두르지 말고 배고플 텐데 이것 좀 먹고 하거라."

땀을 뻘뻘 흘리며 바위를 나르던 딸은 성 위의 낮은 담만 쌓으면 성이 완성될 참이라서 이미 이긴 셈이었다. 하지만 아들을 살리려는 어머니의 심정을 눈치 챈 딸은 펄펄 끓는 팥죽을 후후 불며 먹기 시작했다. 그때 마침 저 멀리 벌판에서 준마를 탄 아들이 장군이 되어 뿌연 먼지를 일으키며 달려오고 있었다. 그렇듯 스스로 패배의 길로 들어서 장렬히 죽어간 누이의 전설을 담은 성이 바로 충주산성이다. 지방기념물 제31호인 충주산성은 남산성 또는 할미성이라고도 불렸다. 전국의 고성古城들 중에 할미성이라는 이름을 가진 성들은 모두 마고할미의 자식이 축성했다는 공통된 전설을 가지고 있다.

충주시 호암동에서 남동쪽의 자라바위와 곧은골을 거쳐 동북쪽으로 약 1킬로미터 떨어진 곳에 있는 고풍스러운 창룡사蒼龍寺를 지나면 충주산성으로 올라가는 산길이 있다.

충주의 젖줄 달래강
수달이 살고 물맛 좋은 단냇물

달래강의 옛 이름은 덕천德川 또는 '달강'이라고 기록되어있는데, 그 지명의 유래와 관련된 여러 전설이 전해진다.

조선시대 탁발승으로 가장하고 다니던 한 도승이 달래강 강변의 어느 집을 찾게 되었다. 도승이 문전에서 시주를 청하자 중년남자가 대문을 열고 나왔다. 그 남자의 얼굴빛은 이미 변했고 목숨이 얼마 남지 않은 기색을 보였다. 뿐만 아니라 그 남자는 좋은 인연으로 윤회하기도 무척 힘들 것처럼 보였다. 시주를 받은 도승이 자신의 느낌을 그 남자에게 사실대로 말하

달래강

자 비탄에 빠진 그 남자는 도승에게 바싹 다가서며 살 길을 인도해달라고 애원했다. 도승은 안타까운 마음으로 말했다.

"그대는 중생을 위해서는 적선해야 할 것이고 자신의 육신을 위해서는 고행해야 할 것이라. 지금부터 돌을 날라 저 강물에 다리를 놓아 위급한 이들의 통행을 돕도록 하라."

그 남자는 그날부터 아픈 몸을 이끌고 사람이 많이 다니는 나루를 골라 돌다리를 놓기 시작했다. 돌을 나르는 일은 성한 사람이 하기도 쉽지 않았다. 그는 온갖 어려움을 극복하고 1년을 고생한 끝에 돌다리 하나를 거의 완성했다. 드디어 마지막 돌 하나만 놓으면 다리가 완성될 찰나에 강 건너편에서 들려오는 사람소리에 그가 바라보니 한 노인이 급한 환자인 듯한 사람을 데리고 다리를 건너오고 있었다. 다리를 건너온 노인은 이 추운 날 다리가 없었다면 어찌할 뻔했겠느냐고 말하고 하늘이 도왔다며 고마워했다. 그러면서 노인은 덧붙였다.

"참으로 덕을 입은 강이로다."
於是被德之江也　어시피덕지강야

그때부터 강 이름이 덕천으로 불렸다고 한다.

또 『동국여지승람』에는 지금의 달래강이 달강撻江으로 표기되어있다. 지금은 충주시로 통합된 과거 중원군中原郡 팔봉 부근에는 수달이 많이 살았었다고 한다. 지금도 칼바위 인근에는 수달피고개라는 지명이 남아 있다. 조선시대에는 조정에 수달을 진상했다는 기록까지 있다. 이것으로 미루어보면 달래강은 수달이 많이 사는 강이라는 뜻에서 달강으로 불리다가 달천으로 바꿔 불리게 된 것으로 추측된다.

달래강과 관련된 또다른 전설은 『택리지擇里誌』에 나온다. 임진왜란

이행의 묘소

때 이여송과 같이 조선으로 원병을 이끌고 온 명나라장군 한 명이 달강을 건너다가 목이 말라 달강의 물을 마시고 그 물맛에 반하여 이렇게 말했다고 한다.

"이 물은 명나라에서 유명한 여산驪山의 수렴水簾약수와 같다."

그리고 갑자사화甲子士禍 때 폐비윤씨의 복위를 반대하다가 충주로 유배당한 이행李荇도 충주의 달강의 물맛을 보고 이렇게 찬양하며 즐겨 마셨다고 한다.

"조선 제일의 물맛이로다."

지금의 달래강은 맛이 달달한 냇물이라고 하여 단냇물이 되었고, 단냇물이 달냇물, 달냇강으로 변음되었다가 지금의 달래강이 되었다고도 한다.

충주시 노은면 가신리
명성황후가 나라소식을 기다린 국망산

충주시 노은면 가신리佳新里에 있는 국망산國望山은 임오군란壬吾軍亂

이전까지는 금방산禽傍山으로 불리다가 임오군란 이후 지금의 이름을 갖게 되었다.

1882년(고종 19) 구식 군대가 신식 군대인 별기군보다 못한 차별대우를 당하고 급료마저 밀린 데 불만을 품고 임오군란을 일으키자 명성明成왕후는 충주목사 민응식閔應植의 저택 장호원長湖院으로 피신했다. 민응식은 명성황후의 친척으로서 명성황후에게 충주의 장호원을 피신처로 제공하면서 출세가도를 달리기 시작했다.

장호원에 머물던 명성황후는 더욱 안전한 장소를 찾아 지금의 가신3리 558번지에 해당하는 신흥동의 한 초가집으로 몸을 옮겼다. 신흥동 초가집 방의 천정은 너무 낮아서 사람이 완전히 일어설 수도 없었다. 초가집에는 홀어머니를 모시고 나무장수를 하여 근근이 살아가는 총각 이 도령이 있었다. 그 모자는 명성황후에게 최선의 친절을 베풀며 왕비가 그나마 불편하지 않게 지내도록 신경을 썼다.

시골마을에 은신하자니 한양소식이 너무나 궁금했던 명성황후는 날마다 가신리의 산마루에 올라 궁궐 쪽을 초조하게 바라보았다고 한다. 그 산은 명성황후가 나라의 좋은 소식을 기다린 산이라 하여 '나라 국國'자에 '기다릴 망望'자가 들어간 국망산이라는 명칭으로 불리기 시작했다. 국망산 정상에서 동남쪽으로는 충주, 서북쪽으로는 장호원을 거쳐 한양까지 한눈에 보인다. 해발770미터에 험준하기로도 유명한 국망산을 황후의 몸으로 날마다 오르내렸다고 하니 황후의 초조함과 불안함이 어느 정도였을지 짐작할 수 있다.

드디어 고단한 피난생활을 마치고 환궁한 명성왕후는 피난시절 자신을 살뜰히 챙겼던 이 도령과 그 노모를 잊지 않고 관리를 보내 이 도령을 궁중으로 불러 사례했다. 그 자리에서 명성황후가 이 도령에게 소원을 물었더니 겸손한 태도를 보이므로 더욱 가상히 여겨 음성군수직을 이 도령에게 하사했다.

그 후 가신리 주민들은 이 도령이 음성군수가 됐다고 하여 그의 집을 '이음성집'이라고 불렀고 또 황후가 지내던 집이라 하여 대궐터라고도 불렀다. 군수가 된 이 도령은 명성황후의 기대를 저버리지 않고 선정을 베풀었다. 그것이 알려져 이 도령은 정선군수를 비롯하여 5개 고을의 군수를 지내게 되었다.

한편 1844년(헌종 10) 민영우閔泳愚의 아들로 태어난 민응식은 임오군란이 발생한 1882년(고종 19) 문과에 급제하여 혜상공국惠商公局의 총판이 되었다. 민응식은 그해 청나라의 정치가 위안스카이(원세개袁世凱)의 세력을 등에 업고 척신 민태호閔泰鎬 등과 결탁하여 독립당에 압력을 가했고, 김옥균金玉均이 일본의 폭력배를 데리고 강화도에 침입했다는 낭설을 유포하여 민심을 어지럽혔다. 민응식은 나중에는 척족세력의 핵심이 되어 민영익閔泳翊 등과 같이 원세개 세력을 제거하기 위해 러시아를 끌어들이고자 했다. 1891년(고종 28)에는 일본으로 조선곡물의 수출을 반대하는 방곡령을 실시했지만 오히려 일본이 황두黃豆를 배상해달라고 요구하자 민응식은 극력 반대했다.

민응식은 또한 김옥균이 일본의 도움을 받아 조선을 개혁하려고 하자 민병석閔丙奭 등과 함께 김옥균을 암살할 계획을 세우고 장응규張應奎를 일본에 파견했다. 이후 그는 예조판서, 호조판서, 경리사, 통어사, 도총제사 등을 역임했다. 1894년(고종 31) 갑오개혁甲午改革으로 개화파 내각이 성립되었다. 그 후 1905년(고종 42) 여러 척신을 개혁파인물들로 대치하는 과정에서 민응식은 물의를 일으킨 책임을 지고 전라도 고금도古今島로 유배되었다. 그의 사망년도는 기록에 남은 바가 없고 자는 성문性

文, 호는 우당藕堂, 본관은 여흥驪興이다.

충주시 엄정면 괴동리
무당 진령군의 도움으로 천거된 이유인

충주시 엄정면 괴동리槐東里에 있는 백운산白雲山 아랫마을에는 귀신같이 영험한 점술을 가졌다고 소문난 무당 윤씨가 살았다. 그때는 임오군란이 일어나 국망산 아래 신흥동에서 명성황후가 피난하며 초조하게 한양소식을 기다리던 때였다.

무당의 소문을 들은 명성황후는 앞날이 두렵던 차에 무당이 실제로 그토록 신통한지 시험하기 위해 일부러 초라한 옷을 입고 무당을 찾아갔다. 시녀들은 괴동리 동구에서 기다리게 해놓고 혼자 찾아갔는데도 방문을 열고 밖을 내다본 무당은 황급히 나와 명성황후를 마루에 앉히고 마당으로 내려가 무릎을 꿇고 부복했다. 명성황후는 어찌 그러느냐고 시치미를 뗐지만 무당은 이미 그녀가 국모임을 알고 있었다. 놀란 명성황후는 무당에게 당부했다.

"내가 자네를 찾아온 사실을 비밀로 해야 할 것이네."

그리고 향후 국가정세가 어찌될 것 같으냐고 물었다. 무당은 환궁 날짜까지 분명히 적어 보이면서 대답했다.

"왕비께서 고초를 겪으실 날도 머지않았습니다."

무당의 말대로 바로 그날 한양에서 명성황후를 환궁시키기 위한 파발꾼이 도착하니 명성황후는 물로 측근들까지 탄복했다. 그러나 그 비밀은 누구의 입에선지 새어나가 무당의 명성은 금세 전국으로 퍼졌다.

명성황후는 환궁한 후 무당 윤씨를 궁으로 불러들여 진령군眞靈君 여대감이라는 벼슬을 내리고 많은 금품도 하사했다.

괴동리 백운산 아랫마을로 돌아온 진령군이 하루는 꿈을 꾸었는데, 하얀 법의를 걸친 철불鐵佛이 나타나 백운봉 동쪽에 절을 짓고 부처님을 모시라고 진령군에게 지시했다. 진령군은 부처님의 뜻을 따라 백운산 동쪽에 절을 짓고 산 이름을 따라 백운암白雲庵이라고 명명했다.

명성황후의 신임을 받고 명성을 얻은 진령군은 급격히 득세했다. 그러자 관직을 탐내는 무리들이 진령군의 문전에 줄지어 섰다. 괴동리에 살던 선비 이유인李裕寅은 벼슬에 뜻은 있었지만 가난하고 관운도 없었다. 그러던 차에 명성을 떨치는 진령군에게 가세도 등등한 자들이 몰려가는 꼴은 이유인에겐 마땅찮아보였다. 이유인은 한낱 산골짜기 선무당이 눈치 빠른 소치로 점괘 하나 맞추어 교만을 떠는 것만 같아 진령군을 놀려먹고 싶었다. 이유인은 친지 몇 사람과 계략을 꾸몄다. 이유인은 자신이 귀신을 부리고 비바람을 마음대로 부른다는 소문을 퍼뜨려 진령군의 귀에 들어가도록 만들었다. 이유인에 관한 소문을 들은 진령군도 이유인을 시험해보고 싶은 마음이 생겨 만나기를 청했다. 그러자 이유인이 말했다.

"귀신을 부리고 비바람을 부르는 비법은 항간에는 할 수 없는 것이니 비법을 알고 싶다면 내가 수도하는 산중으로 찾아오도록 하십시오."

이유인의 술법이 어느 정도인지 몹시 궁금해진 진령군은 이유인이 일러준 깊은 산중으로 갔다. 진령군이 어서 동서東西의 장군들을 한 번 불러보라고 재촉했다. 이유인이 한참 주문을 외우며 정신을 통일하는 시늉을 하다가 동쪽을 향해 동방장군을 부르자 동편 산중턱에서 북소리를 울리며 귀신 하나가 치달아 나오더니 다시 숲속으로 들어갔다. 그리

경운궁(덕수궁)

고 이유인이 서방장군을 부르니 이번에는 장군 모습을 한 귀신이 징을 울리면서 바람처럼 치달아 바위 사이로 들어가는 것이었다. 그 모든 일은 이유인이 꾸민 장난이었지만 진령군은 그 장난을 진짜 이유인의 술법으로 믿고 놀라 즉시 명성황후에게 천거했다. 진령군의 예언이 들어맞은 후로 명성황후는 무당의 말이라면 무엇이든 신임했으므로 이유인은 곧 양주楊州목사로 임명되었다. 그렇게 위험한 장난 덕분에 관직에 오른 이유인이었지만 양주목사로 부임한 후에는 탁월한 지혜와 수완을 발휘하여 백성들로부터 두터운 신망을 얻었고, 나중에는 좌의정까지 영달했다.

이유인은 1897년(고종 34) 고종이 러시아공관에서 경운궁(덕수궁)으로 옮길 때 궁궐 수리를 책임졌다. 천주교 신자이던 이유인은 고종이 국호와 연호를 대한제국 광무원년으로 변경하고 황제대관식을 거행할 때 뮈텔Mutel 주교를 고종에게 알선했고, 고종은 주교와 상의하여 대관식 의전을 결정했다고 한다. 이유인은 그해 법부대신에 임명되었지만 훗날 일본의 국모시해사건을 규탄하는 상소를 올렸다가 귀양길에 오르기도 했다.

이유인의 고향 괴동리 사람들은 농담하듯이 이유인을 귀신정승이라고 불렀다. 그러나 이유인의 인품이 훌륭하게 평가되어 그의 이름이 명신록에 올랐고, 그를 도운 친지들도 저마다 가진 재주에 걸맞은 벼슬에 올라 괴동리는 지금까지도 사대부 고장으로 알려져 있다.

충주시 동량면
지나친 윤리관 때문에 목숨을 잃을 며느리소

해발 775미터의 계명산의 기슭은 주변의 넓은 터전에 크고 작은 40여 개 봉우리와 60여 개의 계곡을 품는다. 한 폭의 그림과 같은 도처의 아름다운 경치와 어우러진 동량면東良面에서 건지마을로 향하는 치마벼루는 더욱 절경이다.

조선숙종 때 강원도 영월에서 현감을 지내고 임기를 마친 구관舊官은 가족들과 귀향하는 길에 남한강을 따라 경치를 구경하고 싶었다. 구관은 가족들을 한 배에 태워 강을 따라가면서 양편으로 펼쳐지는 경치를 바라보며 탄성을 금치 못했고 배 위에서 술잔을 기울이며 때로는 즉흥시도 읊는 등 흥에 젖었다. 그런데 누루꾸지여울 앞 험준한 치마벼루가 왼쪽으로 바라보이는 곳을 지나던 배의 밑창이 갑자기 바위에 부딪치며 순식간에 기우뚱하더니 그대로 뒤집히고 말았다. 눈 깜짝할 사이에 벌어진 사고였다. 구관과 가족들은 있는 힘을 다해 모래사장이 있는 여울 쪽으로 기어 나와 목숨을 구했다. 그러나 며느리는 물에 빠지면서 치마가 뒤집히는 바람에 몸을 움직이지 못하고 허우적대다 가라앉고 있었다. 그 광경을 본 가족들은 강가에서 며느리에게 치마를 벗으라고 고함쳤다. 하지만 이미 물속으로 가라앉고 있는 며느리에게 그 말이 들릴 리가 만무했다. 그때 강가에서 광경을 목격한 사공이 재빨리 물로 뛰어들어 며느리의 치마끈을 끌러 벗기고 며느리를 안고 강가를 향해 능란한 솜씨로 헤엄쳤다. 그 모습을 본 구관은 사공에게 고함치며 어쩔 줄 몰라 하는 것이었다.

"아무리 위급한 사정이로서니 사공 따위가 어찌 양반집 며느리 치마를 벗긴단 말이냐. 이 일을 이제 어찌한단 말이냐!"

물 밖으로 나오려던 사공의 귀에 구관의 성난 고함소리가 들려오자 사공은 억울하게 죄를 뒤집어쓰겠다는 생각에 며느리를 물속에 놓아버리고 건너편 언덕으로 헤엄쳐가서 지등산地燈山으로 몸을 감춰버렸다. 구사일생으로 목숨을 건지는 듯하던 며느리는 다시 물속으로 가라앉아 익사하고 말았다. 구관과 가족들은 강물 속으로 사라진 며느리의 시신은 끝내 찾지 못했다. 결국 강물에 떠내려가는 며느리의 치마밖에 발견하지 못한 구관은 사람들을 시켜서 그것을 벼랑에 널어 말리도록 했다.

그런 일이 있은 뒤로 사람들은 며느리가 빠져 죽은 곳을 며느리소沼라고 불렀다. 또한 구관이 며느리의 치마를 널어 말린 벼랑은 치마벼루라고 불렸고, 그곳 나루는 치마벼루나루라고 불리기 시작했다. 단순히 벼랑 모양이 치마폭을 둘러놓은 듯 보여서 치마벼루라고 한다는 속설도 전해지는데 사실 벼랑이 흡사 치마폭처럼 보이기도 하니 그 속설도 일리가 있는 듯이 들리기도 한다.

충주시 동량면 대전리
이시희·이시걸 형제를 기리는 쌍효각

충주시에서 북쪽으로 17번 국도를 따라 도촌리島村里를 지나 대전리大田里 쪽으로 좌회전하면 배일마을 어귀에 효자각이 하나 서 있다. 그것은 연안延安 이李씨 이시희李時熙와 이시걸李時杰 형제의 쌍효각으로서 살미면 신당리新堂里에서 수몰되지 않도록 이전되어 복원된 것이다.

조선 효종孝宗 때 지금의 제천시 한수면 상로리에는 조촐한 초가삼간

효자각(이시희, 이시걸)

을 짓고 부모님을 모시며 사는 형제가 있었다. 형 이시희와 동생 이시걸은 부모에게 걱정을 끼치지 않는 것이 효도라 생각하고 그 기본을 지키며 살았다. 일하러 밖에 나갈 때면 형제가 번갈아 나감으로써 항상 부모 곁을 떠나지 않고 시중드는 데 정성을 들여서 마을사람들은 이시희와 이시걸 형제의 몸가짐을 효행의 기본으로 삼아 자녀들을 가르쳤다.

그러던 어느 해 이씨 형제의 노모가 병으로 자리에 눕게 되었다. 형제는 어머니의 건강을 회복시키고자 힘을 기울였으나 별 효험이 없자 근동에 사는 명의를 어렵게 찾아가서 병세를 보였다. 노모를 살핀 명의가 잉어를 노모에게 먹이면 회복하는 데 좋을 것이라고 말했다. 형제는 그 때가 한겨울인데도 잉어를 잡으러 벽대소壁大沼로 갔다. 형제는 꽁꽁 얼어붙은 연못의 얼음을 도끼로 간신히 깨고 그물을 얼음 밑으로 넣어보았지만 잉어는 잡히지 않았다. 그러자 형제는 얼음 위에 무릎을 꿇고 신령님께 잉어를 잡아서 노모의 병을 고칠 수 있게 해달라고 빌었다. 형제는 2시간이 지나도록 얼음 위에서 꼼짝하지 않고 기도하여 몸의 온기로 얼음을 녹일 수 있었다. 얼음이 녹아서 생긴 물구멍에서 커다란 잉어 한 마리가 기적처럼 튀어 오르자 형제는 잉어를 잡아서 얼른 집으로 가져가서 노모에 먹였다. 그러자 노모의 병세가 회복되었다. 마을사람들은 하늘이 형제의 효행을 도왔다면서 형제를 칭송했다.

그러던 어느 날 노환으로 드러눕게 된 아버지가 딸기를 먹고 싶어 했다. 그때도 역시 눈 쌓인 겨울철이라서 어찌할 방도가 없던 형제는 예전에 신령님께 기도했듯이 이번에는 절벽에 뚫린 동굴로 들어가 산신령께 딸기가 있는 곳을 알려달라며 정성을 다해 기도했다. 그렇게 형제는 번갈아 사흘 밤낮을 눈물을 흘리며 기도했다. 며칠이 지난 아침 집에서 간병을 하고 교대하러 동굴로 들어온 동생이 형과 자리를 바꾸려는 순간 동굴 속이 갑자기 훈훈해지면서 천장에서 먹음직스러운 딸기가 주렁주렁 나타났다. 형제는 그 딸기로 부친의 소원을 풀어드렸다고 한다.

그래도 천명은 거역할 수 없는 것이라서 아버지는 세상을 떠났고, 그로부터 얼마 지나지 않아 어머니도 노환으로 다시 병석에 눕게 되었다. 병문안하는 마을사람들과 일가친지들은 이제 어쩔 수 없이 형제의 노모도 별세할 수밖에 없겠다고 짐작했다. 어머니마저 잃게 됐다고 생각하며 비탄에 빠진 형제가 할 수 있는 일이라고는 온 마음을 다해 정성스럽게 기도하는 일밖에 없었다. 하루는 형 이시희가 대미산大眉山 정상에 올라가 부정을 물리치고 산신령께 기도를 올리는데 서산이 저녁노을로 물들 무렵 그의 앞에 흰옷을 입은 선인仙人이 나타나 말했다.

"네 정성은 가상하나 병을 낫게 하는 방법은 어렵고 없는 것이나 마찬가지다."

이시희가 어렵다면 어려운 대로 방법이 있을 것이니 방법을 일러달라고 간절하게 애원했다. 잠시 생각하던 선인이 말했다.

"어린아이의 인육을 삶아 먹이는 수밖에는 없느니라."

이시희가 깜짝 놀라 정신을 차려보니 지친 나머지 잠시 조는 사이에 스쳐간 꿈이었다. 하지만 그 꿈을 산신령의 계시로 확신한 이시희는 번민하기 시작했다. 그는 오랜 고민 끝에 아내와 상의하여 여섯 살 난 아들을 삶아 어머니에게 바치기로 뜻을 모았다. 부모는 돌아가시면 영원한 이별이지만 자식은 앞으로 또 낳을 수 있다는 것이 그들 내외의 결론이었다.

마침내 이시희 부부는 덕주사德周寺에 글을 배우러 간 아들이 돌아올 길의 산모퉁이 숲속에 가마솥을 걸고 물을 끓이면서 아들이 돌아오기를 기다렸다. 그런 지 얼마 후 산에서 내려오는 아들의 얼굴을 보니 이상하게도 노랗게 변했고 살도 통통하게 쪄있는 것이었다. 이시희는 눈 딱 감고 아들을 끌어안은 채 펄펄 끓는 솥 앞에 다가섰다. 그러나 물이 막상 끓는 솥에 어린것을 집어넣으려니 차마 용기가 나지 않았다. 잠시 눈을 감고 솥 앞에 서 있던 이시희는 아들 대신 자신을 희생하기로 결심하고 솥으로 몸을 던지려 했다. 그 순간 갑자기 요란한 뇌성이 울리면서 선인仙人이 이시희를 막아섰다. 깜짝 놀라 눈을 뜬 이시희는 아들이 아닌 커다란 산삼 한 뿌리를 안고 있는 자신을 발견했다. 그가 당황해하며 서 있자 선인이 입가에 미소를 지으며 말했다.

"내 너를 시험해보려고 그런 말을 했었노라. 이제 하늘이 감동할 효심을 보았으므로 그대에게 300년 묵은 산삼을 주리니 그것으로 노모를 봉양할지어다."

그리고 선인은 어디론지 홀연히 사라졌다.

이시희 내외는 하늘에 감복했고 산삼을 고아 어머니를 봉양했으며 노모는 쾌유하여 장수했다. 그런 이씨 형제의 효행은 효종에게도 알려졌다. 효종은 형 이시희에게는 승지 벼슬을, 동생 이시걸에게는 장사랑 벼슬을 내렸다. 훗날 경종은 이씨 형제의 효심을 기리는 쌍효각雙孝閣을 세우라는 왕명을 내려 효의 본을 밝히고자 했다. 이시희와 이시걸 형제의 쌍효각은 연안 이씨 문중이 지금도 보존하고 있다.

충주시 동량면 하천리
토정 이지함이 점지한 연화부수형 황참의 묘

토정土亭 이지함李之菡이 하천리荷川里의 개천산開天山(정토산淨土山) 인근
에 잠시 동안 살았을 때 생긴 일화가 전해진다. 이웃 황黃씨 집안으로
출가한 딸을 제외하고 이지함은 부인과 아들 세 식구와 단출하게 살림
을 꾸리고 있었다. 그런데 건강하던 이지함이 시름시름 앓다가 위급한
경지에 이르렀다. 그리하여 황씨에게 출가한 딸까지 아버지를 뵙기 위해
급히 친정으로 왔다. 가족들이 모두 모이자 아들은 사경에 헤매는 이지
함에게 여쭈었다.

"아버님, 혹시 아버님을 신위神位할 묏자리를 보아 놓으신 곳이 있으십
니까?"

그러자 인사불성이던 이지함이 말했다.

"외인外人이 있어 말할 수가 없구나."

아들이 가족뿐인 자리에 외인이 어디 있느냐고 의아해하자 이지함은
딸을 가리켰다. 아버지가 위독하다는 소식을 듣고 한달음에 달려온 딸
에게 출가외인이라 말하며 소외시키니 얼마나 섭섭했겠는가. 서운한 마
음을 가득 품은 채 문을 박차고 시댁으로 돌아가던 딸은 문득 명당자
리가 어딘지 알고 싶은 호기심이 생겨 다시 발길을 돌렸다. 딸이 문밖에
서 방 안의 동정을 가만히 살피니 잠시 후 소곤거리는 아버지의 말소리
가 들려왔다.

"저 뒷밭 돌서렁의 돌담을 파면 시신이 들어갈 만한 광중壙中이 나올 것이다. 그곳에 나를 묻도록 하거라."

그런데 사경을 헤매던 이지함은 그날 밤이 지나자 언제 아팠느냐는 듯이 툭툭 털고 일어나 평소처럼 생활했고 반대로 사돈 황 참의가 갑자기 죽고 말았다. 황 참의의 며느리인 이지함의 딸은 친정에서 몰래 엿들은 밭을 시아버지의 묘로 쓰도록 했다. 시댁은 유복한 집안이어서 석물로 황 참의의 묘를 멋지게 치장했다. 그 후 황 참의 집안에서는 판서가 8명이나 나왔지만 집안의 장정 25명이 죽었다는 전설도 전해진다. 그런 황 참의의 묘는 1985년 충주댐이 준공되면서 마을 일대가 수몰되기 전에 더 높은 지대로 이장되었다.

이지함이 지목한 묏자리는 연못 속에 연꽃이 아름답게 피어 떠있는 연화부수형蓮花浮水型의 명당이었다. 그런데 묘를 화려하게 치장하기 위해 세운 석물이 연꽃을 짓눌러 연꽃이 연못에 가라앉은 형국으로 변하여 장정 25명이 죽었다는 것이다.

충주시 안림동
거대한 지렁이가 유린한 옆바다들

오랜 옛날 안림동安林洞의 넓은 들에 있던 커다란 연못이 넘칠 듯 물을 담고 있을 무렵 괴이한 일이 일어나기 시작했다. 연못 부근에서 사람과 동물의 사체가 계속해서 발견되었는데, 이상한 것은 사람시체나 동물사체나 할 것 없이 하나같이 괴상한 형상으로 변해있었다는 것이다. 관가에서 조사한 결과 몇 가지 공통점을 발견했다. 첫째는 사람이나 동물이나 반드시 물과 가까운 곳에서 죽었다는 점이고, 둘째는 여름철 날이 어두워질 무렵에 죽었다는 점이며, 셋째는 가장 이상한 점으로서 사체들의 물기가 모조리 빠져 피부와 근육이 쭈글쭈글하게 변해있었다는 점이다. 그것은 어떤 괴물 같은 존재에게 흔적도 없이 피를 빨렸다는 증좌였다. 관가에서는 괴물을 잡으려고 노력했으나 그것의 정체는 조금도 밝혀낼 수 없었다. 관가에서는 여름 한 철은 안림동 연못가 통행을 금지했지만, 마을의 사정을 모르는 객지인들은 그곳을 지나다가 변을 당하곤 했다.

그러던 어느 해 여름날이 어두워질 무렵 소금장수 한 명이 소금을 지고 그곳으로 가려고 했다. 주민들은 마을에서 벌어진 사건을 그에게 이야기해주면서 다음날 날이 밝거든 가거나 아니면 산을 넘어 우회하는 편이 좋을 것이라고 일렀다. 그런데도 소금장수는 갈 길이 급하고 먼데 어찌 하룻밤 묵어갈 수 있겠으며 어떻게 멀리 고개 넘어 우회하겠느냐면서 초롱불을 작대기에 매달고 연못으로 걸음을 옮겼다. 마을사람들은 어쩔 수 없이 소금장수의 뒷모습만 불안하게 바라보았다.

이윽고 어둠에 묻힌 사람은 보이지 않고 작대기에 매달린 등불만 반딧불처럼 깜박이며 연못가를 지나고 있었다. 마을사람들은 이제나 저제나 비명소리와 함께 소금장수가 쓰러지고 초롱불이 꺼질까 예상했지만, 뜻밖에도 초롱불이 연못가를 무사히 지나더니 저 멀리 고갯길 쪽으로 넘어가는 것이었다. 그 광경을 목격한 마을사람들은 소금장수의 사연을 관가에 고했다. 필경 연못 속에 소금과 상극이 되는 괴물이 산다고 판단한 사또는 관졸을 시켜 소금 수천 포대를 연못 속에 넣도록 했다. 그랬더니 저녁 무렵 연못물이 소용돌이치며 끓다가 바람을 일으키더니 대들보만한 거대한 지렁이 한 마리가 죽어서 떠올랐다.

그동안 그 지렁이가 사람이나 동물을 잡아 피를 빨아먹어왔지만 지렁이는 본시 소금과 상극이라서 소금장수만은 건드리지 못했던 것이다. 그 후 연못가를 지나는 사람들은 피해를 입지 않게 되었다. 그 연못은 소금을 많이 넣은 못이라 하여 '염鹽바다'라고 불렸다. 그 후 연못이 매립되면서 '염바다들'이라고 불리면서 오늘에 이르렀다.

그 연못이 염바다로 불리기 시작한 후 오랜 세월이 지나서 후백제의 견훤이 그곳으로 왔다. 어림御林이 왕도의 땅임을 알고 그곳에 도읍을 정하려던 견훤은 근처에 있는 연못 이름이 염바다라는 말을 듣자 황급히 완산으로 옮겨 후백제의 도읍을 세웠다. 견훤이 염바다를 피한 까닭과 관련하여 견훤이 지렁이의 화신이거나 그의 아버지가 지렁이여서 그가 소금을 크게 꺼렸다는 전설도 전해진다. 그런 전설로 미루어 어림마을의 지세가 왕도가 될 만한 요소를 지녔다는 것만은 분명한 것으로 보인다.

염바다에 대량의 소금이 부어진 후부터 오래도록 염바다들에서는 지렁이가 서식하지 못하다가 긴 세월과 함께 소금기가 없어지면서 다시 지렁이가 생겼다고 한다. 오늘날 충주시 성내동에서 안림동의 어림, 약막藥幕마을, 마즈막재를 향해 곧게 뻗은 도로 남쪽에서부터 금봉산 쪽에 위치한 안림동의 넓은 들을 염바다들 또는 염해평鹽海坪이라고 한다.

백제 문주왕이 머물던 어림

국경분쟁이 빈번하여 하루도 편할 날이 없던 백제의 개로왕은 고구려의 첩자 도림道林의 계략에 넘어가 목숨을 잃고 말았다. 개로왕은 바둑을 몹시 좋아했다. 고구려의 첩자승려 도림은 뛰어난 바둑솜씨로 개로왕의 신임을 얻었다. 도림은 백제의 내정을 살피며 개로왕을 꼬드겨 대대적인 토목공사를 벌이도록 만들었다. 고구려 장수왕은 475년(장수

⑥ 백제가 그 토목공사 때문에 국고를 탕진하고 국력을 소모한 틈을 타서 백제를 공격했다. 저항다운 저항 한 번 제대로 못한 백제의 한성漢城은 함락되었고 개로왕마저 전사하고 말았다.

백제의 태자는 다행히 도인들의 도움을 받아 위례성慰禮城을 빠져나와 충주 계족산(지금의 계명산)으로 피신했다. 그 태자가 곧 백제 제22대왕 문주왕이었다.

태자는 계족산에서 힘을 길러 한성을 되찾고자 도모했다. 그러던 어느 날 계족산에서 충주를 바라보던 태자는 충주의 지세가 두 강에 옹위되어 가히 도읍지로 적격하다는 사실을 발견했다. 태자는 신하들과 충주에 도읍을 세우기로 의견의 일치를 보았다. 계족산에서 충주로 내려온 백제군대는 그곳 지명을 소형小亭이라 칭하고 백제재건을 위한 역사를 시작했다. 백제의 도읍을 재건하는 공사가 진행된다는 소문이 퍼지면서 백제 전역의 내로라하는 목수들과 석수들이 자진해서 모여들었다. 문주왕은 잔솔밭에 세운 천막을 임시행궁으로 삼아 도읍과 궁성을 재건하는 데 힘을 쏟았다. 그리하여 지금의 안림동安林洞에는 오랜 침묵을 깨고 만리재를 넘고 송림松林과 '사천四川개'도 넘어서 '갈매기들' 일대까지 들리는 연장소리와 함께 활기가 넘치기 시작했다. 왕도가 새로 들어선다는 기대에 부푼 충주의 백성들은 긍지와 설렘으로 하루하루를 보냈다.

그러던 어느 날 밤 잔솔밭 천막에서 잠자는 태자의 꿈에 백색도포를 입은 백발의 신령 21명이 나타났다. 그들 중 가장 연로한 신령이 양편에 열 명씩 호위를 받으며 다가오더니 태자에게 말했다.

"이곳은 왕도로서 적지가 아니니 남쪽 백강百江이 에워싼 곳에서 곰나루를 찾아 왕궁을 세움이 좋으리라. 나는 너의 시조이니 의심하지 말고 속히 원수를 갚아 숙원을 설욕하도록 하라."

그리고 신령들은 안개 속으로 홀연히 사라졌다. 잠을 깬 태자는 그 꿈이 사실임을 알고 백제 제22대 왕위를 이어받았다. 그는 21명의 신령들이 분명 자신의 조상들이라고 직감했기 때문이었다. 그 꿈을 꾼 날 아침 문주왕은 어리둥절한 표정으로 서있는 신하들을 재촉하여 백강으로 내려가 곰나루를 찾아 그곳을 왕도로 정했다. 그곳이 바로 오늘날 충청남도 공주시 산성동山城洞의 공산성公山城이다.

그리하여 잠시 왕도의 꿈을 안았던 계족산 아래 벌판은 다시 옛날의 고요한 땅으로 되돌아갔고 들판에는 석공들이 다듬다가 버린 왕궁의 주춧돌들만 무심히 나뒹굴게 되었다. 그리고 후세 사람들은 안림동 벌판을 왕이 납시어 천막을 치고 임시행궁을 차린 숲밭이라는 뜻을 가진 어림御林이라고 불렀다.

공주공산성(웅진성)

사천개는 충주시 용산동龍山洞의 충주남산초등학교 서편의 하천 부근을 일컫는다. 충주는 신라시대의 주요행정구역이던 오소경伍小京 중 하나인 중원경中原京으로서 사천성이라고 불릴 때도 있었다. 그 당시 사천성의 강 부근에는 소경부에 배치되었던 귀족자제들과 6부의 호족들이 크게 번영하여 살았다. 그들이 살던 마을이 사천성의 개울가에 있었다고 하여 사천개라고 불렀다는 설이 전해진다. 또 다른 일설에 따르면 신라시대 사천성의 가구가 400여 호에 달했기 때문에 사천개라고 불렀다고도 한다. 그밖에도 옛날 사천성 부근에 대부호이던 두 집안이 서로 위력을 과시하며 살았는데 한 집안은 사씨이고 한 집안은 천씨여서 사천가 마을로 불렸다고 하여 사천개라고도 불려왔다는 설도 전해진다. 또한 예전에 사천성의 개울이 지금의 사천개 부근에서 네 갈래로 갈라졌기 때문에 네 갈래 냇물이라는 뜻으로 사천개라고 했다는 설도 전해진다.

정확히 고증할 방도는 없지만 사천개 부근에서 신라시대의 기왓장이 많이 출토되고 매봉 쪽으로는 토성이 있다는 점 등으로 미루어 옛날의 요충지였다고 추측해볼 수는 있다.

넘어가면 살아 돌아오지 못한다던 고개 마즈막재

옛날 한양에서 낙향하거나 시골의 첩첩산중으로 유배되는 사람들은 남한강을 따라 충청북도 제천의 청풍을 지나서 배를 타고 가다가 충주시 종민동宗民洞 나루터에서 내리는 경우가 많았다. 유배를 가는 이들은 대개 충주의 포도청으로 가거나 사형장으로 가는 고개를 넘어야 했는데, 그 고개를 넘으면 거의 살아 돌아오기 힘들었다. 그런 관례에서 유래된 마즈막재라는 이름이 그 고개에 붙여졌다고 한다. 또 충주목사가 관할하던 제천, 단양, 영춘, 청풍의 죄수들 중 사형당할 죄수가 충주목으로 호송되던 길목에 있던 그 고개를 넘으면 마지막이라는 속설로부터 마즈막재라는 이름이 유래했다는 설도 있다.

전설에는 안림동의 그 고개 부근에 호랑이가 많아서 충주성 주민들이 성 밖을 나서 고개를 넘어가기만 하면 살아오지 못했다고 하여 그 고개에 마즈막재라는 지명이 붙었다고도 한다. 한편 학자들의 말에 따르면 옛날에는 계명산이 '마음 심心'자와 '목 항項'자로 이루어진 심항산으로 불렸는데, 고어에서 마음은 '마슴'이었으므로 마음(마슴)과 목이 합쳐진 '마슴목'고개로 불렸다는 것이다. 마슴목의 뜻에 관한 기록은 없지만, 옛사람들 중 자살을 기도하던 사람이 그 고개를 넘는 순간 정신을 차리고 마음을 고쳐먹었다는 전설 등으로 미루어 사람들이 그 고개를 넘는 순간 마음을 고치는 '목'고개라는 표현에서 마즈막재가 유래한 것으로도 추측된다.

마즈막재라는 지명에 관한 최근의 일화는 한국전쟁 때 발생한 사건에 관한 것이다. 어느 모녀가 충주시내에서 곁방살이를 했다. 외국군인들의 횡포가 심하다는 소문이 돌자 모녀는 군인들의 눈을 피해 밤중에 그 고개를 넘었다. 충주에서 마즈막재를 막 넘어간 지점부터 시작되는 자동차도로는 활석滑石광산으로 가는 중간 길, 종민동 나루로 가는 왼편 길, 요각골로 가는 오른편 길의 세 갈래로 나뉘었다. 그것들 중 활석광산으로 가는 길은 경사가 극심했으며 고개에서 약 30미터를 내려가면 길이 몹시 구불구불한 속칭 '씨아꼭지'라는 구간이 있었다. 지금은 시내버스도 통행할 수 있지만 과거에는 걸어서만 다닐 수 있는 소로에 불과했던 그 도로는 근래 활석광산이 개발되면서 자동차가 다닐 수 있도록 개발된 것이다.

한편 마즈막재를 넘은 모녀는 고갯마루에서 광산을 왕래하는 트럭한 대를 만나서 얻어 탈 수 있었지만 씨아꼭지 구간에서 차가 전복되면서 함께 생명을 잃고 말았다. 그 후부터 마즈막재에 가끔 소복을 한 모녀가 나타나 슬피 운다는 소문이 돌기 시작했다. 어느 날 그곳을 지나던 부자도 공교롭게도 씨아꼭지 구간에서 사고를 당했고 역시 생명을 잃었다. 그때부터 모녀의 울음소리가 그쳤다는 전설이 전해진다.

이렇듯 많은 전설과 일화를 담은 마즈막재는 지금의 계명산과 금봉산이 만나는 지점, 즉 충주시 안림동, 목벌, 종민동의 접경지점에 있는 고개이다.

나병을 치료한 물이 흐르는 약막마을

조선 말엽 어느 해 여름 숨을 헐떡이며 걷던 중년남자가 찌는 듯한 염천을 이기지 못하고 마즈막재 아래 나무그늘에서 피곤한 다리를 펴고 앉아 땀을 닦았다. 남자는 문둥병 때문에 흉한 몰골을 하고 있어서 모든 사람이 기피했으므로 인가를 피해 산길이나 계곡을 따라 걷다가 보니 곱절로 피곤했다. 봇짐을 내리고 잠시 쉬며 땀을 식히던 남자는 갈증을 해결하려고 마실 물을 찾으며 주위를 둘러보다가 폭포소리가 들리는 방향으로 무거운 발걸음을 옮겨 골짜기로 들어가 보았다. 작은 언덕에서는 보기에도 시원하고 맑은 물이 작은 폭포를 이루며 흘러내리고 있었다. 언덕 위로 올라가 윗물을 마신 남자는 더위도 식힐 겸 옷을 벗고 폭포가 떨어지는 웅덩이로 들어갔다. 물속에 들어선 남자는 몸에 닿는 물결이 짜릿하면서도 이상해서 오랫동안 몸을 담그다가 저녁 무렵 허기가 느껴질 때야 물 밖으로 나왔다. 그런데 평소와 다르게 몸이 가볍고 상쾌하다고 느낀 남자는 비로소 그 물이 자신이 앓는 병에 효험이 있다고 직감했다. 남자는 간소한 천막을 치고 계곡 옆에서 기거하면서 매일 상류로 올라가 물을 마시고 폭포 아래 웅덩이에 몸을 담그고 목욕하기를 일과로 삼았다. 지나는 마을 사람들은 산골짜기에 누군가 천막을 치고 기거하는 사실을 알기는 했으나 그런 까닭도 몰랐고 그의 정체도 몰랐다. 그 계곡에서 천막이 사라진 때는 다음해 이른 봄이었다. 그곳을 떠나려고 계곡을 나온 남자는 이제 더는 뭇사람들이 기피하는 나병환자가 아니었다. 한 해 가을과 겨울을 그 계곡에서 지내는 동안 병이 완치된 것이었다.

그 소문은 금세 퍼졌고 사람들은 병자가 천막을 치고 물로 약을 삼아 병을 고친 계곡 아랫마을을 약막藥幕마을이라 불렀다. 또한 피부병을 앓는 사람들이 찾아들면서 마을도 번성했다. 충주시 성내동에서 동쪽 마즈막재로 시원하게 뻗은 도로를 따라 어림을 지나 약 3킬로미터 지점에 있는 마즈막재 바로 밑이 바로 약막마을이다. 지금은 폭포는 사라지고 없지만 약수는 정결하게 흘러내려서 등산객이나 행인들의 갈증을 시원하게 해결해주고 있다.

충주시 성남동
사람들을 미치게 만든 철불이 있던 광부처거리

경기도 양재良才 땅에서 불상제작업에 종사하던 여진呂晉이라는 사람이 있었다. 어느 해 2월 중순에 여진은 충주 화암사禾巖寺 주지승으로 자처하는 노승으로부터 철불 1위를 만들어달라는 부탁을 받았다. 주지승의 얼굴은 괴이하게 생겼고 그가 말하는 입에서는 악취가 풍겼으며 그의 눈에는 광기의 빛이 이글대어 그를 보는 여진의 온몸에는 소름이 엄습했다.

주지승이 불상 안치기한을 결정하고 돌아가자 여진은 작업을 시작하기 전에 언제나 그랬듯이 부정을 물리치고 정순한 마음으로 불상을 제작할 준비를 했다. 그런데 주지승이 주문한 불상을 제작하는 여진을 괴롭게 만드는 일이 생겼다. 여진이 불상을 제작하는 동안 화암사 주지승의 괴이한 얼굴이 계속 눈앞에 떠올라 떨쳐버릴 수 없었다. 여진이 아무리 불상제작에만 정신을 집중하고 머리를 흔들며 아무리 잊으려 애써도 주지승의 광기 어린 눈동자와 기괴한 얼굴 모습은 생생하게 뇌리에 파고들었고 심지어 꿈에 나올 때도 있었다.

어느 날 여진이 잠자는데 누군가 옆구리를 찌르는 느낌에 눈을 뜨니 그 괴상한 주지승이 석장錫杖을 짚고 서서 자신을 바라보고 있었다. 여진이 기겁하며 벌떡 일어서려는 찰나 눈이 번쩍 떠지며 꿈이라는 사실은 알았다. 하지만 여진의 몸에는 식은땀이 배었고 꿈에서 찔린 옆구리에서는 통증이 계속 일었다. 가을에 마침내 화암사 철불을 완성한 여진은 세상을 떠나고 말았다.

철불은 무사히 충주 화암사로 안치되었다. 하지만 그날부터 화암사에서는 괴변이 꼬리를 물고 연발했다. 밤에는 대웅전에서 웃음소리가 울리고 낮에는 정면으로 안치된 불상이 중생들을 외면하듯 옆으로 돌아앉는 경우도 있었다. 그런데도 주지승은 조금도 개의치 않았고 절에서 벌어지는 괴변에 신도들의 발길도 끊겼다. 시주에 의존할 수밖에 없던 주지승은 마침내 탁발을 나섰으나 어찌된 일인지 영영 돌아오지 않았다. 또한 주지승마저 사라진 절에서 오래도록 혼자 앉아있던 철불은 긴 역사 속에서 수많은 전란을 겪다가 원인 모를 화재로 절이 불타버린 이

후 행방이 묘연해졌다.

그 후 오랜 시간이 지나서 철불이 발견된 장소는 염바다들 서쪽 풀숲이었다. 그런데 그 철불이 사람들 눈에 띄면서부터 충주에는 미친 사람들이 생겨나기 시작했다. 사람들은 정확한 이유를 몰랐지만 옛날 화암사의 사라진 철불이 발견된 것이 그 원인일 것이라고 수군댔다. 더구나 철불은 개구쟁이어린애들이 모여들어 마구 다루는 동안 양손이 파손되어 없어졌다고 한다.

이후 사람들은 철불이 있었던 거리를 '미칠 광狂'자를 써서 광부처거리 또는 광불거리라고 부르기 시작했다. 광부처거리는 성남동과 접하는, 충주공업고등학교 뒤편 염바다들의 서쪽에 있다.

철불은 1922년 충주군청에 잠시 보관되었다가 1937년 성남동城南洞 마하사磨訶寺로 옮겨졌고 1959년 12월 15일에 대원사大圓寺로 이안되어 현재에 이른다. 광부처거리에 방치되던 불상이 마하사에서 대원사로 옮겨졌을 때 뜰 노천에서 방치되어있다시피 하던 것을 1982년에 충주시에서 발주하여 보호각을 지었다.

이 철불을 보호하면 오히려 화를 입는다고 해서 사람들이 광불이라고 불렀는데, 광불의 보호각을 만들도록 조치한 충주시장은 실제로 그해에 어떤 사건에 연루되어 퇴직하고 말았다. 우연의 일치인지는 모르지만 대원사에서 보호각을 허물고 철불을 잠시 대웅전에 모신 일이 있었는데 그때 원인 모를 화재가 발생하기도 했다. 과연 광불 때문일까?

민 대감이 유상곡수하며 풍류를 즐긴 마을

고려 중엽 충주목에 나이를 먹어 낙향한 전관 한 명이 있었다. 마을 주민들 중 아무도 그 전관의 이름을 몰라서 그 전관을 민 대감이라고만 불렀다. 주민들이 분명히 아는 한 가지 사실은 관청에서 민 대감을 깍듯이 예우하는 것으로 미루어 그가 조정에서 높은 벼슬자리에 있었으리라는 것이었다.

민 대감은 지금의 충주시 지현동芝峴洞으로 들어온 지 얼마 후 지관을 대동하고 근 한 달에 걸쳐 적지適地를 찾아 돌아다녔다. 그러던 민 대감은 마침내 동쪽으로는 금봉산, 동북으로는 계명산, 남쪽으로는 대림산大林山, 서쪽으로는 용산龍山 너머 모시레들과 달천강이 바라보이는 터를 닦고 집을 짓기 시작했다. 집의 규모는 대궐을 방불할 정도로 엄청났다. 민 대감이 풍류에 응하도록 모든 조경을 산수山水와 어울리게 지은 집의 구조는 민 대감의 호탕한 성격을 반영하는 듯했다. 우선 민 대감은 금봉산과 대림산 계곡에서 흘러내려 합쳐진 사천개의 물을 집 뒤꼍으로 끌어들여 집안을 돌아나가도록 만들었는데 그 물길은 앞마당에서 사랑방까지 휘돌았다. 안마당에서 술잔을 물에 띄우면 사랑방 앞에서 그것을 받아 술을 마실 수 있었고, 사랑방에서 앞마당을 바라보면 심산유곡 같은 계곡에서 폭포가 쏟아져서 흡사 깊은 산중에 앉아있는 듯한 기분에 젖을 수 있었다.

그렇게 집을 꾸며놓은 민 대감은 한양과 지역의 저명한 선비들을 초청하여 천하를 공론하며 글을 짓고 술잔을 나누는 풍류를 즐기며 세월을 보냈다. 그런데 민 대감이 주도하는 그런 광경과 집구조가 흡사 통일

신라시대 왕공王公이 곡수연을 베풀다가 후백제 견훤에 의해 비참하게 최후를 맞이한 경주의 포석정과 같았다. 민 대감 집에 초청받아 즐기고 나온 사람들을 통해 굽이도는 물 위에 술잔을 띄운다는 뜻의 유상곡수油觴曲水 또는 곡수유상曲水流觴이라는 말이 세간에 유행했다. 그런 민 대감 집은 사라지고 없지만 그 때와 연유는 알려진 바가 없다. 다만 빈 민들이 아니꼬워하며 불을 지르고 도망쳤다는 일설만 막연하게 전해질 따름이다. 민 대감의 호화저택은 충주시 지현동의 옛 시외버스주차장 맞은편쯤에 있었다고 전해지지지만 지금은 흔적조차 찾을 길 없고, 다만 유상곡수라는 말만 풍류객들 사이에 구전되어왔을 따름이다.

충주시 용산동
용의 승천을 빌며 마을의 번영을 기원하다

아주 오랜 옛날 충주시 용산龍山언덕 남쪽으로 작은 연못이 하나 있었다. 사람들은 그 연못을 신령스럽게 생각하여 아무도 들어가지 않았다. 어느 술사가 용산의 연못에는 용이 사는데 그 용이 승천하면 마을이 번창하고 큰 인물이 태어날 것이라고 예언했다는 전설이 전해졌기 때문이다. 마을사람들은 집안에 우환이 있으면 그 연못 앞에 시주를 마련해놓고 용왕님께 만사형통무사태평을 빌고 기도했다. 소원을 빌면 어느 정도 성취가 되기도 했으므로 마을사람들은 용이 승천하기만 하면 무슨 소원이든 성취해주리라고 믿었다.

그러던 어느 날 짙은 안개가 끼더니 다시 영롱한 색상이 안개를 덮었고 어디선가 우아한 풍악이 안개를 파고들었다. 용의 승천과 관련하여 일어나는 현상이라는 것을 직감한 마을 사람들은 모두 문을 닫고 바깥 출입을 금했다. 마을사람들은 용이 승천하는 장면을 사람이 보면 용이 승천하지 못하고 땅으로 떨어진다는 말을 들었다. 그래서 그들은 용이 하늘로 잘 올라가도록 일부러 피했던 것이었다. 잠시 후 바람소리와 함께 천둥이 울리고 마른번개가 번쩍이더니 이내 조용해졌다. 안개가 걷히고 햇살이 밝아오자 마을사람들은 용이 무사히 승천했다고 안심하면서 용이 살던 연못에 더욱 정성을 쏟고 기도하는 장소로 삼았다.

삼국시대가 도래하여 충주가 고구려 영토에 속했을 때의 일이다. 고구려의 유명한 지관이 용산을 돌아보고 조정으로 돌아가 왕에게 고했다.

"충주 고을에는 용이 승천한 용산이 있는데, 그곳 때문에 충주에 왕기王氣가 고여있사옵니다."

고구려 조정은 심각한 논의 끝에 충주의 왕기를 없애기 위해 지맥을 누르기로 의견을 모으고 용산에 석탑을 세웠다. 그렇지만 용의 승천을 한 마음으로 기원하던 용산동 주민들은 승천한 용이 마을의 번영을 가져다주리라고 굳게 믿었으므로 기도를 계속했다. 용을 위한 승천제는 끊이지 않고 이어지다가 일제강점기에 중단되었다. 그러다가 1995년 충주시와 군의 통합을 기념하는 거룡승천제가 거행되었다. 이후 용산동 주민들은 매년 음력 정월보름날에 주민화합을 위한 행사로서 거룡승천제를 개최해왔다.

충주시 연수동
신령 깃든 참나무가 내린 벌

여제단厲祭壇은 나라의 질병을 막는 서낭신이나 주인 없는 신을 위해 제사를 지내던 제단이다. 옛날에는 충주시 연수동連守洞에도 여제단이 있었다. 연수동 여제단에는 소나무가 몇 그루 있었다. 사람들은 그 소나무들 밑에 제단을 만들어놓고 1년에 세 번씩 제사를 지냈다. 여제단 바로 옆에는 수백 년 묵은 참나무도 한 그루 있었다. 참나무는 충주 연원도連原道 인근의 찰방 관저로 출입하던 손님들이 말을 매던 나무라고 해서 마장나무라고 하다가 마당나무로 와전되어 불렸다. 그 커다란 참나무가 여제단 옆에 있었으므로 사람들은 자연스럽게 신성시해왔고 그 나무에 고사를 지내는 경우도 있었다.

그런데 해방 후 지금의 태백공사가 있는 자리에서 옹기점을 운영하던 표성록 씨가 어느 날 옹기를 구우려고 이 참나무를 베어다 연료로 사용했는데, 그러자 그의 집안에 큰일이 생겼다고 한다. 표성록 씨는 아무 까닭 없이 다리를 못 쓰는 반신불수가 되었고, 아들은 한국전쟁에 참전했다가 역시 다리를 못 쓰는 불구로 제대했으며, 표성록 씨의 부인도 이후 같은 증세로 불구가 되었다고 한다. 마을사람들은 당산나무 같은 참나무를 베었기 때문에 받은 벌이라고 말한다.

충주시 문화동
시체를 버리던 송장골과 숲 거리

충주시 문화동文化洞 럭키아파트 서편 골짜기는 예전에 송장골이라고 불렸다. 그곳은 사람이 살지 않는 외진 골짜기였던 데다가 지명마저 송장이라는 단어를 포함하는 것으로 보아 빈민이나 걸인들의 시체를 버리는 장소였던 것으로 추측된다. 그리고 삼원교차로 부근에는 옛날 충주의 죄수들을 사형하던 숲거리가 있는데, 그곳에서 송장골이 가장 가까운 골짜기라는 점 등을 미루어 생각하면 송장골이 송장을 버리던 골짜기였음은 거의 확실해 보인다.

지금의 부민약국 인근부터 삼원초등학교 인근에 해당하던 숲거리에는 왕버드나무들이 매우 많았고 잡목들도 많아서 여름이면 하늘이 보지 않을 정도로 울창한 숲이 우거졌다고 한다. 또 삼원교차로 인근이 바로 죄수들을 처형하던 장소였으므로 사람들은 다니기를 꺼려했다. 조선 말엽까지도 지금의 부민약국 인근에 토성이 뚜렷하게 있었다. 그 토성은 구 시청터를 거쳐 성터지기마을을 지나 사직산社稷山으로 연결되어있었다. 문화동의 자연마을 성터지기는 지금의 문화럭키 아파트가 있는 자리에 해당한다.

송장골은 손孫씨 종가들의 묘소라는 뜻으로 손종곡孫宗谷이라고 불렸다는 설도 있는데, 옛날 이 골짜기에 손씨들의 묘소가 많았다고 한다.

충주시 목벌동
밤중에 어찌할 바를 모르던 현감이 묵어간 원터

　조선 초기 경상도 풍기의 현감이 한양의 궁궐에 입궐하기 위해 청풍의 황강黃江을 지나 가다가 충주에서 하룻밤을 지내기로 했다. 현감 일행이 충주의 포탄浦灘나루에 다다랐을 무렵 시간이 어중간했으므로 마을사람들에게 충주감영까지 얼마나 남았는지 묻자 20리가량 남았다고 대답했다. 수행원들은 오늘 충주감영에 도착하는 것은 무리이니 포탄리에서 하룻밤을 지내고 다음날 출발하자고 청했다.

　그러나 풍기현감은 '20리 길쯤이야'하는 생각에 수행원들에게 길을 떠나자고 재촉했다. 그러자 연로한 통인通引이 나서며 충주감영으로 가는 도로는 오르막길이라 평짓길보다 더 멀기 때문에 포탄리의 나무절 마을에서 쉬어 가자고 재차 간청했다. 그러나 현감은 고집을 꺾지 않고 가마꾼을 몰아 감영을 향해 출발했다. 수행원들은 하는 수 없이 땀을 흘리며 길을 재촉했지만 어느새 해는 서산으로 넘어가 길이 어둠에 잠겼다.

　풍기현감은 자신의 고집 때문에 일행이 힘들어지자 난처해져 내심 난감했다. 그런데 종자 하나가 멀지 않은 곳에 있는 작은 주막을 발견했고 현감은 우선 그 주막에서라도 묵어가기로 결정했다. 종자가 그 조촐한 주막의 대문을 두드리며 주인을 부르자 소복을 입은 여인이 촛불을 밝히고 나왔다. 그런데 여인은 종자가 사정을 이야기하기도 전에 현감 일행이 자신의 집에서 쉬어갈 것을 이미 알고 있었다며 방으로 안내했다. 풍기현감이 방에 들어서자 십장생十長生 병풍으로 공간을 나누어 자신이 머물 공간을 이미 마련해놓았으므로 놀라지 않을 수 없었다. 여인이 부엌에서 저녁식사를 차려 방에 밥상을 들이자 현감은 자신이 오늘 들르리라는 것을 어찌 알았는지 물어보았다. 여인이 대답했다.

"오늘 초저녁에 이곳을 지나 충주로 가던 나그네 한 분이 현감께서 나무절을 떠나신 시간으로 봐서 꼭 저의 집에서 주무실 것이라 했습니다. 그리하여 이렇게 서둘러 준비해둔 것입니다."

덕분에 그날 밤을 편안히 쉬고 떠한 풍기현감은 이후 이조참판에 오른 다음 여인에게 받은 도움을 잊지 않고 찾아와 그녀에게 후사했고, 다른 나그네들도 자신처럼 어려움을 겪지 않도록 객당 한 채를 지어주었다. 하지만 그 주막은 세월이 흐르면서 퇴락하여 없어지고 원터라는 이름만 남겼다.

원터라는 지명을 얻은 다른 사연도 전해진다. 날이 저물어 더는 길을 갈 수 없게 된 어느 원님이 종자들을 시켜 칡과 나무를 가지고 임시가옥을 지어서 잠자리를 마련하고 하룻밤을 묵었다고 한다. 그 원님이 쉬어간 집터가 원터로 불렸다고 한다. 원터는 충주시 목벌동木伐洞 마즈막재 밑에 있다.

충주시 가금면
만장이 날려간 통점산에 잡은 명당과 고구려비

가금면可金面에서 서쪽으로 400미터 떨어진 마을에는 고구려비가 있다. 그 고구려비 때문에 입석立石마을이라는 지명이 생겼다. 그 비석은 고구려비로 확인되기 전까지 전의全義 이李씨들의 사패지賜牌地(사전賜田) 경계비로 알려졌다.

중원고구려비

　고구려비 서쪽에는 통점산이 있다. 통점산 산록에는 전의 이씨로서 경상감사를 지낸 이효장李孝長의 묘가 있다. 이효장은 경상도관찰사로 근무하다가 현지에서 순직했으므로 그의 시신이 실린 상여는 문경새재를 넘어 충주의 남한강을 통해 한양으로 운송되었다. 그렇게 남한강 수로로 운송되던 이효장의 상여가 가금면 안반내에 도착했을 때부터 상여를 실은 배가 움직이지를 않았다고 한다. 뱃사람들이 아무리 노를 저어도 배는 앞으로 나아갈 기미를 조금도 보이지 않았다. 그런데 갑자기 일진광풍이 불면서 만장 하나가 통점산으로 날려갔다. 하도 괴이한 일이라서 유족들은 분주한 와중에도 지관을 대동하여 강풍에 날아간 만장이 내려앉은 곳의 산세를 살펴보도록 했다. 지관으로부터 만장이 내려앉은 자리가 천하명당이라는 대답을 들은 이효장의 유족들은 한양으로 운구하려던 시신을 통점산에 안장했다. 또한 나라에서는 경상감사 이효장이 순직한 공을 기려 통점산 인근 땅 전부를 전의 이씨에게 사패지로 하사했는데, 고구려비를 그 땅의 경계석으로 삼았다고 한다.

송아지 물 건너갔어

영일延日 정鄭씨들이 누대에 걸쳐 살아온 가금면 창동리倉洞里에는 영일 정씨 사당이 있었다. 그리고 근처 누암리樓岩里에는 누암서원이 있었다. 이곳 누암리에는 "송아지 물(강) 건너갔어"라는 속담이 전해진다.

누암서원 앞에는 한강이 흐르고 건너편 금가면金加面 원포리의 강변 풀밭에서는 소들이 꼴을 먹었다. 그런데 농민들이 금가면 강변에 소들을 매어놓으면 누암서원 청지기들은 마음이 내키는 대로 그 소들을 잡아먹기 일쑤였다. 농민들이 성주에게 하소연해도 누암서원 양반들의 세도를 당할 수사 없었으므로 소를 잃은 농민들은 "송아지 물 건너갔어"라고 탄식만 할 뿐이었다고 한다. 그리하여 지금까지도 가망이 없는 일이 생기면 "송아지 물 건너갔어"라고 체념하며 말하곤 한다.

그렇듯 양반들이 권세를 부려 농민들을 괴롭힌 사연이 담긴 "뭣 쥐고 화양동 간다"는 속담이 괴산군 화양동에도 전해진다. 조선에서 서원들 중에서도 화양서원과 만동묘萬東廟가 부리던 세도는 가장 강대한 축에 들었다. 서원의 정문으로 들어갈 때는 누구든 말이나 가마에서 내려서 걸으라는 임금의 명령까지 있었으므로 화양서원의 작폐는 더욱 드세졌다. 화양서원과 만동묘의 권세가 한참 심할 때는 화양동을 지나려는 상민들은 양손을 사타구니에 집어넣고 몸을 구부려 걸어가는 자세를 취해야 했다. 화양동 주민들 사이에서는 그런 작태를 빗대어 "뭣 쥐고 화양동 간다"는 속담이 생겨났던 것이다.

흥선 대원군이 파락호 시절 화양동을 지나다가 거만하다는 이유로 화양서원 청지기들에게 몰매를 맞은 사건이 있었다. 대원군이 그렇게 서원의 작폐가 심함을 몸소 체득했기 때문에 그가 섭정한 후에 서원철폐령을 내렸다는 속설도 전해진다.

괴산군의 화양서원은 우암尤庵 송시열宋時烈이 주청하여 세워졌고, 충주의 누암서원은 송시열의 제자 장암丈巖 정호鄭澔가 건립했는데, 이후 서원관리자들이 각종 폐단을 일삼으면서 백성들을 매우 괴롭힌 것 같다.

충주시 금가면 유송리
김생이 쌓은 제방이 있는 반송마을

금가면 하담리荷潭里에서 남쪽으로 매하리梅下里와 원포리遠浦里를 거쳐 오석리梧石里 쪽으로 4킬로미터 정도를 가면 한강을 사이에 두고 충주시 목행동牧杏洞과 마주보는 반송盤松마을이 있다. 반송마을은 신라시대의 도승道僧이요 우리나라 신품사현神品四賢의 일인이자 해동명필가들의 조종인 김생金生이 살았던 유서 깊은 곳이다. 김생의 글씨가 얼마나 뛰어났던지 사람들 사이에서는 신필神筆로 널리 알려졌다.

지금의 금가면도 1914년에 남쪽의 김생면金生面과 북쪽의 가차면加次面이 통합되면서 생긴 지명이다. 이 금가면 반송마을에는 지금으로부터 천여 년 전 신라시대 후기에 건설된 제방 김생제金生堤가 있다. 석재로 만들어진 김생제는 무너진 데도 있지만 강물이 범람해도 농작물의 피해를 막을 수 있을 정도로 충분한 역할을 여전히 하고 있다.

긴 세월이 지났어도 여전히 건재한 제방의 모습도 놀랍지만 더 놀라운 점은 그토록 오랜 옛날 저토록 커다란 거석을 옮길 수 있었다는 사실이다.

신라시대에는 비가 많이 내리면 반송마을 일대는 삽시간에 물에 잠겨 마을뿐 아니라 농경지도 심대한 피해를 입을 수밖에 없었다. 766년

(혜공 2)에도 많은 비가 내려 범람한 강물은 여지없이 농경지와 마을을 덮쳤다. 마을사람들은 물난리를 이기기 위한 계책을 고민했다. 그 결과 강물이 범람하는 위치에 제방을 쌓기로 뜻을 모았다. 마을사람들이 며칠을 고생한 끝에 반송마을에는 흙과 돌로 쌓은 제방이 완성되었다. 그러나 마을사람들은 다음해 여름장마가 시작되기 전까지만 안심할 수 있었다. 큰비가 내려 강물이 불어나자 그토록 땀 흘려 쌓은 제방이 순식간에 허물어져 작년과 같은 수해를 겪어야 했다. 마을사람들 사이에서는 이제 인력으로는 더 이상 손쓸 방도가 없다는 생각이 팽배해졌고, 수해 없는 곳을 찾아 반송마을을 떠나는 사람들까지 생겼다. 피폐해진 마을주민들이 없는 살림이나마 챙겨 힘없이 마을을 떠나는 광경을 목격한 김생은 그대로 있을 수 없었다. 법당에서 김생은 정성을 다하여 날이 어두워지도록 부처님께 치성을 드렸다. 한밤중이 되자 김생은 촛불을 끄고 법당의 문을 열어놓았다. 그런데 잠시 뒤 키가 9척에 달하는 거한 두 사람이 캄캄한 법당으로 들어가 오래도록 김생과 밀담하더니 바람을 타고 어디론가 떠났다.

다음날 마을사람들 사이에는 김생사金生寺의 주지 김생이 강변마루에 제방을 쌓는다는 소문이 파다하게 퍼졌다. 그런데 마을사람들이 현장에 모였을 때는 한나절이 지났을 뿐인데도 이미 제방공사가 거의 끝날 무렵이었다. 육중한 돌덩이 옆 그늘에 앉아 차를 마시며 쉬고 있는 김생을 본 주민들은 그 불가사의함에 내심 겁이 날 정도였다. 인력으로는 도저히 옮길 수 없는 거대한 바위를 어디서 어떻게 운반해왔는지도 의문이었지만, 또 그렇게 큰 바위를 어떻게 김생 혼자서 그토록 빠른 시간에 쌓았는지는 더더욱 불가한 것이었다. 마을사람들과 잠시 이야기를 나누던 김생은 자리에서 일어서면서 말했다.

"곧 나머지 공사를 끝낼 것이니 여러분들은 근처에 있지 말고 멀리 떨어져있으셔야 합니다."

마을사람들이 일정 거리만큼 물러나자 김생은 소매를 걷어붙이고 염불을 외기 시작했다. 김생의 돌 다루는 솜씨는 흡사 거인이 공깃돌을 다루듯 가뿐하여 조금도 힘들어 보이지 않았고 바위들로 제방을 쌓는 속도도 눈부시게 빨랐다. 김생이 손만 대면 커다란 바윗돌이 가볍게 굴러가고 쌓이기를 반복했다. 김생이 신통력을 지닌 도승이라는 사실을 비로소 알아차린 마을사람들은 모두 무릎을 꿇고 합장했다.

김생이 도술로써 건설한 제방은 다음해 내린 많은 비와 소용돌이치는 강물에도 끄떡없이 버티며 농경지와 마을을 보호했다. 그래도 제방의 모양은 조금도 틀어지지 않았다. 마을사람들 사이에는 제방은 김생이 도술로써 음양을 조화시켜 돌을 쌓아 만든 것이라서 무너지지 않는다는 소문이 퍼졌다. 그리고 김생이 제방을 건설하려고 법당에서 치성을 올린 뒤 불 꺼진 법당에서 만난 9척 장신의 거한 두 명은 사람들이 아닌 도깨비들이었다는 소문도 퍼졌다.

그렇듯 김생이 도술로써 도깨비 두 마리를 불러들여 하룻밤 만에 동량면東良面 모내고개(모천치毛川峙)의 바위들을 옮기도록 해놓고 신통력을 발휘하여 그 바위들로 제방을 쌓았다는 것이다. 김생제金生堤라는 이름은 그런 김생의 전설에서 유래한 것이었다.

남한강변에 위치한 놀골마을과 반송나루 사이에서 만뱀이 섬의 양편으로 흘러나오는 한강줄기가 우회하는 약 400미터 지점에 김생제가 있다.

충주시 금가면 잠병리
한일병합으로 죽어버린 향나무 세 그루

태고산太古山 서쪽의 하담리 방향으로 약 800미터쯤 가면 초당草堂 마을 앞에 순흥順興 안安씨의 묘소가 있다. 그 묘소 앞에는 거대하고 하얀 향나무 세 그루가 나목처럼 서있다. 향나무 세 그루 모두가 밑동에서부터 세 개의 가지를 이루며 하늘로 뻗은 자태는 괴이하게 느껴질 정도이다.

죽은 나무들은 대체로 노천에서 3~4년 정도 비바람을 맞으면 곰삭아 썩어버리는 것이 상례이다. 그러나 이 향나무들는 나뭇잎 하나 싹트지 않는 고사목 상태로 근 100년간 눈비를 맞으며 썩지도 않고 서있으니 신비스럽기 이를 데 없다. 잠병리蠶屛里의 세 그루 향나무 고사목을 가리켜 주민들은 삼고목三枯木이라고 부른다.

1880년(고종 17) 순흥順興 안安씨 문중에서도 좌의정을 지낸 구관 안 대감이 청나라에서 귀국하기 전에 둥팅호(동정호洞庭湖) 호반에서 호광湖廣 기인이라고 칭하는 선인仙人과 오래도록 깊이 교우했다. 호광 기인은 평지에서 산수의 수려한 경치와 시원한 호수의 아름다움을 느끼게 만드는 환술을 자유자재로 펼 줄 알았다. 또한 호광 기인은 늘 헤진 남루한 옷을 입고 다니면서도 다른 누구보다도 풍요로운 마음의 여유를 품고 살아가는 인물이었다.

호광 기인은 안 구관이 압록강을 건너 조선으로 돌아간다고 하자 석별의 정으로 지팡이 3개를 주면서 고향 선조의 묘소 앞에 그것들을 꽂아두라고 말하면서 이렇게 덧붙였다.

"선조의 묘소에 이 지팡이들을 꽂아두면 안씨 가문이 번성하고 집안이 태평해질 것이오."

안 구관은 호광 기인에게 고마운 마음을 표했다. 조선으로 돌아온 안 구관은 지팡이들을 잠병리 산하의 조상묘소 앞에 꽂아놓았다. 그러자 괴이하게도 잎이 하나도 없던 지팡이들이 가지를 치면서 자라났다. 그때 부터 안씨 가문도 번창하기 시작하여 많은 인재가 배출되고 벼슬길에 올랐다.

그러다가 1910년(순종 3) 7월 29일 한일병합이 발표되면서 국권을 상실한 조선을 일제가 강제로 통치하기 시작되자 이상하게도 안씨 선조의 묘소 앞에서 나뭇잎 없이 자라던 향나무들의 성장도 정지되었다고 한다. 그 향나무들이 바로 안 구관이 청나라에서 가져온 지팡이 세 개가 자란 것들이라고 촌로들은 전한다.

충주시 가금면 가흥리
권력을 이용하여 만든 명당 인력당

충주시 가금면 가흥리可興里는 조선시대 그곳에 가흥창可興倉과 가흥역可興驛이 설치된 후부터 지금의 지명으로 불리기 시작했다. 가흥리에는 역말, 가릉, 역촌 등의 지명들이 있다. 가흥리는 가금면소재지인 탑평리에서 한강을 따라 북쪽의 장미薔薇산성을 지나고 사창미, 부둑골늪, 장미산을 거쳐서 약 7킬로미터쯤 가면 나온다.

조선시대 가흥리에서 당상관을 지내던 김 판서가 세상을 떠나자 자손들은 팔방으로 흩어져 각 고을의 수령방백들을 찾아 나섰다. 그때부터 얼마 후 가흥리에는 인부 수천 명이 삽, 가래, 곡괭이, 지게를 가지고 수륙양로를 통해 모여들었다. 주민들은 갑자기 수많은 인부들이 마을을 방문하자 놀라서 그 인부들에게 연유를 물었다. 인부들은 그저 자기네 고을원님이 지게와 연장을 들고 가흥리로 가서 누군가 시키는 대로 일을 하라고 해서 왔다고만 대답할 따름이었다. 가흥리에 모인 인부들은 강원도, 충청도, 경상도에서 왔는데, 그들은 도착하는 즉시 검정색 도포를 입은 사람의 지시를 받고 근처 야산을 파서 정해진 자리로 운반하기 시작했다. 삼도의 인부들이 모여서 한 일은 평지를 산으로 만드는 역사였다.

김 판서는 살아있을 때 가흥리에 혈六자리가 있는지를 알아보고자 지사地師로 하여금 확인하도록 한 일이 있었다. 지사가 가흥리를 살펴보니 길지吉地는 없었으므로 사실대로 보고했다. 김 판서는 지사의 보고가 그렇더라도 가흥리의 산수가 너무나 마음에 들었으므로 평소 자손들에게 자신이 죽으면 이 마을에 무덤을 마련하라고 누누이 말했다.

마침내 김 판서가 세상을 떠나자 자손들은 망자의 유언대로 가흥리의 평지에 유택을 마련하고자 했지만 지사들이 극구 반대하므로 여의치 않았다. 지사들의 말을 따르자니 아버지의 유언을 묵살하는 불효를 저지를 것이고, 유언을 따르자니 가문이 파멸할 것이라고 하니 당황스러워 어쩔 줄을 몰랐다.

그러던 차에 검은 도포를 입은 도사가 그런 사정을 알고 초상집으로 찾아와 망자의 유언을 이행하고 가문에 영화도 가져올 방법이 있다고 말하는 것이었다. 그 말을 들은 상주들은 반가운 마음에 그 도사를 정중히 대우하며 그 방법을 물었다. 도사가 방법은 있되 실행하기 힘들고 어려운데 괜찮겠느냐고 반문하자 상주들은 전혀 걱정하지 말라고 도사를 재촉했다. 김 판서가 당상관을 지냈고 또 자손도 현직 당상관이니 웬

만한 일은 거뜬히 처리할 자신이 있었던 후손들이 말했다.

"아무리 어려운 일일지라도 하지 못할 리는 없을 터이니 어서 그 방법을 일러주시오."

그러자 도사가 대답했다.

"망자가 유언한 자리에 명당을 만들면 될 것입니다. 옹산擁山을 만들어 좌향坐向을 정하면 그 자리가 명당이 됩니다."

무릇 명당은 혈이 자연적으로 형성된 곳이라야 맞지만 실제로 그런 자리가 흔하지 않아서 귀중한 것이었다. 그런데 도사의 말은 굳이 자연적인 혈을 골라 묏자리를 쓰려고만 하지 말고 능력껏 만들어 쓸 수도 있다는 것이었다. 그리고 도사는 자신에게 망인이 유언한 자리를 보여주고 일을 맡기면 상주들의 뜻대로 해결해주겠다고 덧붙였다. 상주들은 아버지의 유지를 거스르지 않고 묏자리를 쓸 수 있다는 생각에 크게 기뻐하며 도사를 마을의 평지로 데려가서 김 판서가 택한 땅을 일러주었다. 도사는 주변을 답사하고 나서 말했다.

"무덤을 만드는 데 가장 어려운 것은 청룡靑龍과 안산案山(망산望山)인데 이곳에 와 살펴보니 앞에 한강수가 흐르고 그 너머에 안산이 뚜렷해서 이제 백호白虎만 만들면 되겠소이다."

풍수지리에서 말하는 청룡은 주산主山에서 왼쪽으로 갈려나간 산줄기이고 안산은 묏자리의 맞은편에 있는 산이며 백호는 주산에서 오른쪽으로 갈려나간 산줄기인데, 청룡과 백호의 산줄기가 여럿일 때는 내청룡과 외청룡, 그리고 내백호와 외백호로 나뉜다. 도사는 백호를 만들려면 이곳에서 50리 떨어진 산봉우리의 최정상인 멧부리를 털어 이곳으로 옮겨야 하는데, 그런 역사에는 5,000명이 넘는 인력이 소요될 것이라고 말했다.

현직 당상관들인 상주들 입장에서 그만한 인력을 동원하는 일은 그다지 어렵지 않았다. 그래서 상주들은 인근 충청도, 강원도, 경상도의 방백들에게 각각 부역인부 2,000명씩을 차출해서 보내라고 부탁했다. 아버지의 시신을 가매장해둔 그들은 인부들을 독려하여 인력으로 명당을 만들기 시작했다. 그렇게 도사가 사업을 주관하여 진행한 지 100여 일이 지나서야 비로소 명당을 위한 산이 만들어질 수 있었다. 상가에서는 김 판서가 하세한 지 세 달이 지나서야 아버지의 장례를 제대로 마칠 수 있었다. 그리고 상주들은 김 판서의 묘지에서 인접한 임야를 모두 사들여 김씨 문중의 소유로 만들었는데, 그것이 오늘에 이르렀다. 또 후세 사람들은 구관 김 판서의 묘지를 인력으로 만들어진 명당이라고 하여 인력당人力堂이라 불렀다.

충주시 신니면 화석리
사미승의 원혼과 족두리바위

충주시 신니면 용원리龍院里의 북쪽에 위치한 신청리新淸里를 거쳐 덕고개 방향으로 약 3킬로미터 떨어진 곳에는 가래골마을(방추골)이 있고, 그 마을에서 질마박산秩馬朴山 서북쪽의 문숭리文崇里 질마고개(질마치秩馬峙)로 올라가는 곳에는 속칭 질마박골이라는 계곡이 있다. 질마고개에서 바라보이는 곳에 바위가 하나 있는데 그 모습이 흡사 말안장에 족두리를 쓰고 앉은 연인 같다고 해서 사람들은 그것을 안장바위 또는 족두리바위라고 부른다.

고려 초기 충주고을에 유생柳生이라는 노총각이 있었다. 가세가 빈궁

하여 혼기를 놓친 유생은 상투를 올리지 못하고 있었다. 마을사람들은 유생이 노총각으로 있는 것이 안 되어 보여 어떻게든 짝을 지어주려고 백방으로 알아보았지만 적당한 규수가 나타나지 않았다.

그런데 경기도 이천 설성雪城 땅의 안安 생원 댁에 딸이 하나 있었는데 그 딸도 혼기를 놓친 노처녀라서 집안의 고민거리였다. 안 생원 딸이 과년하도록 시집을 못 간 까닭은 전생에 사모의 정을 이루지 못하고 세상을 떠난 어느 사미승의 혼이 처녀에게 씌었다는 소문이 돌았기 때문이었다. 안 생원 집안에서는 기막힐 노릇이었지만 딸 안씨는 그것이 자신의 운명이라면 어쩔 수 없는 일이라 생각하며 체념했다.

안 생원 딸의 사연은 충주고을까지 알려졌다. 유생의 주위사람들은 이천 안 생원 딸을 만나 보면 어떻겠느냐는 뜻을 유생에게 전했다. 그러자 유생이 말했다.

"내 이미 노총각을 지나 홀아비신세를 면치 못하게 되었는데 무엇을 가리겠는가. 안 생원 댁에서만 좋다고 한다면야 나는 상관없네."

유생의 의중을 살핀 매파는 양가를 드나들며 혼담을 추진했고 마침내 안 생원 집안에서도 합의의 뜻을 받아냈다. 그 후 혼담은 일사천리로 추진되어 사주단자와 택일단자가 오가고 혼례날짜가 결정되었다. 유생 집안의 어른들은 마을촌장과 함께 말을 마련하는 등 혼례에 관한 준비를 모두 갖추었다. 드디어 혼례를 하루 앞두고 유생이 잠든 깊은 밤에 누군가 밖에서 방문을 두드리기 시작했다. 잠을 깬 유생이 방문을 열자 문밖에는 백발의 도인이 서 있었다. 유생이 뉘시냐고 묻자 도인이 말했다.

"나는 남산의 산신인데 네가 장가를 잘못 가는 것 같아 일러주는 것이니 이천 안 생원 딸과 혼인하는 일은 그만두는 편이 좋을 것이라."

그리고 도인은 조용히 사라졌다. 유생은 잠시 넋을 잃은 듯했지만 이미 결정된 혼사를 물리고 싶은 마음은 들지 않았으므로 죽음을 각오하고 다음날 이천을 향해 길을 떠났다. 유생은 신부의 집에서 첫날밤을 지내면서도 줄곧 도승이 한 말이 머릿속을 맴돌아 제대로 잠들 수 없었다. 유생은 다음날 신부를 말에 태워 신행新行했고 긴장 속에서 하룻밤을 지냈으므로 더욱 피곤했다. 유생 부부가 강을 건너고 산을 넘어 험준한 질마박산에 이르자 신부를 태운 말이 꼼짝하지 않았다. 마부가 채찍으로 말의 볼기를 때리며 다그쳐도 말은 발을 뗄 생각조차 하지 않았다. 마부는 하는 수 없이 신부를 말에서 내리게 하고 안장을 벗겨 고개 중턱에 내려놓고 신부를 그곳에 앉아있도록 했다. 그리고 마부가 말을 잡아끄니 비로소 말이 움직였다. 그런데 빈 말을 고개 밑으로 끌고 가서 매어놓은 다음 마부가 유생 부부를 데리러 고갯마루로 올라가 보니 신랑이 사라지고 없었다. 마부가 고개 밑으로 내려갔을 무렵 고개 건너편 숲속에서 예쁜 사미승 하나가 고깔을 쓰고 신부 곁에 있던 유생을 향해 손짓했다. 유생은 괴이쩍게 생각하면서도 사미승의 부름을 따라 숲속으로 들어갔다. 사미승은 유생을 아무도 보이지 않는 깊은 숲속으로 이끌더니 말했다.

"저는 전생에 처녀 안씨와 사랑했으나 수행승 신분으로 사모의 정을 이루지 못하고 상사병으로 소년일 때 죽고 말았습니다. 이제라도 처녀 안씨와 마지막을 같이하고자 하오니 안씨를 데리고 가지 말아주십시오."

그러자 유생은 꿈에 도인이 나타나서 한 말이 다시 떠올랐으나 침착하게 말했다.

"전생은 이미 끝난 것이고 이승에서는 전생이 연장될 수 없는 것이오. 나는 신부를 그대에게 보낼 수 없소."

유생이 거절하자 창백한 얼굴에 두 눈 가득히 눈물을 담은 사미승이 말했다.

"그럴 수 없다면 내가 사모하는 한이 얼마나 깊게 맺혔는지를 보여줄 수밖에 없겠군요."

그리고 사미승은 하늘을 향해 두 팔을 벌리고 주문을 외웠다. 그러자 사미승은 입에서 피를 쏟으며 그 자리에 쓰러져 삽시간에 한 줌 재로 변해 바람에 날려 가버렸고 겁에 질린 유생은 숲을 겨우 빠져나왔다. 때마침 숲 근처를 서성대던 마부를 포함한 일행이 유생을 발견하고는 안도의 숨을 쉬며 고개중턱으로 신부를 데리러 올라갔다. 그런데 어찌된 영문인지 안장 위에 앉아있던 신부가 돌로 변해있었다. 일행은 놀라서 우왕좌왕했지만 유생은 아무 말 없이 일행에게 고개를 내려가자고 청했다. 유생은 돌이 된 신부의 영혼이 어디로 갔는지를 잘 알았기 때문이다.

그 후 유생이 넘던 고개는 '말 볼기를 때려 올랐다'고 하여 질마고개, 질마치秩馬峙, 질마재로, 그 고개가 있는 산 이름은 질마박산으로 불리기 시작했다. 해마다 유생과 신부 안씨가 고개를 넘던 5월이 되면 질마고개에서는 젊은 남녀의 흐느낌소리와 속삭임소리, 웃음소리 등이 은은하게 울려 나와서 마을사람들은 5월 한 달 동안은 사미승과 처녀 안씨를 위해 질마고개 통행을 피했다고 한다.

그러던 어느 해인가 마을의 사정을 모르던 장군 한 명이 질마고개를 넘어가다가 흡사 족두리를 쓰고 앉은 신부의 모양과 같은 바위를 발견했다. 바위의 모양이 너무도 아름답고 애처로워서 장군은 두 팔로 바위를 가슴에 끌어안고 오래도록 정을 나누었다. 그 후부터는 남녀의 흐느낌소리와 속삭임소리가 없어졌다고 한다. 족두리바위 또는 안장바위라고 불리던 한 맺힌 바위는 오랜 비바람에 마모되어 이제는 겨우 그 형태만이 남았을 뿐이다.

한편 실성면은 경기도 이천시 남서부에 있는데, 음죽군(지금의 장호원읍)의 원북면遠北面과 근북면近北面에 속했다가 1914년 이천군으로 이속되면서 설성산과 노성산老星山이라는 지명의 머리글자를 한 자씩 가져다붙여 만든 설성면이라는 지명으로 불리게 되었다.

충주시 살미면 문래산
목화 따는 소녀와 사미승이 들어간 문바위

아름다운 경치와 맑은 물을 겸비한 문래산文來山(문협산門峽山)에는 고려 중기 문래사門來寺라는 절이 있어 많은 승려들이 수행하고 있었다. 충주시 살미면乷味面에 위치한 해발350미터의 문래산은 충주시에서 동남쪽 수안보면 쪽으로 도로를 따라 약 6킬로미터를 가면 만나는 갈림길에서 19번 국도를 따라 우회전하면 나타나는 문산門山고개(문산치) 넘어 살미면 문강리에 있다. 문산고개를 넘는 도로를 확장하는 공사가 이루어지기 전에는 고개중턱에 커다란 암벽이 있었는데, 그 암벽이 세로 10척, 가로 8척의 여닫을 수 있는 문바위(문암門岩)였다.

문산고개 위로 늠름히 솟은 문래산의 문래사에서 수행하던 승려들에게 주지승이 항시 반복하여 당부하는 말이 하나 있었다.

"누구든지 어떤 경우에도 고개중턱에 있는 문바위의 문을 열면 아니되네."

주지승이 그렇게 이상할 정도로 염려하며 같은 말을 반복했으므로 아무리 수행하는 승려들이라도 오히려 문바위를 열어보고 싶은 충동을 느낄 수밖에 없었다.

한편 문래사에서 바라보이는 산기슭에는 목화밭이 있었다. 어느 해 가을 흡사 하늘의 선녀 같이 어여쁜 자태로 목화송이를 따는 여인의 모습을 수행승 한 명의 눈에 들어왔다. 절에서 바깥을 바라보다가 고운 여인을 발견한 수행승은 오래도록 여인을 응시하면서 무엇인가 골똘히 생각하는 듯하더니 결심한 듯 절을 뛰쳐나와 목화밭으로 달려갔다. 절에 있던 동료 수행승들은 갑자기 뛰어나가는 그를 바라보았다. 목화밭으로 달려 들어간 그는 놀라 쳐다보는 여인의 팔목을 잡아끌고 고개 쪽을 향해 달렸다. 갑작스러운 사태에 놀란 여인이 한쪽 손을 흔들며 비명을 지르자 법당에 앉아있던 주지승까지 뛰어나와 수행승의 뒤를 쫓기 시작했다. 여인에게 마음을 빼앗긴 순간부터 수행승은 이미 파계를 각오한 상태였다. 그래서 주지승을 위시한 동료 수행승들이 길목을 막아서자 그는 갑자기 방향을 바꾸더니 바위 문으로 달려가 문을 열고 여인과 함께 그 속으로 들어가 문을 잡아당겼다. 그 순간 하늘에서 요란한 천둥이 울렸고 문래산 정상에서는 안개비가 흘러내려 사람들의 시야를 가렸다. 그런 광경을 보던 주지승은 하늘을 우러러 "이제 법당이 욕을 보게 되었다"고 탄식하며 눈물을 흘렸다. 잠시 후 문래사의 모든 수행승이 바위문 앞에 모여서 그 문을 열기 위해 잡아당겼으나 꿈쩍하지 않았다. 오히려 문의 흔적마저 서서히 없어졌고 몇 달 후에는 문과 바위가 한 덩어리로 변해버렸다.

바위 속으로 들어간 수행승과 목화 따던 여인이 어떻게 되었는지도 알 길이 없었다. 그 후 문래사는 불도를 닦는 수행처로서 빛깔이 점점 퇴색되었다. 그러던 어느 날 산이 흔들리면서 절이 기울어지더니 마침내 심한 비바람이 불던 날 밤에 무너지고 말았다. 그런데 문래사에 안치되었던 불상은 그날 이후 온데간데없이 사라지고 말았다. 승려들이 절 인근을 탐색하고 산 아래의 마을주민들에게 소식을 물어도 불상의 흔적이나 불상에 관한 소식은 조금도 알 길이 없었다.

승려들 사이에서는 부처님이 절을 버리고 서천으로 가셨다면 절을 유지할 수 없는 노릇이라는 생각이 팽배해졌다. 그리하여 문래사에서 수행하던 승려들은 하나둘 그곳을 떠나버렸다. 마침내 폐사廢寺된 문래사는 세월 속에서 차츰 흔적조차 없이 사라졌다. 그 절의 주지승이 입적할 때 이르자 상좌승은 통사정하면서 주지승에게 물었다.

"스님 한 가지만 일러주십시오. 예전 그 파계승이 처녀를 데리고 들어간 바위문은 무엇이기에 저희에게 그토록 조심하라고 했던 것입니까?"

그러자 주지승이 대답했다.

"그곳이 바로 토계나락土界奈落(지옥)으로 들어가는 문이니라."

그 후 바위문이 있던 산은 문산으로 불렸고, 마을은 지옥으로 통하는 문이 있던 곳이라 해서 토계리土界里로 불렸다고 전해진다. 문 모양으로 생긴 문바위는 1964년경 괴산과 살미면 사이에 국도가 건설되면서 매몰되었고, 문바위고개라는 이름만 남아있다가 1999년에 공원으로 꾸며졌다.

충주시 단월동
이씨 노인이 술 한 잔의 인정을 베푼 주전들

조선 중엽 단월동丹月洞 상단上丹마을에 이李씨 성을 가진 중농中農의 노인이 있었다. 그가 들에서 일할 때마다 논두렁에는 언제나 술병이 있어야만 했다. 그토록 이씨 노인은 술을 좋아했고 그것을 아는 가족들은 그가 항상 술을 마실 수 있도록 그의 주위에 술병을 가져다 놓는 것을 잊지 않았다. 그는 일하다가 술 생각이 날 때마다 논두렁에 준비된 술을 마셨다.

그러던 어느 해 봄 논에서 김매는 이씨에게 길 가던 나그네 한 명이 다가와 근처에 우물이 없는지를 묻자 이씨가 말했다.

"우물은 마을까지 들어가야 있는데 물이 아니라도 목을 축일 수는 있는 것 아니겠소?"

나그네가 의아한 표정을 짓자 이씨 노인은 논두렁에 있는 술병을 가리키며 술이나 한 잔 마시고 가라 했다. 나그네는 목이 몹시 마르던 차에 술 한 잔으로 알맞게 취기가 오르면 앞길이 심심치 않겠다는 생각에 더욱 기뻐하며 막걸리로 컬컬하던 목을 축였다. 나그네가 보답할 것이 없다며 막걸리 값을 지불하려 하자 이씨가 거절하면서 말했다.

"목마른 길손에게 해갈할 술 한 잔 대접하고 돈을 받는대서야 그게 어디 사람 사는 고을 인심이겠소."

이씨 노인에게 감동한 나그네는 한양으로 가면서 상단마을 인심이 좋다고 사람들에게 말했고, 그 소문은 각 고을에 파다하게 퍼졌다.

한편 나그네의 목을 축여서 보낸 이씨는 혹여 이전처럼 목마른 나그네가 지나면 도움을 줘야겠다는 생각에 그날부터 더 많은 술을 논두렁에 준비해놓고 나그네들에게 제공했다. 이리하여 상단마을을 지나는 길에 술 한 잔 얻어 마실 수 있다는 소문이 널리 퍼졌고, 덕분에 삼남대로의 길목이던 마을은 더욱 유명해졌다. 상단마을을 지나는 타관의 나그네들은 이씨 노인이 항시 논길에 마련해놓은 술병의 술을 한 잔 마시는 재미와 함께 고마움을 느꼈고 그들을 보는 이씨의 마음도 즐거웠다.

그리하여 사람들은 상단마을의 들판을 주전들 또는 주전평酒田坪이라 부르기 시작했고, 이곳을 모르는 사람이 없었으며, 이 사실을 알게 된 고을원님은 이씨 노인의 후덕한 마음을 치하하며 상을 내렸다고 한다.

충주시내에서 남쪽 수안보로 가는 길의 호암지虎岩池와 함지못(대제大堤 저수지)을 지나 싸리고개를 넘으면 유주막柳酒幕으로 들어가는 도로변에 비옥한 평야가 펼쳐지는데 이곳이 주전들이다.

충주시 이류면 문주리
영의정 유영경이 방문하며 활기를 띤 팔봉마을

충주시 수안보면의 수안보온천을 향해 시원하게 뻗은 도로를 따라 함지박처럼 둥근 함지못을 지나 싸리고개를 넘으면 유서 깊은 달래강 노루목으로 이어진다. 달래강과 나란히 이어지는 도로의 좌측으로 충주시의 상수도취수장이 보이는 곳이 영의정 유영경柳永慶이 행차하면서 생겨난 유주막이 있던 자리이다.

유영경 묘비

조선 선조 때 영의정에 오른 유영경의 형 월봉공月逢公 유영길柳永吉이 예조참판을 끝으로 모든 관직을 사직하고 충주시 이류면 문주리文周里의 팔봉마을로 낙향하여 은거하게 되었다. 유영길은 1538년(중종 33) 참봉 유의柳儀의 아들로 태어나 1559년(명종 14) 별시문과에 장원급제했고 부수찬, 정언, 병조좌랑, 전적, 헌납 등의 관직을 역임했다. 유영길은 1565년(명종 20)에는 평안도도사가 되었으나 권신 이량李樑에게 아부했다는 탄핵을 받고 이듬해 파직되었다가 1589년(선

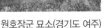
원호장군 묘소(경기도 여주)

조 22) 복직되면서 강원도관찰사와 승문원제조를 지냈다. 1592년 임진왜
란이 발발했을 때 강원도관찰사로 춘천에 있던 유영길은 경기도 여주의
신륵사(神勒寺벽사甓寺)에서 왜군의 도하를 막던 조방장 원호元豪에게 격서
를 보내어 호출함으로써 왜군이 도하할 길을 열어주는 실책을 범하기도
했다. 유영길은 이듬해 도총관, 한성부 우윤을 역임했고 1594년(선조 27)
에는 진휼사로 임명되었지만 탄핵받고 파직되었다가 1597년 정유재란
이 일어나자 호군으로 복직하여 연안延安부사를 지냈다. 유영길은 2년
후인 1599년에 병조참판과 경기도관찰사를 역임했고 1600년 예조참판
을 끝으로 관직생활을 마쳤다. 시문에 능했던 유영길은 저서로 『월봉집』
을 남겼다. 1601년(선조 34) 하세한 유영길의 본관은 전주全州, 자는 덕순德
純, 호는 월봉月蓬이다.

유영길의 동생 유영경은 유영길이 관직생활을 끝내고 은거하던 팔봉
마을을 자주 찾아 형의 신상을 살피고 위로했다. 유영경의 왕래가 빈번
해지자 그 소문은 팔봉마을 원근으로 자자하게 퍼졌다. 유영경은 형의
거처에 남모르게 들르고자 했지만 그는 일국의 영의정이었으므로 그를

수행하는 관리들 때문에 그의 행차가 밖으로 드러나지 않을 수 없었다.

1550년(명종 5) 태어난 유영경은 1572년(선조 5) 춘당대시문과에 병과로 급제하여 정언 등의 요직들을 역임했다. 1592년 임진왜란이 일어나자 유영경은 사간으로서 초유어사가 되어 많은 의병들을 모집하며 활약했다. 그 이듬해 유영경은 황해도순찰사가 되어 해주에 침입한 왜적의 수급 60여 개를 베는 공을 세웠다. 유영경은 그 공로로 행재소 호조참의에 올랐고 1594년에는 황해도관찰사가 되었다. 그는 1597년 정유재란 때 지중추부사로서 가족을 먼저 피란시켰다는 혐의로 파직되었다가 이듬해 병조참판에 서용되었다. 붕당정치가 점차 심해지던 선조 때 유영경은 유성룡과 함께 동인에 속했고 동인이 다시 남인과 북인北人으로 갈라지자 이발李潑과 함께 북인에 가담했다. 유영경이 대사헌에 재직하던 1599년(선조 32) 남이공南以恭과 김신국金藎國 등이 같은 북인인 홍여순洪汝諄을 탄핵하면서 북인들이 대북과 소북으로 갈리자 유영경은 유희분柳希奮 등과 함께 남이공의 편에 서서 영수가 되었다. 그때 유영경은 대북 일파에 밀려 파직되었다가 1602년 이조판서에 이어 우의정에 올랐다. 그러나 유영경은 대북파의 기자헌奇自獻과 정인홍鄭仁弘 등과 심한 갈등을 빚었고 뒤이어 세자 문제로 더욱 심하게 충돌했다. 그러나 1604년(선조 37) 유영경은 호성공신扈聖功臣 2등에 책록되었고, 전양全陽부원군에 봉해진 뒤 선조에게 존호를 올리고 윤승훈尹承勳의 뒤를 이어 영의정에 올랐다.

그렇게 영의정에 오른 유영경이 아무리 사사롭게 암행하더라도 형 유영길에게 왕래할 때면 평균 20여 명 안팎의 벼슬아치가 그의 뒤를 따랐고 때로는 30여 명이 수행할 때도 있었다. 유영경이 팔봉마을을 찾을 때는 한양 광나루에서 배를 타고 충주의 합수나루에서 내려 충주고을까지 도보로 이동하여 단월의 상단나루에서 나룻배를 타고 상풍(지금의 풍동)으로 들어갔다. 또 강의 수위가 적당할 때면 상단나루에서 배편으로 직접 한가실마을을 바라보며 싯계를 따라 팔봉마을로 들어가는 경우도 있었다.

그리하니 수령방백들도 무심히 있을 수만 없어졌고 상단나루는 급속히 발전하기 시작했다. 나룻배의 수도 늘고 여러 가지 시설도 갖추어졌다. 특히 유영경 일행이 주변 경승들을 관망하며 편안히 쉴 수 있는 휴식장소가 마련되는 등 강변의 한적하던 마을이 아연 활기를 띠었다. 그 중에서도 팔봉마을이 더욱 번창해진 때는 유영경이 이곳에 자주 머문다는 소문을 듣고 문객들과 유씨 문중 사람들이 모여들면서 부터였다. 그들이 팔봉마을로 모여들자 가장 호경기를 맞이한 사람들은 바로 주막 운영자들이었다.

그들이 운영하던 주막은 이전에는 한낱 보잘것없는 목로주막이었다. 그 주막은 지나가는 나그네나 나룻배를 기다리는 도강 손님들이 가끔 들러 산나물무침이나 김치 따위를 안주로 막걸리 한두 잔을 마시고 가는 곳에 불과했다. 그러나 유영경이 팔봉마을을 방문하기 시작하면서부터 주막의 수는 점차 늘어났고 시설도 달라졌다. 주막들에는 반드시 객방이 필요해졌고 그만큼 주막들이 올리는 수입도 엄청나게 많아졌다. 상황이 그리되자 언제부터인가 팔봉마을의 주막들은 영의정 유영경의 손님들 덕분에 문전성시를 이룬다고 해서 유주막으로 통칭되기 시작했다. 뿐만 아니라 상단나루도 언제부터인지 유주막나루라 불리기 시작했고, 유주막 양수장이나 유주막 여울 같은 지명들도 생겨나면서 오늘에 이르렀다.

유영경은 1606년에 선조의 즉위 40주년 행사를 앞당겨 하례하고 증광시까지 실시하여 즉위 때와 같이 경축하게 하는 등 선조의 총애를 굳

영창대군묘(경기 안성시)

건히 하고자 했다. 오랫동안 집권하여 유영경의 권력이 증대되자 그에게
바치는 뇌물도 횡행했다. 그 후 같은 소북파인 남이공과 틀어지며 탁소
북濁小北으로 분파한 유영경은 선조 말년에는 임금의 뜻을 따라 영창永昌
대군을 광해군 대신에 옹립하려고 했다. 1608년 선조는 죽기 전에 유영
경에게 영창대군을 부탁했고 그때부터 유영경은 유교칠신遺敎七臣의 한
사람이 되었다.

그러나 광해군이 즉위하자 유영경은 대북파인 이이첨과 정인홍의 탄
핵을 받고 경흥에 유배되었다가 1608년(광해 즉위) 사사되었고, 유생들의
명단인 청금록靑衿錄에서 그의 이름이 삭제되었다가 1623년 인조반정으
로 관작이 복구되었다. 유영경의 자는 선여善餘이고 호는 춘호春湖이며
손자는 선조의 부마 유정량柳廷亮이다.

유정량은 1591년(선조 24) 유열柳悅과 첨지 이필李㻶의 딸 사이에서 태어
나 14세이던 1604년(선조 37)에 선조의 딸 정휘貞徽옹주와 혼인하여 전창

유정량 묘소

위尉昌尉에 봉해졌다. 유정량은 할아버지 유영경이 사사된 후 1612년(광해 4) 일가가 멸족당할 때 전라도 고부古阜(현 정읍시)로 유배되었다가 1619년(광해 1) 장차 역모가 일어날 것이라는 소문이 호남지방에 퍼지자 경상도 기장機張으로 이배되었다. 유정량은 여러 해 귀양살이하는 동안 토굴 속에서 지내며 햇빛을 보지 못하여 실명위기에 처할 정도였다.

유정량은 인조반정으로 풀려나오면서 작위도 회복하여 숭덕대부崇德大夫에 승품되었고, 여러 차례 승진하여 성록대부成祿大夫에 이르러 세훈世勳을 물려받고 군君에 봉해졌다. 그는 1646년(인조 24) 사은사, 1651년(효종 2) 진향사, 1655년(효종 6) 사은사로서 청나라에 다녀와 도총관에 이르렀다. 1663(현종 4) 하세한 유정량의 본관은 전주全州, 자는 자룡子龍, 호는 소한당素閒堂, 시호는 효정孝貞이고 글씨에 뛰어났다.

오절을 막기 위해 서책을 불태운 전주 유씨

팔봉마을에는 예조참판을 지낸 유영길이 낙향하여 은거했다. 영의정이었던 그의 동생 유영경이 이곳을 빈번히 왕래하자 유주막이라는 지명까지 만들어졌을 정도로 전주 유씨 문중의 판도는 쟁쟁했다. 지금도 이 고장에 전주 유씨가 적잖이 살고 있는 것으로 미루어보면 조선시대에 적잖은 수의 전주 유씨들이 팔봉서원의 요직에 있었다고 짐작할 수 있다.

1602년(선조 35) 건립된 것으로 알려진 팔봉서원에는 이음애李陰崖, 이탄수李灘叟, 김십청헌金十淸軒, 노소제盧蘇齊의 위패가 모셔져있다. 팔봉서원이 불타버린 후에도 전주 유씨 가문에는 귀중한 서책들이 다수 남아있었다. 그런데 유씨 가문은 웬일인지 점점 쇠락의 길을 걷기 시작하더니 이상하게도 청춘의 몸으로 요절하는 사람들이 늘어났다. 따라서 젊은 과부도 속출했다. 오랜 세월을 두고 대를 이어 살아온 유씨 문중은 그런 불길한 조짐 때문에 가문을 계승하지 못할까 두려워했다. 따라서 조상 전래의 터전을 버리고 떠나는 유씨 문중 사람이 해마다 그 수를 더해갔다.

그즈음 팔봉마을과 인근에 있는 수주팔경水周八峰의 경치를 구경하고자 마을을 찾아온 술사가 있었다. 밤이 되자 술사는 달그림자를 벗 삼

전주 유씨 유영길과 유영경의 가계도

전릉부원군 유의柳儀 증 영의정참봉
월봉공 유영길柳永吉 증 이조판서참의
전양부원군 유영경柳永慶 영의정
전원군 유열柳悅
전창군·효정공 유정량柳廷亮 선조부마 정휘 옹주 (선조 제2후궁 인빈 김씨 소생)

• 유영경과 선조부마 유정량의 묘소는 경기도 남양주에 있다.
• 어떤 기록에는 선조와 유영길이 사돈지간이라고 되어있으나
  잘못된 기록임을 밝혀둔다. 선조의 부마는 유열의 아들 유정량이며
  선조와 유열이 사돈지간이다.

아 백사장에서 술잔을 기울였다. 그는 언뜻 하늘에 떠도는 구름 사이로 감도는 요기妖氣를 보고 숨을 죽였다. 그가 그 요기를 살펴보니 그것은 푸르디푸른 혼魂의 무리였다. 그것들은 마을을 돌아다니다가 어느 지붕 위에 멎더니 푸른 요기를 내리쏟는 것이었다. 그러자 갑자기 그 집에서 통곡소리가 터져나왔고 이어 초혼招魂소리가 들려왔다. 술사가 황급히 현장에 달려가서 보니 이제 막 약관을 면한 젊은 유학儒學이 숨졌다는 사실을 알았다. 술사가 하늘을 쳐다보니 지붕에 서리었던 푸른 요기는 어디론지 사라져갔다. 이윽고 술사는 "청혼초청靑魂招靑"이라고 혼잣말하며 돌아섰다. 그 말을 곁에서 들은 유씨 문중의 한 명이 술사를 따라 나오며 그 말의 뜻을 물었다. 그러자 술자가 대답했다.

"청춘으로 죽은 혼은 청춘을 부르는 법이오."

유씨는 술사에게 당신이 그 사실을 안다면 죽음을 막는 방법도 알 터이니 유씨 문중의 불행을 막아주는 뜻에서 도와달라고 간곡히 부탁했다. 잠시 묵묵히 눈을 감고 있던 술자가 유씨에게 물었다.

"단 한 가지 방법이 있으나 사대부 집안에서 실행하기는 몹시 어려울 것이오. 그래도 할 수 있겠소?"

문중의 젊은이들이 계속 죽어나가는 상황인데 무슨 일을 주저하겠느냐며 유씨가 대답을 재촉하자 술사는 청춘에 죽음을 맞이한 이들이 쓰던 서책을 집안에서 모두 없애라고 말했다. 오직 그 방법만이 요기가 해코지할 틈을 노리는 터전을 봉쇄하는 길이니 가문을 편하게 하려면 꼭 시행해야할 것이라는 대답을 남긴 술사는 뒤도 돌아보지 않고 어디론가 떠나버렸다.

마침내 유씨 문중에서는 이 문제를 놓고 오랜 시간 의논한 끝에 집집마다 간직해둔 귀중한 서책들을 모두 걷어서 태웠는데 장장 닷새나 걸렸다고 한다. 그 후로 유씨 문중에서 요절하는 이들이 없어졌는지 여부는 기록이나 구전으로 전해지는 바가 없다.

충주에서 수안보면 온천리 쪽으로 가다가 약 3킬로미터 지점에 이르면 살미면 향산리香山里의 노루목이 나온다. 거기서 달천강(달천疸川)을 따라 올라가면서 일대장관을 이루는 경승이 펼쳐진다. 맑은 달천강을 따라 깎아지른 절벽을 안고 서있는 기암괴석이 펼쳐지고 그 길을 따라 수영장과 모래사장 등 더위를 피하기 좋은 장소들이 이어진다. 그곳들 가운데서도 팔봉마을 앞에 위치한 약 300미터가량 연이어진 칼바위들은 갓모바위, 칼바위, 송곳바위, 중바위 등의 이름들을 가졌는데, 그 이름들에 걸맞은 모양을 띤 바위들은 저마다 전설을 하나씩 지닌 듯하다. 암맥을 절단하여 토계리 쪽의 물을 칼바위 사이로 돌려 달천으로 떨어지게 만든 폭포수는 경관을 더욱 멋스럽게 만든다.

달천강 동쪽의 여덟 봉우리 수주팔봉은 달천 위에 여덟 개의 봉우리가 떠오른 것 같다 하여 붙여진 지명이다. 수주팔봉에는 전주 유씨 문중의 서혼초혼 야사와, 칼바위, 송곳바위, 옥녀봉, 포모대泡母臺에 관한 흥미로운 전설들이 많이 어우러져있다.

임경업이 이무기를 때려잡은 이시미바위

임경업은 일찍이 매일 새벽공기를 마시며 유주막나루에 나와 세 길이나 되는 암벽에 뛰어올라 대기를 호흡하다가 속리산에서 흘러내려오는 강물에 뛰어들어 표주박으로 물을 떠 마셨다. 임경업은 그렇게 오장육부에 냉기를 불어넣고 정순한 마음으로 글을 읽고 무예를 단련하며 몸과 마음을 수련했다.

그러던 어느 새벽 임경업이 여느 때와 마찬가지로 강물에 뛰어들어

표주박으로 물을 떠마시려고 하는데 느닷없이 나타난 커다란 이무기(이시미) 한 마리가 꼬리로 표주박을 떨어뜨리며 물 마시는 것을 방해했다. 이무기는 용이 되려다 저주에 걸려 승천하지 못하고 물속에서 살아야만 했다.

성난 임경업은 이무기의 꼬리를 잡아 허공에 빙빙 휘돌리다가 강 속에 있는 바위에 태질 하여 죽여 버렸다. 이무기가 바위에 태질당할 때 생긴 흔적은 바위에 고스란히 남았다. 후에 그 흔적을 본 사람들이 그 바위를 이시미바위라고 부르기 시작했다.

이시미바위는 안타깝게도 수안보 관광도로확장공사 당시 매몰되어 형체를 찾아볼 수 없다. 노루목 중간쯤의 단월동 삼초대三超臺 밑 강변에 이시미바위가 있다.

🗿 충주시 수안보면 온천리
신神이 내린 선물 수안보온천

수안보水安堡온천은 수질, 수온, 수량이 탁월할 뿐 아니라 시설과 교통 등의 부대조건도 좋아서 전국의 휴양객이 쇄도하는 온천들 중 한 곳이다.

옛날 지금의 살미면에 있던 자연마을 양짓말에서 거지 한 명이 이 집 저 집 돌아다니며 문전걸식門前乞食했다. 그 거지는 더러운 외관은 둘째 치고 심각한 피부병에 걸려 마을사람들 모두가 기피하고 싫어했다. 그래서 그는 구걸할 때 말고는 산기슭이나 들판에서 지내야 했다. 추운 겨울이 오자 거지는 잘 곳을 찾아 집집마다 찾아 헤매었으나 역시 마땅히

수안보온천

쉴 자리를 찾지 못했다. 거지는 살미면과 경계이던 온천리의 들 복판에 있는 보릿짚가리를 찾아 파고들었다. 바깥은 살을 에는 듯이 추웠지만 보릿짚 속은 온돌방보다도 더 따뜻했다. 보릿짚가리 밑에는 물기가 있는 데도 얼지 않을 뿐 아니라 더운 물처럼 김까지 나는 것이었다. 참으로 오랜만에 따뜻하게 잠을 잔 거지는 아침에 일어나자 신기한 마음에 물기가 있는 곳을 파보았다. 그곳에는 물이 고여 있었다. 물에 손을 담그니 따뜻하여 거지는 그 물로 세수도 하고 마시기도 했다. 그날부터 거지는 매일 온천리 들판의 보릿짚가리에서 자고 씻고 물을 마셨다. 그런데 겨울이 지날 무렵이 되자 어찌된 일인지 앓던 피부병마저 씻은 듯이 나았다. 거지는 기쁜 마음에 자랑삼아 떠들어댔다. 거지의 피부병을 낫게 한 물에 관한 소문은 원근으로 퍼져 피부병으로 고심하던 사람들이 그곳으로 줄을 이어 찾아오기 시작했다. 온천리의 물로 몸을 씻거나 마신 사람들 모두가 신효神效를 보았고, 그 후 찾는 사람들 때문에 웅덩이는 자연스럽게 작은 우물처럼 변했다. 또한 초기에 이곳을 찾은 사람들은 천막을 치고 목욕을 하다가 1885년(고종 22)에는 판자를 세워 남녀가 따로 사용했고 1931년에 근대식 목욕탕이 건립되었다고 한다.

1963년부터는 본격적으로 현대적 시설을 갖춘 온천으로 개발되기 시작하여 지금에 이르렀다. 수안보온천이 발견된 연도는 그동안 약 100~250년 전으로 추정되었지만, 성현成俔의 『용재총화慵齋叢話』를 통해 조선 초기부터 수안보온천이 사람들에게 이용되었다는 사실이 확인되었다. 성현의 저서 『용재총화』 제9권에 다음과 같은 기록이 나온다.

"오늘날 우리나라 6도에는 모두 온천이 있는데
今我國之道皆有溫泉

오직 경기도와 전라도에는 없다…[중략]…
而惟 京畿 全羅 無之云云 …[중략]…

충청도 충주 수안보역 큰길가에도 온천이 있는데 물은 별로 덥지 않다."
忠淸道 忠州 安富驛 大道 傍有溫泉 泉微溫不甚暖云云

이 사실로 미루어보아 수안보온천은 적어도 조선 초기부터 사람들에게 이용되었다는 사실을 알 수 있다.

충주시 수안보면 수회리
하나가 모자란 명당 패랭이버던

조선 명종 때 한양에는 하수河水거사라고 불리던 풍수지리에 밝은 지관이 살았다. 하수거사는 전국방방곡곡을 주유하면서 명당을 발견하면 벼슬아치들이나 친지들에게 주선하여 알려주는 일을 다시없는 즐거움으로 삼았다. 하수거사는 넓은 벌판을 포함하는 고도古都에 길지가 있으리라 생각하고 충주시 수회리水回里 지역으로 내려와 각 고을을 돌아다녔으나 만족할 만한 묏자리를 발견하지 못했다. 호남지방으로 가서 길지를 찾기로 결정한 하수거사가 충주에서 마지막 밤을 보내게 되었다. 그날 밤 하수거사는 꿈에 선인仙人을 만났다. 선인은 말 한 마디 하지 않고 자신을 따라오라고 하수거사에게 손짓했다. 그렇게 충주를 벗어나 걸음을 옮기는 선인을 하수거사가 따라가며 가만히 살펴보니 남쪽으로 향하고 있었다. 충주 땅 바깥을 잠시 걷던 선인이 물가로 내려갔다. 그곳에는 널따란 바위가 편편하게 강물 속에 떠있는 듯했고 바위 위에는 이미 술자리까지 마련되어있었다. 선인은 하수거사에게 술자리에 앉으라고 하더니 들고 있던 칡지팡이로 서쪽 산을 가리키고는 구름을 타고 날아가 버렸다. 거사가 바위에 차려진 주안상을 내려다보니 술잔과 안주 접시들이 정연하게 놓여있었다. 그 모양은 꼭 용마龍馬가 승천하는 지형을 표현하고 있었다. 하수거사는 다만 수저가 용머리를 꿰뚫고 있다는 한 가지 사실을 불안하게 여겼다. 하지만 그것이 무엇을 뜻하는지 거사는 알 수 없었다. 수저가 용머리를 꿰뚫는 뜻을 알아내려다가 잠을 깬 거사는 일어나자마자 꿈에서 본 형상을 종이에 그리며 기억을 더듬었다. 그러나 거사는 용머리를 뚫은 수저의 위치를 깜박 잊고 기록하지 않았다.

날이 밝자 하수거사는 종이에 그려둔 꿈에서 본 자리를 찾아 충주에서 남쪽으로 내려와 유주막, 세성, 용천을 지나 마당바위를 발견하는 데 성공했다. 거사는 그곳에서 서쪽으로 솟은 나지막한 산을 발견하고 올라갔다. 산 정상에 오른 거사의 이마에서는 땀이 흘렀고 그의 숨은 턱에 닿았다. 그는 쓰고 있던 패랭이(평량립平凉笠)를 벗어 나무에 걸어놓고 도포를 벗었다. 거사가 시원한 산바람을 쐬며 사방을 살펴보니 산정에서 수회리 오른편으로 푸르게 흐르는 석문천石門川을 눈앞에 두고 멀리 첩부산山 제1봉을 바라보는 자리가 명당이었다. 그는 천하명당을 찾은 기쁨에 춤을 덩실덩실 추기 시작했다. 때마침 한양으로 가던 어느 길손이 마당바위 쪽에서 석문천 건너 앞산을 바라보니 누군가 나뭇가지에 도포와 패랭이를 벗어 걸어놓은 채 춤추고 있었다. 지나던 행인들은 하나둘 걸음을 멈추고 춤추는 거사를 쳐다보았다. 어느덧 길가에 수많은 사람들이 운집했는데도 거사는 아랑곳없이 춤추기를 계속했다. 그때 산정상에서 거사가 춤추던 모습을 구경하던 사람들의 입을 통해 거사가 소나무가지에 패랭이를 벗어 걸고 춤추었다는 소문이 퍼지면서 산 이름이 '패랭이번던'이라고 불리기 시작했다.

하수거사는 자신이 발견한 수회리의 명당을 유언으로 남겨 사람들에게 알리고 세상을 떠났다. 우연히 그 유언을 들은 어느 건달이 패랭이번던에 무덤을 쓰고 말았다. 그런데 괴이하게도 건달에게 돌아간 것은 벼슬자리에 오른 자손들이 아니라 유흥과 방탕을 일삼는 자손들뿐이었다고 한다.

세월이 흐른 뒤 유명한 풍수가 한 명이 하수거사가 말한 명당자리를 듣고 현장을 둘러보았더니 과연 자리는 천하의 길지로 능히 대를 이어 재상이 나올 자리가 분명했다. 다만 길지의 용머리 쪽으로 허풍이 불어오는 곳이 있어서 그곳을 막아야 했다. 하지만 이미 천기가 누설된 뒤여서 허풍을 막더라도 소용없어졌다고 한다. 그것이 바로 하수거사가 꿈에서 선인을 만나 술상의 용머리를 꿰뚫은 수저로써 암시받은 것이었다.

그 후 패랭이번던에서 괴산군 장연면으로 넘어가는 고개가 바람재(풍치風峙)라고 불렸는데, 바람재가 바로 명당으로 들어가는 통풍혈通風穴이었다고 전해진다. 충주시에서 동남쪽으로 약 10킬로미터 떨어진 곳에 수회리水回里(무돌이)가 있고, 이곳에서 석문천을 따라 약 700미터 들어간 곳에 있는 냇가에서 마당처럼 넓은 돌이 보이는데 그것이 바로 유명한 마당바위이다. 이 마당바위에서 하천을 건너 서쪽의 괴산군 장연면 추점리로 넘어가는 바람재 쪽으로 해발 241미터의 속칭 패랭이번던이라는 산이 있다.

충주시 주덕읍
벽진 이씨 이상급과 밀양 박씨의 혼인

충주시 주덕읍周德邑 소재지에서 노은면老隱面 방면으로 향하는 도로를 따라가다가 덕신초등학교 옆을 지나는 도로를 따라 북쪽으로 약 2킬로미터쯤 가면 이상급李尚伋의 묘소와 지방유형문화재 제63호로 지정된 신도비를 만난다.

이상급은 병조참지를 지내던 1636년(인조 14) 병자호란이 터지자 남한산성으로 인조를 호종했다. 이듬해 이상급은 둘째형 이상길李尚吉이 순절했다는 비보를 듣고 통곡하며 강화도로 가던 길에 적병에게 살해당했다. 이상급의 유택은 옥로금발玉路金發형 대지인데, 그의 묘소를 주덕읍에 만든 까닭은 처가인 밀양 박씨 댁이 이곳에 있었기 때문이다. 옥로금발형이라는 말의 뜻은 옥처럼 매끈한 길에 금빛이 발한다는 것이니, 풍수지리적으로 볼 때 옥로금발형 땅은 최고명당 중 하나라고 할 만하다.

이상급은 1572년(선조 5) 이희선李喜善의 아들로 태어나 백사白沙 이항복李恒福의 문하에서 학문을 닦았다. 1603년(선조 36) 진사시에 합격한 이상급은 1606년(선조 39) 증광문과에 병과로 급제하여 정자, 저작, 박사 등

을 지내고 형조좌랑으로 연경燕京 서장관이 되어 명나라에 다녀오다가
평안도사로 임명되다. 이상급은 풍기豊基군수로 재직할 때 정조鄭造가 안
찰사로 부임하자 그의 속관이 되기 싫어 사임하고 충주로 들어가 후진
들의 교육에 힘쓰며 낚시와 텃밭 가꾸기로 소일했다. 그는 1623년 인조
반정 이후 장령, 집의, 단천端川군수, 연안군수 등을 역임했다. 1637년(인
조 15) 하세한 이상급의 본관은 벽진碧珍, 자는 사언思彦, 호는 졸부拙夫와
습재習齋, 시호는 충강忠剛이다. 이상급은 1777년(정조 1)『존주록尊周錄』중
1636년 병자년에 일어난 사건들을 기록한 부분에 실렸다. 그는 유생들
이 연명連名하여 올린 유소儒疏 덕분에 대신헌의大臣獻議에서 일문쌍절一
門雙節로 칭해졌고 이조판서에 추증되었다.

▲ 이상급 묘소
▶ 이상급 신도비

이상급의 형 이상길은 1556년(명종 11) 태어나서 1579년(선조 12) 진사시에 합격하고 1585년(선조 18) 식년문과에 갑과로 급제하여 정언을 거쳐 1599년(선조 32) 광주光州목사로서 선정을 베풀어 통정대부에 올랐다. 그러나 이상길은 정언에 재직하면서 최영도崔永度를 정여립鄭汝立의 일당으로 몰아 탄핵하고 옥사시킨 죄목으로 1602년 풍천豊川에 유배되었다가 1608년에 풀려나와 회양淮陽부사와 안주목사 등을 역임했다. 이상길은 이후 대북파 정인홍의 무고를 받자 사직하고 이항복과 교유하며 학문을 닦았다.

이상길 초상

1617년(광해 9) 동지사가 되어 명나라에 다녀온 이상급은 광해군이 난폭한 정치를 하자 다시 사직했다가 인조반정 이후 조정으로 돌아와 승지와 병조참의 등을 지냈다. 공조판서로 승진하여 기로소耆老所에 들어간 이상급은 평난호종정사平難扈從靖社 진무원종훈振武原從勳에 책록되었고 1636년의 병자호란 때 원로 재상으로서 묘사廟社(종묘와 사직)를 받들며 강화도로 들어갔으며 청나라군대가 공격해오자 선원仙原 김상용金尙容과 함께 순절했다.

이상급의 형 이상길은 대광보국숭록대부좌의정에 추증되었고 강화도의 충렬사忠烈祠에 제향되었다. 이상길의 자는 사우士祐, 호는 동천東川과 만사晚沙, 시호는 충숙忠肅이다.

한편 이상급이 밀양 박씨 댁과 혼사를 진행할 때 생긴 일화가 전해진다. 아내를 맞이하러 주덕읍 사락리社樂里 웅동마을로 간 이상급은 먼 초행길에 지금의 주덕읍 삼거리에 있던 객줏집에서 하룻밤을 묵게 되었다. 그런데 웅동마을 밀양 박씨 집안의 딸과 결혼하게 된 신랑이 바로 자신의 주막집에서 자고 가는 이상급이라는 사실을 알게 된 주모는 혼잣말했다.

"저렇게 훤칠하고 기골이 장대한 장부가 무엇이 부족해서 그런 규수에게 장가를 가는지… 쯧쯧, 아까운 일이로세 참으로 아까운 일이야."

이상급과 동행하던 형 이상길은 주모의 말을 듣자 신부에게 흠이 있는 줄로 알고 혼약을 파하고 돌아가기로 결심했다. 그러나 이상급이 말했다.

"형님, 오늘 이렇게 남의 말만 듣고 규수도 보지 않은 채 파혼하고 떠난다면 그 규수가 장차 어찌되겠습니까? 저는 첫 마음대로 혼사를 치르고자 합니다."

자신보다 어린 동생의 깊은 마음에 부끄러움과 감명을 동시에 느낀 이상길은 이튿날 신부 집으로 가서 대례하게 되었다.

신부는 주모의 혼잣말과 다르게 아무 하자도 없었을 뿐 아니라 부덕婦德을 갖춘 훌륭한 규수로서 부모에게 효성을 다하고 남편을 공경하며 자녀교육에 헌신하는 훌륭한 부인으로 집안을 일으켰다고 벽진 이씨 가문에 전해진다.

충주시 달천동
10년 동안 죽만 먹은 기인 한도척

한씨 문중의 둘째아들로 태어난 한도척韓道尺은 큰아들이 아니라는 이유로 부모로부터 재산을 아주 적게 물려받았다. 한도척은 결혼하고 조그마한 두 칸짜리 집에서 새살림을 시작했데 그 허전함과 서글픔은 이루 말할 수 없었다. 종일 생각에 잠겨있던 한도척은 부모로부터 독립하여 살기 시작한 첫날밤에 아내와 함께 한 가지 결심을 했다.

"인생살이가 아무리 힘겹다 하여도 그 가운데서 가장 서러운 것은 배고픔이라 했소. 우리 아이들이 배고픈 서러움만은 면하게 해야 하지 않겠소. 앞으로 10년 동안만 죽을 쑤어 먹으며 뜻하는 재물을 모으도록 합시다."

그런데 한도척과 뜻을 같이한 아내가 분가한 첫날 저녁밥상을 차려오는데 한도척이 보니 죽이 아니라 밥이었다. 아내는 결혼하고 처음으로 분가한 날인데 이날 한 끼니만은 밥을 해 먹고 다음날 아침부터 죽을 쑤어 먹자고 했으나 한도척은 단호히 반대했다.

"무슨 일이든 처음 시작이 중요한 법인데, 밥을 해먹기 위한 구실을 찾다 보면 1년 열두 달 죽을 먹을 날은 없을 것이오."

한도척의 확고한 고집에 손을 든 아내는 마침내 밥상을 도로 들고 나가 밥을 죽으로 만들어 이튿날 점심까지 먹었다. 그러던 어느 날 한도척의 장인이 볼일이 있어 딸네 집을 찾아왔다. 한도척의 아내는 오랜만에 찾아온 친정아버지에게 죽 만은 차마 대접할 수 없어서 밥 한 그릇을 지어 대접했다. 그런데 들에서 돌아온 남편 한도척이 나무를 들이려고 부엌으로 들어갔다가 개숫물에 담긴 그릇에서 밥알을 발견하고 아내에게 그 연유를 물었다. 한도척은 아내의 이야기를 들었어도 오랜만에 찾아온 장인어른에게 지어드린 밥 한 사발을 이해하지 않고 크게 화를 냈다. 한도척은 일단 지키기로 결심한 원칙을 사정이나 체면을 핑계로 어기는 것은 처음부터 결심을 하지 않은 것만 못하다며 어두워진 밤길을 재촉해서 처가로 달려갔다. 한도척은 장인에게 말하기를 급한 일이 생겨서 그러니 돈 한 냥을 꾸어달라고 했다. 장인은 평소 인색하기 짝이 없는 한도척에 대한 감정이 좋지 않았지만 사위가 부탁하는 일인데다가 낮에 딸네 집에서 먹은 밥 한 그릇이 생각나서 돈을 줄 수밖에 없었다. 장인에게서 한 냥을 받아 집으로 돌아온 한도척은 아내에게 장인어른한테서 밥값을 받아왔다고 말했다. 자신의 장인에게까지 원칙대로 하는 남편의 모습을 본 아내는 이후로 어떤 일이 있어도 처음의 약속을 어기지 않고 한도척이 하는 대로 따랐다.

어느 해 겨울에는 한도척의 숙부 한사람이 찾아왔다. 한도척은 마침 개똥을 주우러 밖으로 나간 참이라 아내 혼자 시숙부를 맞이하여 식사를 대접하게 되었다. 아내는 추운 겨울 어른에게 죽 한 그릇밖에 드리지 못하는 것이 죄스러운 마음도 들었으나 어찌할 수가 없었다. 평소 조카 한도척이 얼마나 인색하게 생활하는지 익히 들어왔던 숙부는 질부조차 자신에게 달랑 죽 한 대접을 들이미니 어이가 없고 화가 치밀어 용무를 대충 보고 집을 나섰다. 미안해 어쩔 줄 모르던 한도척의 아내는 집을 나서는 시숙부의 짚신이 헤져 너풀거리는 것을 보자 도저히 그냥 보내지 못하고 남편이 삼아놓은 짚신 한 켤레를 시숙부에게 신겨 보냈다. 마지막에 보인 질부의 친절 덕분에 그런 대로 서운한 마음을 위안 받은 시숙은 마음을 풀고 길을 떠났다. 한참 후 집에 돌아온 한도척은 마당 한 귀퉁이에 놓인 헤진 짚신을 보자 재빨리 헛간의 짚신 망태를 살펴보았다. 자신이 삼은 짚신은 분명 다섯 켤레였는데 한 켤레가 부족한 네 켤레만 걸려있자 한도척은 아내를 추궁했다. 아내가 숙부에게 새 짚신을 건네준 사실을 알게 된 한도척은 숙부가 나루터로 갔다는 대답을 듣자마자 헤진 짚신을 손에 들고 나루터로 달려갔다. 그 무렵 나루터 주막에 앉아 배를 기다리면서 막걸리 잔을 기울이던 숙부에게 느닷없이 조카 한도척이 들이닥쳐 꾸벅 고개를 숙이더니 짚신을 바꿔들고 별 말도 없이 돌아가 버렸다. 숙부는 천하에 인정이라고는 찾아볼 수 없는 놈이라며 노발대발했고 그 광경을 함께 지켜본 나그네들도 몹시 격분하여 한도척을 힐난했다. 그렇듯 이 나루터는 어른에게 예를 갖추지 않고 서운하게 만든 장소라 하여 이후 서우정나루라고 불리게 되었다고 한다.

그토록 인색한 한도척의 소문이 인근에 퍼졌다. 자신보다 지독한 구두쇠는 없다고 자부하던 이웃마을 구두쇠는 자신과 한도척 중 어느 쪽이 더 구두쇠인지 가늠해보고 싶은 마음이 생겼다. 그래서 하루는 구두쇠가 하인을 시켜 한양 사는 김 생원 댁 주소를 알려달라는 쪽지를 한도척의 집으로 보냈다. 한도척이 그 쪽지를 받아보니 찢긴 문풍지를 떼어서 글을 적어 보낸 것이었다. 구두쇠는 한도척이 답신을 적어서 보내온 종이로 찢긴 문구멍을 발라야겠다는 심산이었다. 그런데 돌아오는 하인을 보니 아무것도 손에 쥔 것이 없었다. 구두쇠가 답신으로 받은 종이를 어떻게 했느냐고 묻자 하인은 팔뚝을 걷어 올려 한도척이가 팔뚝에 적어준 김 생원의 주소를 보여주었다. 게다가 글씨는 먹을 갈아 붓으로 쓴 것이 아니라 화로에서 나온 숯으로 쓴 것이었다. 기가 막힌 구두쇠가 한도척의 집으로 직접 가보니 자신이 글을 써서 보낸 문풍지로 한도척이 그 집의 찢긴 문구멍을 메우고 있었다. 그 광경을 본 구두쇠는 더는 한도척과 자신을 비교할 생각을 접고 조용히 되돌아나왔다고 한다.

이윽고 한도척의 가족이 죽을 쒀먹은 지 9년째가 되었다. 그해 막내아들이 병을 얻어 생사가 경각에 다다랐다. 아이의 병을 살핀 의원은 한도척이 아이에게 밥을 해먹이도록 할 요량으로 이렇게 말했다.

"이 병은 쌀밥을 지어 앞으로 사흘간 아이에게 먹이면 나을 것이로되 그렇지 아니하면 아이는 목숨을 잃을 것이네."

그리고 의원은 돌아갔다. 하지만 한도척은 아이의 목숨이 위태로운 지경에도 아내에게 쌀밥을 지으라고 말하지 않았다. 자식이 죽을까봐 두려움에 떨던 아내는 이제 아홉 해 동안이나 죽을 쒀먹었으니 어린것을 위해 쌀밥을 지어먹이자고 사정했는데도 한도척은 이렇게 말할 따름이었다.

"약을 먹어야 한다면 쌀을 바꾸기는 고사하고 떡으로라도 해먹겠지만 밥을 해먹어야만 병이 낫는다는 것은 믿기 어려운 얘기요. 예로부터 다 죽어가던 사람을 미음으로 살려냈다는 얘기는 들은 적이 있어도 쌀밥이 약이 된다는 말은 들어본 적이 없소. 아이에게 죽을 쒀먹일 수는 있어도 쌀밥을 지어먹일 수는 없소."

그렇게 끝까지 죽을 먹여서 막내아들의 건강을 회복시켰다는 이야기도 전해진다.

한도척의 고집은 그토록 지독했지만 이웃마을에 사는 그의 죽마고우 윤ㅋ 서방에게는 상당한 마음을 쏟으며 인정을 보였다. 그러던 윤 서방이 골패에 손을 댔다 내기에 져서 조상 전래의 전답이며 가재를 날리고 말았다. 당황한 윤 서방은 일을 해결할 방도를 강구하다가 친구 한도척이 근 10년 동안 모은 재물이 수천 냥에 달한다는 소문을 듣고 찾아가 돈을 꿔달라고 사정했다. 윤 서방은 만약 한도척이 이 위기에 도움을 주지 않는다면 집안이 파산하고 말 것이라며 호소했으나 한도척은 이렇게 말했다.

"예로부터 친한 사이라도 절대로 금전거래를 하지 말라고 했으니 나는 그 말을 쫓을 것이네. 무엇보다 내가 그만한 돈을 가지고 있지 않으므로 꿔줄 수 없고, 설사 그만한 돈이 있다손 치더라도 노름하다가 재산을 탕진한 자에게 귀중한 돈을 대줄 수는 없네. 서운하겠지만 나한테 돈을 꿔달라는 말은 하지 말게나."

그리고 한도척은 친구를 돌려보냈다. 친한 사이로 의지하던 친구에게 구차한 부탁을 했다가 거절당한 윤 서방은 부끄러운 마음에 자리를 차고 일어서 그대로 집으로 돌아왔다. 친구 한도척의 말은 틀린 것 없이 모두 옳았으므로 윤 서방은 정신을 다잡고 열심히 일하기 시작하여 자력으로 위기를 모면하는 데 성공했다. 빚을 다 갚고 다시 가세를 일으킨 윤 서방은 한도척을 찾아가 자신이 자립할 수 있는 기회를 안겨준 그에게 고맙다고 사례했고 둘의 우정은 더욱 돈독해졌다고 한다.

제 11장

영동군 지역 지명들의 유래

영동군 양산면
백제에 맞서 싸운 김흠운을 기리는 양산가 가락

지금으로부터 1,200여 년 전 영동군 양산면陽山面은 금강 상류에 자리한 신라와 백제의 국경지대였다. 그 당시 금강은 교역에 유리한 입지조건을 갖추고 있었다. 그래서 신라와 백제는 금강유역에서 끊임없이 충돌했고 신라의 요충지이던 양산에서도 크고 작은 전투가 잦았다.

655년(태종무열 2)에 신라 무열왕은 김흠운金歆運 장군에게 백제의 공격목표인 금산과 접경한 양산면 가내加乃마을 앞 강변에서 조천성助川城에 진을 친 백제군대를 방어하라고 명했다. 김흠운은 신라 내물왕奈勿王의 8세손으로서 화랑도 출신이었고 젊어서는 문노文努의 문하에 있었다. 낭당郎幢대감으로 임명되어 출전한 김흠운은 군사들과 가내마을의 들판에서 함께 지내며 위험과 고생도 함께했다. 그렇게 김흠운의 군대가 백제군대와 싸우던 어느 날이었다. 비까지 추적추적 내리는 와중에 신라진영을 기습한 백제군대가 화살을 퍼부어댔다. 일국의 장군이 적군에게 목숨을 잃을 급박한 상황에 내몰리자 대사大舍 전지詮知는 김흠운에게 말했다.

"적군이 어두운 밤중에 기습하여 지금 지척을 분간하기 어려우므로 비록 공(김흠운)이 죽더라도 알아차릴 사람은 아무도 없소. 더구나 공은 신라의 귀족이며 임금의 사위이니 만일 적군의 손에 죽는다면 백제에게는 자랑거리가 될 것이나 우리에게는 부끄러움이 될 것이오."

그러나 김흠운이 말했다.

"사나이로서 나라에 몸을 바친 다음에야 남이 알건 모르건 마찬가지다. 내 어찌 구태여 이름을 구하겠는가."

그리고 김흠운은 병사들과 똑같이 전장에 나섰다. 그것은 죽기 위해 전장에 나서는 것이나 마찬가지였으므로 부하들은 김흠운의 말고삐를 붙들며 돌아가자고 권했다. 하지만 그는 칼을 뽑아 뿌리치며 끝내 백제 군대에 대적했다. 김흠운이 선두에서 이끄는 신라군대는 진지를 지키고자 사력을 다했다. 그러나 변변한 전투준비도 못 하고 전장에 투입된 신라의 많은 장병들은 물론 김흠운도 마침내 전사하고 말았다.

이후 양산면 사람들은 이곳의 지명을 삽입한 노래를 만들어 김흠운과 신라장병들의 죽음을 애도했고, 그렇게 「양산가陽山歌」가 탄생했다. 오늘날 「양산가」의 가락은 전해지지 않아서 알 길이 없지만 노산鷺山 이은상李殷相은 김흠운의 마지막 유언을 기리는 새로운 시조를 지었다.

천 년 전 옛 영웅 피 흘린 싸움터가
오늘은 들국화 가을바람에 나부끼고
발아래 강물소리만 들려오는 곳일레.
양산가 슬픈 가락 어느 적에 끊어지고
여기가 어떤 덴지 그 조차 아는 이 없네.
흠운의 거룩한 한마디 큰 글자로 써두세.

신라와 백제가 치열한 백병전을 벌인 심천면 각계리 핏골

심천면 각계리覺溪里 직동稷洞도 금강유역에 위치하여 삼국시대에는 이곳에서도 신라와 백제가 빈번하게 충돌했다. 신라의 효령孝寧대왕(추존된 왕)은 백제를 정벌하기 위해 양산면에 나가 있는 군사들을 독려하려고 인근의 영국사寧國寺(당시 천태사天台寺)에 문무백관을 대동하고 행차했다. 효령대왕이 북을 울리며 군사들의 사기를 진작시키는 동안 전선은 금강을 사이에 두고 양강楊江하류로 차츰 이동하여 심천深川(깊으내)에서 형성되었다.

왕이 전장에 행차하니 신라군대의 사기는 하늘을 찌를 듯 솟아올랐다. 그 모습을 본 백제군대도 흥분하여 강 건너 신라군대의 진영을 결사적으로 공격할 각오를 다졌다. 그렇게 최후의 일전을 각오한 신라군대와 백제군대가 치열한 백

심천면 유래비

병전白兵戰을 벌인 싸움터가 지금의 직동稷洞이다. 그곳에서 양국 군사들이 죽어가며 흘린 피가 냇물을 이룰 정도였다. 그때부터 그곳은 핏골이라고 불렸고 이후 '피 직稷'자를 써서 직동이라고 불렸다고 한다.

영동군 심천면
악성 박연의 뻑러와 호랑이의 무덤골

박연朴堧은 우리나라 3대 악성樂聖 중 한 명이다. 그는 조선시대 조정의 조회 때 사용되던 향악鄕樂을 폐지하고 아악雅樂으로 대체했고, 작곡과 연주도 새로운 경지를 개척하여 조선의 음악이론을 완비하는 데 크게 이바지했다. 박연이 음악을 연주하면 산중의 모든 짐승이 그의 곁에 모여들어 그가 연주하는 곡의 박자와 가락에 맞춰 춤추며 즐겼다는 전설이 회자되기도 했다. 말 못하는 미물들까지 박연의 음악에 감화되었다는 이 전설은 박연의 인품이 그만큼 고매高邁했다는 사실을 비유적으

로 표현했을 것이다.

박연은 당대인들 사이에서 수 없이 회자되던 효자로도 이름이 높았다. 그의 시묘侍墓살이에 관한 전설도 전해진다. 모친이 세상을 떠나자 고향인 심천면의 마곡리麻谷里에 묘소를 정하고 시묘살이를 시작한 박연 곁에 밤마다 호랑이 한 마리가 와서 밤을 새우며 그를 지켜주었다. 하루는 밤늦도록 호랑이가 나타나지 않자 걱정된 박연은 호랑이가 오기를 기다리며 새벽녘이 되도록 잠을 이루지 못했다. 동틀 무렵까지 호랑이를 기다리던 박연은 피곤하여 비몽사몽 졸음에 빠졌다. 그때 박연의 꿈에 호랑이가 나타나 눈물을 흘리며 호소했다.

"상제喪制님 제가 당재(지금의 길현리吉峴里)에서 함정에 빠져 꼭 죽게 되었으니 살려주시옵소서."

깜짝 놀라 졸음을 떨치며 벌떡 일어난 박연은 정신없이 당재로 달려가니 꿈에 나타난 호랑이가 말한 것과 같은 상황이 벌어져있었다. 함정에 빠졌던 호랑이를 끄집어내어 살펴보는 마을사람들에게 박연이 급히 달려갔지만 때는 늦어서 호랑이는 이미 숨진 뒤였다. 박연은 자신을 지켜주던 호랑이를 살리지 못한 미안한 마음으로 가슴 아파하며 호랑이 시체를 어머니 묘소 밑에 정중히 안장하고 매년 제사를 지내며 조문했다고 한다.

박연의 자손들은 근래까지도 조상의 산소에 세일사歲一祀(시향)를 지

박연 동상

낼 때면 반드시 호랑이 무덤에도 제사를 지내주었다. 심천면 고당리高塘里에서 태어난 박연의 호는 난계蘭溪이고, 그의 묘소도 고당리에 있다.

제 12장

옥천군 지역 지명들의 유래

옥천군 이원면 백지리
삼국의 격전지에서 탄생한 김문기

전국의 지명들을 살펴보면 '효자孝子'라
는 단어가 들어간 지명들이 많다. 옥천군 이
원면 백지리白池里의 옛 지명도 효자동孝子洞
이라고 불렸다. 효자동이라는 지명은 인간의
근본인 충효忠孝사상을 철칙으로 여기며 넉
넉잖은 상황에 얽매이지 않고 지극한 효행에
진력한 인물을 기리기 위한 것이었다. 이곳
백지리는 1456년(세조 2) 6월 8일 사육신 김문

김문기 초상

기金文起가 화를 당하기 전까지는 효자동이었다. 김문기의 본명은 효기
였는데, 지금 알려진 '문기'라는 이름은 결혼 후 장인의 이름에도 '효'자
가 쓰였다 하여 개명한 것이었다.

김문기의 할아버지 김순金順은 옥천에 와서 이원면의 적등루赤登樓에
올라 백지리 쪽을 바라보던 중에 백지리가 더 없는 길지임을 파악하고
그 자리에 집을 짓고 살기 시작했다. 이후 김순의 큰아들 김관金觀이 옥
천에 거주하던 육비陸碑의 딸과 혼인하여 김문기를 낳았다. 김문기를 언
급하는 수많은 역사기록이 있다. 그것들 중에는 특히 효성이 지극했던
김문기가 부모의 장례를 예법에 따라 빈틈없이 행했다고 하여 마을을
효자동이라 부르기 시작했다는 기록도 있다. 김문기의 아들 여병재如甁
齋 김현석金玄錫 또한 효자요 충신이었다. 김현석은 평소 하루도 아버지
곁을 떠나지 않고 곁을 지키고자 했고 김문기가 학문에 몰두할 때도 반
드시 곁에 함께 있었다. 그러자 함경도 선비들은 김문기의 영정을 그릴

때 덧댄 종이에 김현석의 영정도 그리곤 했다.

김문기는 생후 얼마 지나지 않아서부터 문자를 해득하여 특출한 인물로 여겨졌다. 그는 나중에 정3품 한림을 거쳐 정2품 공조판서에 임명되었지만 단종 복위운동에 가담했다가 불행히 순절했다. 효자동은 그런 충신 김문기를 기억하게 만드는 교육의 현장이라는 사실을 감안하면 그만큼 의미심장한 곳이라고 할 수 있다.

연못물이 말라버렸다는 뜻의 백지리白池里라는 지명도 청렴한 김문기의 자호 백촌白村 과 무관하지 않은 것으로 보인다. 1456년(세조 2) 병자년 6월 8일 단종 복위운동에 연루된 김문기 부자를 포함한 12명이 효수당했다. 그렇게 효수당하기 얼마 전 죽음을 피할 수 없음을 예견한 김문기는 영월군수로 재직하던 아들 김현석에게 당시 절박했던 처지를 묘사한 시詩를 동봉한 서신을 보냈다.

너는 매인 새이고 나는 갇힌 몸이 되었다.
조석朝夕으로 창窓 앞에서 서로 대對해 근심하는구나.
구름 밖에 어찌 천리 뜻이 없으리.
농중籠中에 헛되이 십 년 추十年秋를 등졌구나.
향관鄕關은 하늘 끝에 멀고
벽해碧海는 지진두地盡頭 멀었더라.
동시同時에 돌아가려해도 돌아가지 못하니
세한풍설歲寒風雪 가히 견디며 머물러라.

"농중에 헛되이 십 년 추를 등졌구나"라는 구절은 대나무그릇 같이 곧게 살고자 했으나 세월 속에서 외면당한 회한을, "향관은 하늘 끝에 멀고"는 이제 그리운 고향의 산천을 찾아볼 수 없는 슬픔을 표현했다.

"벽해는 지진두 멀었더라"는 짙푸른 바다를 자신의 절박한 상황에 빗대어 표현했다. 그리고 김문기는 아들에게 당부하는 마지막 행에서 바람 불고 눈 내리는 차가운 세월이라 하더라도 꼭 견뎌 이겨내려고 했던 그의 의지를 피력했다.

김문기는 아들 김현석에게 당시의 비극적이고 급박한 사정을 전하면서도 '동요하지 말고 곧 다가올 때를 조용히 인내하며 기다리라'는 참다운 충신忠臣의 정신을 유산처럼 남겼다. 당시 김문기의 시를 읽고 슬퍼하지 않은 이가 없었다고 한다.

1457년(세조 3)에는 세조도 참회하여 비단 8폭에 단종에 대한 충심을 지킨 신하들의 명단을 친히 써서 계룡산鷄龍山 동학사에 모셔 위로하게 하니 그것을 가리켜 병자원적丙子寃籍이라고 한다. 그리고 김문기 사후 262년이 흐른 1717년(숙종 43)에야 비로소 신원이 하명되었고 1731년(영조 7)에 관작이 복권되었으며 1778년(정조 2)에 의정부 종1품관 좌찬성으로 증직되었다. 또한 왕은 생전의 김문기가 지킨 절의를 기리는 충의忠毅라는 시호를 하사했고 불천위不遷位로 특명하여 영원히 제사를 지내도록 했다.

지금으로부터 556년 전 김문기는 '충忠'이라는 명분으로 절의했지만 그를 비롯하여 박팽년朴彭年, 성삼문, 이개李塏, 유성원柳誠源, 하위지河緯地는 만고충신의 대명사인 사육신死六臣으로 추앙받아 왔다. 김문기의 탄생지인 옥천沃川은 그의 명성과 함께 영구히 손꼽히는 사적지로 남아있다.

김문기의 아들 김현석도 1791년(정조 15) 왕명으로 영월 충신단忠臣壇에 배향되었고 경상북도 의성군 춘산면 대사리大沙里 종손의 집에 불천위로서 부조묘不祧廟에 모셔졌다.

1870년(고종 7)에는 충신 정려旌閭가 왕명을 받아 경기도 안산시 단원

구 화정동花井洞에 김현석의 오정각伍旌閣을 세웠고 1876년(고종 13)에는 거창에 사적비를 세웠다. 오정각은 현재 문화재 자료 제7호로 지정되어 있다. 김현석은 1897년(고종 28)에는 이조판서 겸 판의금부사에 증직되었고 이후 의성의 덕양德陽서원, 고창高敞의 왕산사旺山祠, 금릉金陵의 섬계剡溪서원, 진양晉陽의 숭모당崇慕堂, 거창의 오례사惡禮祠 등에 배향되었다. 김현석의 자는 태초太初, 호는 여병재如甁齋, 본관은 김녕金寧이다.

옥천군 이원면 두암리
김문기의 혼령이 나타난 별장 마엄계당

이원면 두암리斗岩里에는 말바위라는 곳이 있다. 이곳에는 김문기의 별장 마엄계당馬嚴溪堂이 있었다고 한다. 마엄계당의 흔적은 지금은 찾아볼 수 없고 김문기에 관한 전설만 전해질 뿐이다.

김문기는 단종 복위운동의 지휘자로서 그 당시 군사를 담당하던 삼군도진무 겸 공조판서라는 높은 관직에 있었다. 단종 복위운동의 실패로 아들 김현석과 함께 화를 당한 김문기의 묘소는 경기도 양주에 있었다고 전해지지만 세조의 서슬 퍼런 치하에서 확실히 관리되지 못하여 지금은 정확한 위치를 확인할 길이 없다.

두암리 표석(충북 옥천)

김문기가 처형당한 뒤 그의 전답과 노비도 모두 몰수되었다. 그렇게 몰수된 김문기의 재산은 홍윤성의 소유가 되었다. 홍윤성은 보은 출신으로 당시 세조의 훈신勳臣이었다.

이산현利山縣의 관사 앞들인 두암리의 말바위에 있던 김문기의 별업別業(별장) 마엄계당도 역시 홍윤성이 차지해버렸다. 그런데 김문기의 별업에 홍윤성의 노비들이 들어가서 잠을 청하던 어느 날 한밤중에 난데없이 벼락 치는 소리가 나더니 괴이한 일이 벌어졌다. 커다란 백마의 높은 등에 탄 대인이 창졸간에 군마를 거느리고 나타나서 홍윤성의 노비들을 크게 꾸짖어 내쫓아버린 것이다. 홍윤성의 노비들은 대인이 김문기의 혼백이라고 믿었다. 그 일이 있은 뒤부터 공포에 휩싸인 노비들은 주인 홍윤성이 빼앗은 김문기의 마엄계당에 들어가는 것을 꺼렸다. 그렇다고 별장을 마냥 비워둘 수도 없었던 홍윤성은 담력이 센 노비들을 뽑아 별장으로 들어가도록 했다. 그런데 그날도 밤중이 되자 백마를 탄 장군이 군병을 거느리고 나타나 홍윤성의 노비들을 모두 쫓아내는 사건이 발생했다. 그런 일이 계속되니 홍윤성의 노비들은 모두 불안에 떨며 마엄계당으로 들어가지 않으려 했다. 난폭하기로 유명한 홍윤성은 화가 머리

끝까지 치밀어 견딜 수 없었다. 홍윤성은 마엄계당을 때려 부수고 목재는 불태워 강물에 띄워 흘려보내버렸다. 그 후 마엄계당이 있던 자리에 서있던 수백 년 묵은 버드나무마저 대홍수에 떠내려 가버렸다.

홍윤성의 노비들이 김문기의 별장에서 그렇게 혼쭐난 이후부터 말바위라는 지명은 '말 마馬'자에서 '말 두斗'자를 쓰는 두암리라는 지명으로 바뀌었다. 이렇듯 두암리는 몇 백 년 전 마엄계당의 전설을 간직하고 있다.

옥천군 군북면 석호리
국제관계의 희생양 김옥균이 피신했던 명월암

옥천군 군북면 석호리石湖里의 장길마을은 김옥균金玉均이 잠시 피신하여 지냈던 곳이다. 조선 말기의 정치가 김옥균은 청나라세력을 등에 업은 명성황후 일파의 지나치게 수구적인 정치에 반발하여 국제정세에 맞춰 개혁을 단행하고자 했다. 1884년(고종 21) 2월 4일 우정국 청사개국 연회를 기회로 정권을 새롭게 장악하기로 계획한 김옥균은 이른바 갑신정변甲申政變을 일으켜 한규직韓圭稷 등 수구파를 제거하고 새로운 내각의 호조참판으로서 실권을 잡았다. 그러나 갑신정변으로 획득한 정권이 3일 만에 무너지자 김옥균은 뜻을 펴지 못하고 쫓기는 몸이 되었다.

충청남도 공주에서 김병태金炳台의 장남으로 태어난 김옥균은 7세 때 재종숙 김병기金炳基에게 입양되어 한양에서 자랐다. 김옥균은 김병기가 강릉부사로 부임하자 그를 따라 강릉에서 살았다. 그때 율곡서당에 다니며 율곡 이이의 영향을 크게 받았다. 김옥균은 어려서부터 학문뿐 아

명월암(김옥균의 글씨)

명월이 몸을 던진 곳

니라 예술적 재능도 뛰어나 두 방면에서 탁월한 소질을 발휘다. 1870년 (고종 7)을 전후하여 김옥균은 박규수朴珪壽의 사랑방에 모인 여러 선비들로부터 개화사상을 알게 되었다. 1872년 알성문과에 장원급제하여 홍문관교리가 된 김옥균은 그 무렵부터 개화를 추진할 개화파를 결성하고 스스로 지도자가 되었다. 명성황후의 개방정책에 따라 조선의 항구들이 개항되고 서구열강과 일본이 조선의 상권을 잡고 내정에도 간섭하자 김옥균은 일본의 실태를 파악하기 위해 신사紳士유람단의 파견을 주선했다. 그는 1881년(고종 18) 직접 일본으로 건너가 메이지유신明治維新 이후 일본의 서구화와 발전상을 파악하고 그곳의 정치가들과 교유했다. 김옥균이 일본의 정치동향을 파악하고 조선으로 귀국한 이듬해 국내에는 임오군란이 일어났다.

　김옥균의 개화사상은 일본방문 이후 더욱 확고해졌다. 그는 열강의 틈바구니에서 조선이 명실상부한 자주국가가 되려면 정치 전반에 걸쳐 대개혁이 단행되어야 한다고 생각했다. 그는 개화당의 세력확장에 힘쓰며 당시로서는 파격적인 개혁을 주장했다. 그는 신분제도를 폐지하고 인재를 고루 등용할 것과 선진과학기술을 도입하여 근대산업을 발전시켜 부강한 나라를 세워야만 완전한 자주국이 될 수 있다고 부르짖었다.

한편 임오군란 당시 3,000명의 병력을 파견해 흥선 대원군을 몰아낸 청나라는 군대를 본국으로 철수시키지 않고 조선을 속국으로 만들기 위해 조선의 내정에 적극적으로 간섭하기 시작했다. 김옥균이 이끄는 개화당이 사회 전반에 걸친 개혁을 조속히 실시하자고 거듭 주장하자 위기의식을 느낀 청나라는 조선 조정을 움직여 개화당 탄압에 돌입했다.

김옥균은 난국을 돌파하기 위해 1883년(고종 20) 고종의 위임장을 가지고 일본으로 건너가서 국채國債를 모금하려 했다. 그러나 일본공사가 위임장이 거짓이라고 보고함으로써 실패하고 말았다. 급격히 발전하는 일본에 위협을 느낀 김옥균은 개화정책을 서둘렀다. 하지만 그럴수록 그에 대한 청나라와 조선 조정의 탄압은 거세졌다. 당시 청나라는 안남安南(베트남)문제로 프랑스와 대치하던 중이었다. 1884년 프랑스를 상대로 전쟁을 개시한 청나라는 조선에 파견한 3,000명의 병력 중 1,500명만 남기고 나머지는 본국으로 철수시킬 수밖에 없었다.

그 틈을 노린 일본은 개화당의 정변을 부추겼다. 때를 기다려온 김옥균은 조선군사 1,000명과 일본군사 150명을 규합하여 1884년 12월 우정국 청사개국축하연회장에서 갑신정변을 단행했다. 정변은 성공하는 듯했으나 사흘 후 조선에 남아있던 청나라군대가 궁궐에 침입하여 조선군대를 물리치자 김옥균은 석호리의 장길마을로 숨어들었다. 장길마을에는 20여 미터 높이의 절벽 위에 청풍정淸風亭이라는 정자가 있고 절벽 밑에는 푸른 금강이 굽이쳐 흐른다. 금강 변의 석호리는 물, 산, 바위가 아름답게 조화를 이룬 명승이었지만 교통이 매우 불편하여 피신처로는 적격이었다.

김옥균은 조선의 앞날을 위한 계획을 세우고 원대한 꿈을 펼칠 때를 기다리면서 장길마을에 은신하고 있었다. 그는 장길마을로 올 때 명월이라는 기녀를 데려왔다. 명월은 김옥균이 이곳에 피신한 사실이 발각될까봐 한편으로는 불안하면서도 사랑하는 김옥균과 소일하는 나날이 행복했다.

그렇지만 사실 김옥균의 앞날은 한 치 앞을 예상할 수 없을 정도로 위태로웠다. 나라를 뒤엎으려던 혁명이 실패로 끝났으니 목숨을 부지하는 것조차 쉽지 않았기 때문이다. 또한 김옥균과 뜻을 같이했던 동지들도 뿔뿔이 흩어져 생사조차 확인할 길이 없었다. 더구나 이런 벽촌에 묻히고 보니 세상 돌아가는 소식을 듣지 못해 답답하기가 이루 말할 수 없었다. 김옥균의 얼굴에는 근심어린 빛이 떠나지 않았고 재기할 기회는 아득하게만 느껴졌다. 눈치 빠른 기생 명월이 정인 김옥균의 심정을 모를 리 없었다. 어떻게든 김옥균이 원하는 바를 이루는 데 도움이 되고 싶었으나 혼돈스러운 구한말 일개 기녀의 몸으로서 어찌할 도리가 없었다. 더구나 명월은 자신이 다칠까봐 김옥균이 석호리를 쉽게 떠나지 못하고 나약해지는 모습을 보자 괴로워졌다. 명월은 자신을 아끼는 김옥균의 마음을 느끼며 고민에 빠졌다. 이윽고 명월은 자신의 목숨으로 김옥균의 마음을 움직이고자 굳게 마음먹었다. 명월은 마지막으로 김옥균에게 남기는 기나긴 편지를 정성껏 썼다. 명월은 김옥균에 대한 연모의 정, 자신 때문에 김옥균이 나라를 위하는 일에 조금이라도 지장이 생기는 것을 바라지 않는다는 사연, 그리고 이곳에서 나약하게 숨지 말고 가

청풍정 안내판

슴에 품은 큰 뜻을 기필코 펼쳐서 성공을 거두라는 간곡한 내용을 편지에 담았다.

편지를 벼랑바위의 청풍정에 내려놓은 명월은 정자에서 20미터 절벽 아래 금강으로 몸을 던졌다. 뒤늦게 청풍정에서 명월의 애절한 편지를 발견한 김옥균은 미어지는 가슴을 다잡으며 바위에 명월암明月岩이라고 새겼다. 지금도 이 바위에는 달필로 각자된 명월암이라는 글자가 남아있다.

이후 박영효朴泳孝, 서광범徐光範, 서재필徐載弼과 접선한 김옥균은 함께 일본으로 망명했으나 일본은 김옥균을 섬으로 유배시키는 등 박해를 가했다. 그렇게 고단한 망명생활에 시달리던 김옥균은 프랑스유학생으로서 일본에 머물던 홍종우洪鍾宇와 함께 청나라의 실력자 이홍장李鴻章을 만나 담판을 짓기 위해 상하이를 찾기도 했다. 그러나 뜻을 같이 했던 홍종우가 이일직李逸稙에게 포섭됨으로써 김옥균은 1894(고종 31) 일본여관 동화양행東和洋行에서 살해당했고 청나라와 조선은 그를 역적으로 몰았다. 조정은 김옥균의 시신을 한양으로 이송하여 양화진楊花津에서 능지처참하고 전국을 돌며 효시하는 등 잔인한 형벌을 자행했다. 그러자 평소 김옥균을 존경하던 어느 일본인이 시신 일부와 유품을 거두어 도쿄의 혼간사本願寺에서 장례를 치러주었다.

김옥균은 대원군과 명성황후가 벌이는 권력투쟁 때문에 국운이 덧없이 기울어가고 있을 때 도탄에 빠진 민생과 나라를 구하기 위해 개혁의 기치를 높이 들었다. 그러나 복잡한 국제관계의 희생양이 되어 40여 세의 아까운 나이에 꿈을 접어야 했다. 그 후 갑오개혁으로 개화파가 집권하자 김옥균은 사면되었고 1910년(순종 3)에는 규장각대제학에 추증되었다.

삼일천하를 이루고 능지처참당한 시신

구한말 개혁정치를 펼치다가 암살당한 김옥균의 묘소는 충청남도 아산시 영인면 아산리牙山里에 있다. 이곳 누정 여민루慮民樓의 왼편으로 보이는 외딴집 뒤쪽의 산기슭에 김옥균의 묘로 오르는 고적하고 조용한 길이 있다. 그 묘 뒤쪽으로는 굴참나무가 서있고 팔작지붕을 얹은 묘비에는 이렇게 적혀있다.

"고균거사 안동김공 옥균지묘 배 정경부인 기계유씨 부좌"
古筠居士　安東金公　玉均之墓　配　貞敬夫人　杞溪兪氏　祔左

묘비 앞에는 문인석과 동자상이 1쌍씩 서있고 그것들 앞에는 장명등과 망주석이 놓여 있다. 산양 1쌍이 외롭게 지키는 김옥균의 묘는 능지처참당한 김옥균의 시신에서 거둔 머리카락과 손톱, 발톱 등을 그 당시 아산군수이던 양아들 김영진이 일본에서 가져와 부인과 합장한 것이다. 정말 백 년 세월이 무상하다.

아산은 풍운아 김옥균이 태어난 곳이기도 하다. 아산은 백제시대에는 아술현牙述縣이었고, 통일신라시대에는 읍봉이었가 이후 음봉陰峯으로 바뀌었다. 음봉은 고려 초기에는 인주仁州였다가 조선시대 1413년(태종 13)부터 지금과 같은 아산으로 불리기 시작했다.

아산이라는 지명은 39번국도 아산고개에 우뚝 솟은 어금니바위에서 비롯되었다. 산 정상에는 사람의 어금니를 닮은 바위들이 서로 마주보고 있는데, 가운데가 휑하니 뚫린 작은 바위 두세 개가 나지막이 자리하므로 '어금니 아牙'자를 써서 아산牙山으로 불렸다. 그리고 아산은 옛날 충청도 일대 여러 고을에서 거둔 세곡을 수납했다가 서울로 조운하는 공세곶창貢稅串倉이 있어서 물자가 풍부했던 곳이었다.

김옥균이 비록 외세를 끌어들이고 백성들의 지지를 받지 못한 상태에서 개혁을 시도했지만 시대를 앞선 그의 정신과 행동은 열강의 침략을 받아 꺼져가는 국운을 구하려는 노력의 발로였다. 김옥균의 본관은 신新 안동安東, 자는 백온伯溫, 호는 고균古筠과 고우古愚이다. 그에게는 충달忠達이라는 시호가 내려졌다.

김옥균을 암살한 홍종우는 저격 직후 청나라경찰에게 붙잡혔으나 청나라군함 위정호威靖號로 조선으로 귀국하여 그해 교리 벼슬을 역임했다. 그러나 1898년(고종 35) 독립협회가 만국공동회를 개최하며 개혁을 부르짖자 홍종우는 황국협회皇國協會를 조직하고 보부상들을 동원하여 독립협회활동을 방해하는 친일파로 전락했다.

김옥균의 부인으로서 노비가 된 유씨가 남긴 수기

김옥균이 거사에 실패하고 망명하자 고종은 김옥균의 부인 유兪씨의 신분을 비녀婢女로 격하시킨다는 칙령을 내렸다. 나라를 개혁하려던 선구자 김옥균이 노비해방을 부르짖다가 도리어 처자를 노비로 만들었으니 참으로 인생무상이라 할 만한다.

일본에서 출판된 『복택유길전福澤諭吉傳』이라는 책에는 유씨가 갑신정변이 실패로 돌아간 이후 몸을 숨기려던 과정부터 노비로 지낸 4년간의 행적을 남긴 수기手記가 들어있다. 그 내용 중 옥천과 관련된 부분만 발췌하면 다음과 같다.

"유시維詩 갑신甲申(1884) 10월 열이렛날 밤에 희유稀有의 사변이 일어나 그 귀추가 어찌될지 몰라 마음을 조이고 있었다. 그러던 중에 두 밤을 자고난 열아흐렛 날에 이르러서는 우리 모자를 잡아들이라는 어명이 나렸으니, 세상일 한탄하기 이전에 겁에 질려 어찌할 바를 모르고 갈팡

질팡하고 있다가는 일곱 살 난 딸년을 들쳐 업고 정든 집을 밤중에 빠져나왔다.

이곳저곳 아는 사람을 찾아가 보았으나 의지할 곳 없는 이 모녀를 문턱 안으로 들어서지도 못하게 하므로, 하는 수 없이 길을 헤매다가 친정집으로 가는 길을 찾아 나섰다. 친정은 백리 길이라 길가의 초라한 빈집에서 하룻밤을 자고 또다시 길을 물어가며 꼬박 이틀이 걸려서야 친정 마을을 찾아들게 되었다.

한데, 미처 버선도 벗기 전에 포졸들이 이 마을로 달려오고 있다는 말을 듣고 다시 어린것을 들쳐 업고서 황망히 친정집을 빠져나왔다. 그 후 다시 뒤돌아 나오니 갈 곳은 없는데, 업힌 것이 배고파 우는 것을 달래가며 비틀거리는 걸음을 겨우겨우 재촉했다.

발길을 선조의 묘소가 있는 옥천으로 돌렸다. 10월이 다 가고 동짓달에 접어들어서야 겨우 옥천 땅에 당도하여, 지면知面이 있는 사람 집으로 찾아가서 숨어 살고 있었다. 불운하게도 한 여자 염탐꾼에 의해 옥천현감에게 들키게 되어 을유년(1885, 고종 22) 정월 열아흐렛 날 포승에 묶여 갖은 치욕을 당한 끝에, 옥천옥사에 갇히는 몸이 되었다.

오랫동안 옥중에서 모진 쓰라림과 고통을 겪은 끝에 비녀의 신분으로 그 고을 아전인 정鄭씨 집에 들어가 있게 되었다. 다행히 정씨는 옛날 친정아버지 밑에서 일하던 분이었으므로 옛날의 의리를 생각하여 따로 별채의 집을 지어주고는 온갖 정성을 다하여 보살펴주었다.

비록 몸의 고달픔은 없었다 하더라도 비녀의 몸으로 4년간 갖은 고난을 참아가며 그 집에서 살아왔는데, 그것이 무슨 큰 복이라고 또다시 재난이 닥쳐왔다.

가주家主인 정씨가 현청縣廳의 공금을 횡령한 죄로 재산을 모조리 몰수당했고, 하나의 재산 취급을 받아오던 비녀로서 우리 모녀마저도 몰수당하는 가엾은 신세가 되었다. 하지만 노동력이 신통치 못한 우리를 데려가려는 사람은 없었기에 우리 모녀는 거리에 버려진 몸이 되었다.

그 후 새로이 당한 해는 지난해보다 더욱 가혹했다. 임진년(1892) 동짓달부터 우리 모녀는 시역時疫 유행병에 걸려 앓아눕게 되었고, 땔 것이 없어 그대로 고스란히 굶주리다가 얼어 죽는 줄로만 알았다. 자꾸만 식어가는 체온을 모녀가 마지막까지 나눠가며 운명을 기다리는데, 정말 하늘이 베푼 고마움인지 이웃에 사는 임任씨의 어머니 덕분으로 그 이듬해 계사년(1893, 고종 30) 2월까지 연명할 수가 있었다."

✝ 옥천군 이원면 이원리
천하장사 월이와 그의 순수함을 알아본 밀향의 사랑

옛날 월이月伊라는 총각이 옥천군 이원면의 이원리伊院里에 살았다. 월이는 어려서부터 남달리 힘이 셌다. 그 힘이 어느 정도였나 하면 어른도 감히 들지 못하는 커다란 돌을 월이는 장난감처럼 가지고 놀았다. 월이의 심성은 착하여 사람들과 가까이 지내기를 바랐지만 그의 힘이 너무 세서 사람들은 그를 멀리하며 상대하지 않았다.

동네사람들은 월이가 당장에는 피해를 주지 않지만 어른이 되면 언젠가는 그 힘을 이용하여 자신들을 해칠 것이라는 막연한 두려움을 품고 있었다. 월이가 길에 나서면 놀던 아이들은 집으로 돌아가 버렸고 울던 아이는 울음을 그쳤으니 그들 틈에서 월이는 항상 외로웠다. 힘이라는 것은 용모와 마찬가지로 타고나는 것이니 힘을 줄이고자 한다고 되

는 일이 아니었다. 월이가 외로움을 달
래는 방법은 매일 이원리 개울가에 있
는 큰 돌 5개를 가지고 노는 것이었다.
그러나 월이가 큰 돌을 손쉽게 굴리며
노는 모습을 본 사람들은 더욱더 그를
멀리했고 월이의 외로움은 깊어갔다.

월이산

　그때 이원리에는 일향日香이라는 처녀가 살았다. 일향도 월이의 이야
기를 풍문으로 들어 알고 있었다. 그러던 어느 날 냇가에 나간 일향이
우연히 월이가 큰 돌들을 가지고 공기놀이하는 모습을 보았다. 일향은
큰 돌을 마치 조약돌 다루듯 하는 월이를 신기하게 바라보았다. 월이는
자신의 모습을 누군가 지켜보고 있는 것도 모른 채 혼자놀이에 열심이
었다. 그런 월이의 모습은 일향이 사람들에게서 듣고 상상했던 험상궂
은 모습이 아니라 어딘지 순박하고 믿음직스러워 보이는 모습이었다.

　월이는 힘이 센 만큼 큰 키와 딱 벌어진 가슴에 우람한 손과 불타는
듯한 두 눈을 갖고 있었지만 그의 눈동자에는 우수의 그림자가 서려있
었다. 일향은 사람들이 월이의 선한 면을 보지 못하고 무서워만 한다는
사실에 그가 안쓰러워져 월이의 손을 꼭 잡아주고 싶은 충동을 느꼈다.
일향은 저도 모르게 월이의 곁으로 다가갔다. 월이는 자신의 곁에 서있
는 일향을 발견하고 깜짝 놀라 눈을 껌벅거렸다. 당황하여 쩔쩔매는 순
진한 월이와 따뜻한 미소를 보내는 일향의 모습은 서로에게 사랑의 감
정을 키우는 계기가 되었다.

　월이와 일향의 사랑은 깊어갔다. 그럴수록 일향은 월이에 대한 자신
의 생각이 옳았음을 깨달았다. 월이는 누구보다 순수한 마음을 품고 있
었다. 비록 사람들이 자신을 멀리한다는 사실에 상처를 받는 월이였지

만 그 상처를 분노가 아닌 체념으로 다스리는 착한 마음을 가졌다는 사실을 일향은 잘 알았다. 그런 월이와 일향의 관계는 온 동네에 차츰 알려졌고 결국 일향 부모의 귀에까지 들어갔다. 일향의 부모는 딸이 마을사람 모두가 기피하는 월이와 사귄다는 사실에 기겁하며 집안을 망칠 자식이라며 일향의 바깥출입을 일절 금지시켜버렸다. 집안에 갇힌 일향은 눈물과 한숨으로 나날을 보냈다. 견디다 못한 일향은 이토록 괴롭게 월이와 떨어져 헤어질 바에는 차라리 죽는 것이 낫다고 생각하기에 이르렀다.

식구들이 한눈을 파는 사이 집을 몰래 빠져나온 일향은 뒷산 소나무에 목을 매고 자결해버렸다. 그 소식을 뒤늦게 전해들은 월이는 가슴이 갈가리 찢기고 피멍이 드는 듯한 아픔을 맛보아야 했다. 그 후 월이도 식음을 전폐하고 날마다 일향이 죽은 소나무 아래 앉아서 통곡했고 넋 나간 사람처럼 하염없이 앉아있는 날이 늘어갔다. 그런 날이 계속되자 모든 사람이 기피할 정도로 장사였던 월이도 초췌한 폐인이 되어 얼마 후 세상을 떠나고 말았다.

일향과 월이의 죽음 이후 그들이 처음 만난 냇가의 산은 월이산 또는 일향산으로 불리기 시작했다. 월이가 가지고 놀던 커다란 공깃돌은 비록 1977년 8월 8일의 대홍수로 위치가 많이 바뀌었지만 지금도 냇가에 흩어져 그대로 남아있다. 그 냇가에 있는 바위 같은 공깃돌들 중에는 직경이 약 4미터에 달하는 것도 있다.

옥천군 이원면 용방리

구룡촌에서 나고 자란 우암 송시열

충청북도 옥천군 이원면 용방리龍坊里의 옛 지명은 구룡촌이었다. 우암尤庵 송시열宋時烈은 1607년(선조 40) 외가가 있던 구룡촌에서 태어났다. 이 마을에는 송시열에 관한 여러 일화가 전해진다. 송시열이 태어난 곳에는 유허비가 있고 그가 공부하던 용문龍門서당과 이지당二止堂도 오늘날까지 남아있다. 용문서당은 송시열의 영정을 모시면서 용문영당影堂으로 불리기 시작했다. 이지당은 일명 각신서원覺新書院이라고도 불린다.

송시열의 어머니 곽郭씨는 그를 잉태할 때 태몽을 꾸었다. 그것은 월이산을 몽땅 꿀꺽 삼켜버리는 꿈이었다. 이처럼 송시열은 잉태될 때부터 비범한 인물이 되리라고 예상되었다. 또한 그가 탄생하던 시간에 월이산이 웅장한 소리를 냈고 금강의 색이 잠시 변했다는 전설도 전해진다. 일설에는 월이산 초목의 잎이 마르고 금강 물은 홍색으로 변했다고도 한다.

송시열은 옥천군 이원면의 외가에서 태어나 7세까지 살다가 8세에 본가인 회덕懷德 송촌松村(지금의 대전시 동구)으로 주거지를 옮기면서 글공부를 시작했다. 친척 송준길宋浚吉의 집에서 함께 공부한 인연으로 송시열과 송준길은 훗날 양송兩宋으로 불리며 특별한 교분을 맺는다.

송시열은 1625년(인조 3)부터 김장생金長生 문하에서 성리학과 예학을 배웠다. 그는 1631년(인조 9) 스승 김장생이 하세하자 연산連山(현 충남 연산면)에 있는 김장생의 아들 김집金集 문하에서 학문을 닦고자 회덕과 연산을 왕래했다. 책과 점심도시락을 싸들고 먼 거리를 다니느라 피곤했을 법도 했지만 송시열은 누구보다 근면하고 성실하게 공부에 열중했다. 그는 연산으로 가는 도중 십 리 못미처에서 도시락의 반을 먹고 나머지

반은 다시 싸서 나뭇가지에 걸어두었다가 돌아오는 길에 먹곤 했다.

어느 해 동짓날에는 집에서 쑨 팥죽을 스승에게 대접하기 위해 송시열이 회덕에서 싸들고서 연산까지 달려간 일이 있었다. 추운 겨울이었어도 그가 가져간 팥죽이 아직 식지 않고 따뜻했으므로 감동한 스승 김집은 칭찬을 아끼지 않았다.

"네가 스승을 존경하는 태도가 남다르니 어찌 팥죽이 식겠느냐? 스승을 생각하는 정이 이리 따뜻하니 장차 크게 될 인물이로다."

또한 송시열이 용문서당에서 공부할 때 생긴 일화도 있다. 어느 늦은 봄, 독서에 열중하던 송시열은 근처 연못에서 개구리와 맹꽁이가 개골개골 맹꽁맹꽁 시끄럽게 울어대는 바람에 정신을 집중하여 독서하기가 곤란해졌다. 그때 그는 연못에서 울어대는 개구리와 맹꽁이 떼에게 외쳤다.

"이놈들, 너희들 소란에 공부를 할 수가 없구나. 썩 그치지 못하겠느냐!"

그러자 시끄럽던 개구리와 맹꽁이 울음소리가 뚝 그쳐서 조용해졌다고 한다.

그렇게 면학에 힘쓰던 송시열은 27세 때 생원시에서 장원급제했다. 그

송시열 태생지(충북 옥천군)

때부터 그는 학문적 명성을 널리 떨쳤고 2년 후 1635년(인조 13)에는 봉림鳳林대군(후일 효종)의 사부로 임명되었다. 이듬해 병자호란으로 왕이 치욕을 당하고 소현세자와 봉림대군이 청나라에 인질로 잡혀가자 송시열은 낙향하여 10년간 모든 벼슬을 사양하고 전야에 묻혀 학문에만 몰두했다. 1649년 효종이 즉위하여 청나라와 대결을 주장하던 척화파 및 재야 학자들을 대거 기용했고 비로소 송시열도 관직에 나갔다. 그러나 다음 해 2월 김자점金自點 일파가 청나라에 조선의 북벌동향을 밀고해버렸다. 그 결과 북벌계획을 세우던 송시열을 포함한 산당山黨 일파는 모조리 조정에서 물러나야 했다. 그로부터 5년이 지난 1655년(효종 6) 모친상을 당한 송시열은 10년 가까이 향리에서 은둔생활을 했다.

송시열은 1657년(효종 8) 모친상을 마치자마자 세자시강원찬선에 제수되었으나 사양하는 대신에 「정유봉사丁酉封事」를 상소하여 왕에게 시무책을 건의했다. 송시열은 이듬해 7월 효종의 간곡한 부탁으로 다시 찬선에 임명되어 관직에 나아갔고 9월에는 이조판서에 임명되어 다음해 5월까지 효종의 절대적 신임으로 받으며 북벌계획의 중심인물로 활약했다. 그러나 1659년(효종 10) 5월 효종이 급서하자 인조의 계비 조대비趙大妃의 복제문제로 예송禮訟논쟁이 일어났고 국구國舅 김우명金佑明 일가와의 알력이 깊어졌다. 그러자 현종顯宗에 실망한 송시열은 그해 12월 관직을 사임하고 다시 낙향했다.

송시열은 재야에 은거하는 동안에도 선왕의 권위와 사림의 두터운 신망을 받아서 막강한 정치적 영향력을 행사했다. 그러다 1674년(현종 15) 효종 비가 상을 당하자 제2차 예송논쟁이 불붙었다. 그러나 송시열의 예론을 추종한 서인西人이 패배하자 송시열도 예를 그르친 죄로 파직되었다. 송시열은 1675년(숙종 1) 정월 덕원德源으로 유배되었다가 장기와 거세 등지로 이배되었다. 1680년(숙종 6)의 경신 환국庚申換局으로 남인이 실각하고 서인이 다시 정권을 잡자 송시열도 유배에서 풀려났다. 중앙정계로 복귀한 송시열은 그해 10월 영중추부사 겸 영경연사에 임명되었고 봉조하奉朝賀의 영예를 받았다.

김석주 초상

그러나 1682년 김석주金錫胄, 김익훈金益勳 등 임금의 친척들이 역모를 조작하여 남인들을 일망타진하고자 한 임신 삼고변壬申三告變 사건을 일으켰을 때 송시열은 자신의 스승 김장생의 손자 김익훈을 두둔했다. 이 일로 서인 송시열은 서인 중 소장파의 비난을 받았고, 또 제자 윤증尹拯과의 불화가 깊어지면서 1683년(숙종 9)에는 노소 분당이 일어나게 되었다.

1689년(숙종 15) 1월에는 숙의 장씨가 아들을 낳자 원자의 호칭을 부여하는 문제로 기사환국己巳換局이 일어나 이를 반대한 서인은 축출되고 남인이 재집권에 성공했다. 이때 송시열도 세자 책봉에 반대하는 상소를 올렸다가 제주도로 유배되었고, 그해 6월 한양으로 압송되어 오던 중 정읍에서 사약을 받고 죽음을 맞이했다.

그러나 1694년(숙종 20) 폐비된 인현仁顯왕후 민씨의 복위를 꾀하던 서인 일파를 제거하려던 남인이 도리어 화를 입은 갑술환국甲戌換局으로 다시 서인이 정권을 잡자 송시열의 관작이 회복되고 제사가 허락되었다. 그해 수원, 정읍, 충주 등지에 송시열을 제향하는 서원이 세워졌고, 다음 해에는 그에게 시장諡狀 없이 문정文正이라는 시호가 내려졌다. 그때부터 덕원, 화양동을 비롯한 수많은 지역에 서원이 설립되어 전국적으로 약 70여 개소에 달했다. 그곳들 중 임금이 이름을 지어서 새긴 편액을 받고 서적, 토지, 노비 등도 하사받은 사액賜額서원만 37개소였다.

송시열의 행적에 관해서는 당파에 따라 칭송과 비방이 극명하게 대조되었다. 그러나 1716년(숙종 42) 병신년에 소론을 배척한 병신처분과 1744년(영조 20)의 문묘배향으로 송시열의 학문적 권위와 정치적 정당성이 공인되었다. 영조 및 정조 대에 노론의 일당전제정치가 이루어지면서 노론의 영수 송시열의 역사적 지위는 더욱 견고하게 확립되었다.

조선 중기의 대유학자로서 사조四朝, 즉 네 임금에 걸쳐 벼슬을 한 송시열의 본관은 은진恩津, 자는 영보英甫, 호는 우암 또는 우재尤齋이다.

송시열의 아버지 수옹 송갑조

송시열의 아버지 송갑조宋甲祚는 인조 때의 문신으로 1574년(선조 7) 태어났고, 학문을 닦던 1592년(선조 25) 임진왜란이 일어나자 회덕에서 이곳 옥천군 이원면 구룡천으로 와서 곽郭씨 집안에 장가들었다. 구룡천이 송갑조의 처가가 됨으로써 그 시기에 우암 송시열이 태어나고 자란 곳이 되었다.

송갑조는 어려운 환경에서도 자녀를 훌륭히 양육했다. 자녀들 중 송시열은 영의정에 추증되었다. 송갑조는 1617년(광해 9) 사마시에 합격하여 성균관 유생이 되었으나 그때 인목대비의 폐비를 반대하다가 유적儒籍에서 삭제되어 벼슬길이 막혔다. 송갑조는 그 후 1623년의 인조반정 때 강릉참봉을 지냈으며 1624년(인조 2) 이괄의 난이 일어났을 때는 충청남도 공주로 왕을 호종하여 난이 평정된 후 경기전慶基殿 참봉이 되었다. 1627년(인조 5) 송갑조가 사향원司饗院봉사로 승진되어 상경하는 도중 정묘호란으로 남하하는 세자 일행을 만나 완산完山으로 따라가게 되었다. 그때 화의가 성립되자 분개한 송갑조는 벼슬을 버리고 그대로 귀가해버렸

▲ 옥천군 송시열아버지 송수옹공(송갑조)
◀ 수옹 송갑조 초상

다. 송갑조의 본관은 은진思津, 자는 원유元裕, 호는 수옹睡翁이고, 1628년 (인조 6) 사망한 후 정조 때 경헌景獻이라는 시호를 받았다. 그의 저서로는 『수옹일기睡翁日記』가 있다.

옥천군 이원면 용방리 구룡촌의 한봉석韓鳳錫 집 마당가에는 우암 송시열의 아버지 수옹 송갑조의 유허비가 자리한다. 땅바닥과 비슷한 높이의 장방형 비좌 위에 세워진 비신의 높이는 116센티미터, 넓이는 38센티미터, 두께는 20센티미터이다. 그 비의 전면에는 수옹송선생유기睡翁宋先生遺基라는 글씨가 해서체楷書體로 쓰였고 뒷면에는 송갑조宋甲祚의 생애가 기록되었다. 비신은 지붕 모양의 갓을 쓰고 있어서 조선시대의 전형적인 비석 형태를 갖추었다.

옥천군 이원면 원동리
젖을 먹여 송갑조를 키운 여종 헌비

옥천군 이원면 원동리員洞里 적등나루(적등진赤登津)가 내려다보이는 서울부산간국도변 낮은 언덕에는 그다지 크지 않은 묘가 한 기 있고 묘 앞에는 작은 비가 서있다. 이 비석은 송시열의 아버지 송갑조를 젖 먹여 키운 송씨 집안의 여종 헌비憲悲의 묘비이다.

헌비의 묘비는 1689년(숙종 15) 2월에 세워졌다. 그달에 송시열은 제주도에 유배되었다가 얼마 후 정읍에서 사약을 받고 서거했다. 송시열이 세운 헌비의 묘비는 아버지를 친자식처럼 키운 여종에게 그가 고마움을 표시한 최후의 선물이었던 셈이다.

헌비는 원래 송갑조의 어머니 이씨의 몸종이었다. 그 당시 명문세가 판서의 딸이던 이씨가 송갑조의 아버지 송응기宋應期에게 시집올 때 헌비도 따라와 평생을 같이 살았다. 송응기와 혼인한 이씨는 다섯 아들을 낳았으나 몸이 허약하여 일찍 세상을 떠나고 말았다.

이씨 생전에도 헌비는 이씨의 자식들을 젖 먹여 키웠다. 특히 막내로서 나이가 네 살 밖에 되지 않았던 어린 송갑조는 거의 헌비의 품에서 자랐다. 그때 헌비에게는 송갑조와 같은 또래의 아들 강수문姜叟文이 있었다. 두 아이는 비록 신분은 서로 달랐지만 형제처럼 자랐다.

송갑조가 성장하여 곽씨 집안으로 장가를 들고 옥천군 구룡촌으로 올 때 헌비도 함께 따라와 평생을 같이 지내다가 세상을

여종헌비 묘비

떠났다. 송갑조는 어린 시절을 자신을 키워준 헌비의 정을 잊지 못하고 헌비를 양지바른 언덕에 안장해주었다. 아버지로부터 헌비에 관한 이야기를 자주 들었던 아들 송시열도 헌비의 진심어린 마음을 기억하고 있다가 말년에 헌비를 위한 비석을 세웠던 것이다.

장방형의 비좌 위에 높이 86센티미터, 폭 41센티미터, 두께 17센티미터로 세워진 헌비의 묘비 앞면에는 다음과 같은 문구가 새겨졌다.

"증 영의정 수옹송공 유모헌비지묘 자강수문묘 재좌.
贈 領議政 睡翁宋公 乳母憲悲之墓 子姜叟文墓 在左

숭정 61년 계2월 일 입"
崇禎 六十一年 季二月 日 立

이 묘비는 엄격한 신분사회인 조선에서 더구나 노비의 절대적 희생이 강요되던 시대에 송씨 가문이 베푼 인도적 처사로써 신분을 초월하여 은혜를 갚은 보은의 정표라는 점에서 매우 귀중한 자료라고 할 만하다.

참고문헌

한국정신문화연구원, 『한국민족문화대백과사전』, 1991.

세종실록, 『조선왕조실록』, 조선

『고려사』

『고려사절요』

충청북도, 『각시군지』

김영곤, 왕비열전, 『세종 편』, 1973.

『동국여지승람東國與地勝覽』

세조실록, 『조선왕조실록』, 조선

『충청각도읍지』

삼탄森灘 이승소李承召, 『삼탄집三灘集』

지봉芝峰 이수광李睟光, 『지봉유설芝峯類說』

김정호, 『대동지지大東地志』

『문화유적총람』

성현, 『용재총화慵齋叢話』, 9권.

문밖에서 부르는 조선의 노래 이은식 저 / 12,000원
노비, 궁녀, 서얼... 엄격한 신분 사회의 굴레 속에서 외
면당한 자들이 노래하는 또 다른 조선의 역사.

불륜의 한국사 이은식 저 / 13,000원
베개 밑에서 찾아낸 뜻밖의 한국사! 역사 속에 감춰졌던
애정 비사들의 실체가 낱낱이 드러난다.

불륜의 왕실사 이은식 저 / 14,000원
고려와 조선을 넘나들며 펼쳐지는 왕실 불륜사! 엄숙한
왕실의 장막 속에 가려진 욕망의 군상들이 적나라하게
그 모습을 드러낸다.

이야기 고려왕조실록 (상),(하)
한국인물사연구원 편저 / 각권 14,500원
고려사의 모든 것을 한눈에 살펴볼 수 있는 최고의 역사
해설서! 다양하고 풍부한 문헌 자료를 바탕으로 재미있
고 쉽게 읽히는 새로운 고려 왕조의 역사가 펼쳐진다.

우리가 몰랐던 한국사 이은식 저 / 16,000원
제한된 신분의 굴레 속에서도 자신의 삶을 숙명으로 받
아들이지 않고 꿈을 이루기 위해 노력한 선현들의 진실
된 이야기.

모정의 한국사 이은식 저 / 14,000원
위인들의 찬란한 생애 뒤에 말없이 존재했던 큰 그림자,
어머니! 진정한 영웅이었던 역사 속 어머니들이 들려주는
시대를 뛰어넘는 교훈과 감동을 만나본다.

2009 문화체육관광부 우수교양도서 선정

읽기 쉬운 고려왕 이야기
한국인물사연구원 편저 / 16,500원
쉽고 재미있게 읽히는 새로운 고려 왕조의 역사. 500여 년 동안
34명의 왕들이 지배했던 고려 왕조의 화려하고도 찬란한 기록들.

원균 그리고 이순신 이은식 저 / 18,000원
417년 동안 짓밟혔던 원균의 억울함이 벗겨진다. 이순신
의 거짓 장계에서 발단한 원균의 오명과 임진왜란을 둘
러싼 오해의 역사를 드디어 밝힌다.

신라 천년사 한국인물사연구원 편저 / 13,000원
고구려와 백제를 멸망시킨 작은 나라 신라! 전설과도 같
은 992년 신라의 역사를 혁거세 거서간의 탄생 신화부터
제56대 마지막 왕조의 이야기까지 연대별로 풀어냈다.

발로 뛰며 찾아낸 역사 기행이 더해 주는 생생한 현장감
도서출판 타오름의 한국사 시리즈

풍수의 한국사 이은식 저 /14,500원
풍수와 무관한 터는 없다. 인문학과 풍수학은 빛과 그림자와 같다. 각각의 터에서 태어난 역사적 인물들에 얽힌 사건을 통해 삶의 뿌리에 닿게 될 것이다.

기생, 작품으로 말하다 이은식 저 /14,500원
기생은 몸을 파는 노리개가 아니었다. 기생의 연원을 통해 그들의 역사를 돌아보고, 예술성 풍부한 기생들이 남긴 작품을 통해 인간 본연의 삶을 들여다본다.

여인, 시대를 품다 이은식 저 /13,000원
제한된 시대 환경 속에서도 자신들의 재능과 삶의 열정을 포기하거나 방관하지 않았던 여인들. 조선의 한비야 김금원과 조선의 힐러리 클린턴 동정월을 비롯한 여인들이 우리들의 삶을 북돋아 줄 것이다.

미친 나비 날아가다 이은식 저 /13,000원
정의를 꿈꾼 혁명가 홍경래와 방랑 시인 김삿갓 탄생기. 시대마다 반복되는 위정자들의 부패, 그 결과로 폭발하는 민중의 울분, 역사 속 수많은 인간 군상들이 현재의 우리를 되돌아보게 한다.

지명이 품은 한국사 이은식 저

지명이 품은 한국사1- 서울 · 경기도 편

> **2010 문화체육관광부 우수교양도서 선정**

> **2010 올해의 청소년도서 선정**

지명이 품은 한국사2- 전국 편

지명이 품은 한국사3- 서울 · 강원도 편

국토의 심장부를 포함한 한반도의 역사가 담긴 지명의 어원 풀이. 1천여 년 역사의 현장이 도처에 남긴 독특한 고유 지명을 알아보자. 지명의 정의와 변천 과정, 지명의 소재 등 지명의 기본, 그 지역에 거주한 인물들의 삶과 사건을 다룬 풍성한 이야기를 담았다.

핏빛 조선 4대 사화 시리즈 한국인물사연구원 저

첫 번째 무오사화
두 번째 갑자사화
세 번째 기묘사화
네 번째 을사사화

사림파와 훈구파의 암투 그리고 광포한 연산군의 통치가 맞물리면서 터진 무오사화와 갑자사화. 파괴된 질서를 회복하려는 중종과 조광조를 필두로 한 사림파의 개혁이 실패한 기묘사화. 왕실의 외척으로 사적인 이익을 추구한 대윤과 권력을 차지하려는 소윤의 극렬한 투쟁 을사사화. 각자의 권력을 확고히 하기 위한 싸움의 결과로 폭발한 조선의 4대 사화는 여전히 현 시대의 정치를 반영하고 있다.